JN437255

CELTIC Christianity and Modern Church

켈틱 기독교와 현대교회

이상택 편(Edited by Sang Taek Lee)

한국장로교출판사

1. 켈틱 기독교와 생태신학, Making use of the Celtic myth for a Christian Ecology : 클라이브 피어슨 박사(Rev. Dr. Clive Pearson, Professor & the Principal of United Theological College, the School of Theology, Charles Sturt University). 번역 : 김무순 전도사(찰스 스터트 대학과 한남대학 공동과정 석사/평화교회) .

2. 켈틱 기독교와 수도원, Celtic Monasticism : 윌리엄 에밀슨 박사(Rev. Dr. William Emilsen, Professor of the United Theological College, the School of Theology, Charles Sturt University). 번역 : 엄정길 목사(찰스 스터트 대학과 한남대학 목회신학박사 공동교육 박사과정/멜본 중앙교회).

3. 켈트족에 대한 선교, The Mission to the Celts : 딘 드레이튼 박사(Rev. Dr. Dean Drayton, Professor of the School of Theology Charles Sturt University and Past National President of the Uniting Church in Australia, 호주 연합교단 증경 전국총회 총회장). 번역 : 임세근 목사(찰스 스터트 대학과 한남대학 목회신학박사 공동교육 박사과정/시드니 창성교회).

4. 켈틱 영성과 예배, Celtic Spirituality and Worship : 메리 피어슨 목사(Rev. Mary Pearson, The Minister of the Uniting Church in Australia, a mental health chaplain at Concord Centre for Mental Health and associate member of Iona Community, 켈틱 아이오나 공동체에서 수년간 목회활동함). 번역 : 신성삼 목사(찰스 스터트 대학과 한남대학 목회신학박사 공동교육 박사과정/버우드한인교회).

5. 켈틱 기독교 영성과 현대교회, Celtic Spirituality and Modern Church : 이상택 박사 (Rev. Dr. Sang Taek Lee, Adjunct Professor/Director of Doctor of Theology in

Ministry of Hannam University with Charles Sturt University, Sydney and adjunct Faculty of the United Theological College, the School of Theology, Charles Sturt University). 시드니대학 Ph.D. 호주국민훈장(OAM) 수여, 호주연합교단 목사

6. 켈틱 기독교와 경제 정신의 이야기(A Economic story in view of Celtic Christianity) : 이숙진 장로(시드니 성결교회/Jae My Holdings Group CEO).

7. 스코틀랜드 아이오나 공동체 방문기(A visit to Iona community and Experience) : 이기훈 목사/박사(찰스 스터트 대학과 한남대학 목회신학박사/시드니 온누리교회).

8. 아일랜드 패트릭 센터 방문기(A visit to St. Patrick's Downtown and Experience) : 형주민 목사(찰스 스터트 대학과 한남대학교 목회신학박사 공동교육 박사과정/시드니교회).

9. 켈틱 영성 이야기 : 필립 뉴엘의 「켈트인들의 그리스도」를 중심으로(A review about J. Philip Newel' Christ of the Celts) : 정두용 목사(찰스 스터트 대학과 한남대학 공동교육 석사/참사랑은혜교회).

10. 패트릭의 「고백문」 소개(Confession of St. Patrick and Letter) : 인용태 목사(찰스 스터트 대학과 한남대학교 목회신학박사 공동교육 박사과정/시드니 한국 신학대학).

11. 콜럼바 수도원의 규칙 소개(The Monastic rule of St. Columba) : 노정언 장로(찰스 스터트 대학과 한남대학 공동교육과정 석사/시드니 제일교회).

Part I 켈틱 기독교 영성과 현대교회 15

A Celtic spirituality Modern Church

Part II 켈틱 기독교와 켈틱 영성 이야기 285

Celtic Christianity and a story of Spirituality

호주 찰스 스터트 대학(Charles Sturt University)과 한남대학교가 공동으로 교육하는 '목회신학박사'(Doctor of Theology in Ministry) 과정에서 나는 수업 시간에 "켈틱 교회의 영성"을 가르쳤고, 학생들과 함께 유럽의 켈틱 기독교회의 역사적인 현장과 아일랜드의 벨파스트에 있는 패트릭 센터와 스코틀랜드에 있는 아이오나 공동체를 방문하는 기회를 가지게 되었다. 그리고 현장의 방문과 그곳에서 관계 인사들과의 만남을 통하여 나는 많은 것을 배웠으며, 켈틱 기독교사의 이해는 현대 교회의 갱신에 새로운 전거(reference)를 가져올 수 있다는 확신을 가지게 하였다.

교회사를 연구하는 학자들은 켈틱 문화권에서 성장했던 초기 기독교회를 켈틱 기독교라고 부른다. 켈틱 문화권에서 성장한 켈틱 기독교는 영국, 아일랜드, 스코틀랜드, 그리고 서유럽까지 선교하며 기독교 역사에 중요한 역할을 감당했다. 서로마의 기독교 전통인 천주교회(라틴 교회 전통)와 동로마의 기독교 전통인(희랍교회 전통) 동방교회가 존속하고 있기 때문에 우리에게는 이 두 전통이 익숙하다. 그러나 켈틱 기독교는 11세기까지 로마 기독교에 병합·흡수되어 그 전통이 단절되었기 때문에 우리에게는 익숙하지 않게 되었다. 그러나 교회사에서는 1~11세기

혹은 7세기까지를 교회사에서 구별하여 켈틱 기독교회사를 가르치기도 한다.

로마 기독교가 비록 켈틱 국가들을 정복하고 켈틱 기독교를 접수했다 할지라도 켈틱 문화와 켈틱 기독교의 영성이 사라진 것은 아니었다. 학자들이 평가하듯 천주교회는 적어도 켈틱 나라들 안에서는 켈틱 문화와 켈틱 토양에서 안식처를 얻는 결과가 되었다. 초기 켈틱 기독교의 3대 성자들로 알려진 아일랜드의 패트릭, 스코틀랜드의 콜럼바, 여성 수도원장이었던 블리지드, 그리고 초기 켈틱 기독교회의 많은 성자들은 로마가톨릭의 성자들이 되었다. 켈틱 기독교회의 십자가는 지금까지도 가톨릭, 동방교회, 영국성공회, 그리고 개신교들까지도 사랑하는 예수 십자가의 상징으로 사용되고 있다.

이 켈틱 기독교는 로마교회 전통과는 달리 하나님의 창조의 선함, 하나님의 자녀로의 신앙고백과 삶의 실천, 하나님과 인격적인 관계로서의 영성, 지역공동체를 섬기는 교회 모델과 환대, 그리고 정의와 평화의 실천, 친 생태환경을 강조하였다. 켈틱 기독교는 수도원교회였으며 지역사회와 친밀한 관계를 가지고 있었다. 교회 제도 역시 자율적으로 운영되는 교회였기 때문에 교황청 제도와는 매우 달랐다. 켈틱의 유랑자들은 새로운 세계에 대한 도전과 기독교의 증거를 위해 순교하였다. 이러한 독특한 경험과 전통을 가지고 있었던 교회가 켈틱 기독교였다.

켈틱 기독교와 그 영성을 연구하는 것은 켈틱 기독교의 유산을 재발견하여 오늘의 신앙공동체를 새롭게 하는 데 목적이 있다. 현대교회가 당면한 과제는 '교회가 세상 속에서 그리스도의 현존으로 있으면서 그 지역과 분리됨이 없이 세상을 섬기는 그리스도의 교회가 되는가'이다. 켈틱 기독교는 수도원공동체교회의 모습을 지니고 있었다. 그렇지만 그 지역공동체와 분리된 것이 아니라 그 지역사회에서 그리스도의 현존으로서 섬김의 공동체가 되려고 노력하였다. 이 수도원공동체가 가지고 있던 신앙의 유산은 현대교회를 위하여 새로운 모델을 제시하는 전거가 될 수 있을 것이다. 이곳에 쓰인 글들은 이런 관심을 가지고 우리에게 큰 도전과 새로움을 가져다줄 것이다.

이 책은 켈틱 기독교를 연구하려는 학도들과 목회자들에게도 좋은 안내서가 될 것이다. 이 책은 두 부분으로 나눠져 있다. 첫 부분은 찰스스터트 대학의 신학부와 호주연합교단 신학의 교수님들이 학자적인 견해를 가지고 켈틱 기독교의 신학적 기초를 집필하여 주셨다. 그리고 두 번째 부분은 석사·박사 학위 과정에서 연구하는 목사님들이 현장을 답사한 경험을 가지고 집필과 번역을 맡아 주셨다. 켈틱 기독교에 대한 깊은 학문적 견해를 가지고 집필을 맡아 주신 모든 분들에게 깊이 감사드린다.

이 책이 출간되도록 배려해 주신 한국장로교출판사 사장 채형욱 목사님과 편집에 참여해 주신 기획편집국 정현선 부장님, 오원택 기획과장님, 그리고 모든 임직원 여러분께 감사를 드리며, 이 책이 출간되도록 후원해 주신 모든 분들께 감사드린다.

이상택

호주연합교단 연합신학대학,
찰스 스터트 대학에서

I had an opportunity to visit the Iona Community in Scotland and other Celtic Christian historical sites in Ireland, St. Patrick centre while I lectured to students on Celtic Christianity at the program of Hannam university–Charles Sturt University degree. These experiences have convinced me that the understanding of Celtic Christianity would be a reference for a renewal of the modern church.

The Christian message spread continually and expanded to the Celtic world by its bearers and exponents in 5th–7th centuries with their own type of church practice, until the Roman Catholic papacy authority overpowered Celtic Christianity with Catholic power. We are familiar with the Christian tradition, the Roman Catholic Church (Latin Church tradition) and the Byzantine tradition of church tradition (Greek) but Celtic Christianity, observed by the Roman Catholic Church Tradition

:: Preface : From the editor

was far from being understood.

Scholars who studied church history, called Celtic Christianity, the early Christianity that grew up in Celtic cultures. The growth of Christianity in the Celtic world had influenced Western Europe.

Three of the early Celtic Christian saints were known as Patrick in Ireland, Columba in Scotland and an abbess, Brigit, and many saints of the early Celtic Christian Church became the saints of Roman Catholicism and influenced the development of Catholicism, the Anglican and Protestant churches.

The Christian Doctrine of the Trinity was emphasized as basis of Celtic theology by Ireland's first missionaries St. Patrick and St. Columba's teachings in the Celtic church. Celtic Christianity believes in the goodness of God's creation, the confession of faith and its practice, a personal relationship with God, spirituality and in mission and service to the community and hospitality, and the practice of justice and peace. Until AD 6-7 century the Celtic Christians as pilgrims challenged the new world to research. The Celtic spirituality and Celtic monastery community are some inspiration to the modern church as a new Model for modern society.

Some Korean Churches have experienced the Iona community in Scotland as well as the Taizé community, based on the Celtic Christian Church.

The Korean church is showing an interest in the spirituality of the Celtic Church and has published books about the Celtic Christianity. The study of the Celtic Church will give fresh information and a new perspective and understanding to the Korean church. This book will be a good guidance and invaluable resource for students to research Celtic Christianity and for pastors who are interested in a new model for church life.

Articles are written by Charles Sturt Professors, students who are studying at The School of Theology, Charles Sturt University and who visited Iona to research Celtic historical sites. I appreciate their scholastic contributions which offer an impressive overview of the Celtic spirituality to this book.

I would like to thank to the publisher, Chae Hyung Wook

and all staff of the publication of the Presbyterian Church of Korea for consideration in the publication of this book and to all who are sponsored in the book published.

Sang Taek Lee

United Theological College,

The School of Theology, Charles Sturt University.

PART I

A Celtic spirituality Modern Church

켈틱 기독교 영성과 현대교회

1. 켈틱 기독교와 생태신학 •클라이브 피어슨
2. 켈틱 기독교와 수도원 •윌리엄 에밀슨
3. 켈트족에 대한 선교 •딘 드레이튼
4. 켈틱 영성과 예배 •메리 피어슨
5. 켈틱 기독교 영성과 현대교회 •이상택

1

켈틱 기독교와 생태신학 : 기독교 생태론을 위한 켈틱 신화의 적용

클라이브 피어슨/박사, 번역/김무순 전도사

켈틱 기독교가 생태 환경에 항상 친화적이라는 인식은 상당히 보편화되어 왔다. 켈틱 기독교가 보여 주는 자연 질서에 대한 민감성은 켈틱 성도들과 일상생활의 신자들이 유대 기독교 전통이 현재의 생태 환경의 위기에 대해 커다란 죄책감을 가져야 한다고 주장했던 린 화이트 주니어에 의해 일깨워진 사고에 동의해 온 것을 의미했다. 그 같은 부정적인 평가는 기독교 생태신학의 부상에 앞서서 받았던 지혜가 되었다.[1] 화이트 그 자신은 기독교 생태 환경 의식을 위한 수호성인으로서 콜럼바(Columba) 혹은 패트릭(Patrick)보다는 오히려 아시시의 프란시스(Francis of Assis)를 품었다. 그럼에도 불구하고 켈틱 영성은 빈번히 하나님의 창조물의 선함을 소중히 여겼던 소수 전통의 모범으로

1) Lynn White Jr., 'The Historical Roots of Our Ecologic Crisis', *Science*, 155, 1967 ; p. 1207.

보였다.

예를 들어, 셀리아 딘 드럼몬드(Celia Deane-Drummobn)는 켈틱 전통은 땅에 깊은 공감을 가지고 있는 사람들의 신학과 생태학적 실천의 장을 알려 주게 될 것이라고 하였다.[2] H. J. 마싱감(H. J. Masingham)은 "영국의 교회가 생존했다면 그것은 오랜 세기 동안에 벌어진 기독교와 자연의 균열이 자연에 대한 서구인의 태도의 합일을 깨뜨리지 않았을 것"이라고 주장을 했다.[3] 레이 심프슨(Ray Simpson)은 "켈틱 교회는 로마교회보다 창조물을 바라보는 더 나은 방식을 제공했다."고 조언한다. 켈틱 성인들은 동물과 조류들에 대한 사랑과 관심을 더 많이 보여주었다고 인식되었다.[4]

이 소수 전통은 세상을 개인 구원의 드라마가 펼쳐지는 무대로서 보는 것에 관심을 덜 기울였다. 아들레이드에 있는 노만 하벨(Norman Habel)의 언어로 표현하면 기독교 신앙의 이 같은 방식은 지구를 '소모되는' 것으로 보지 않았다. 또한 기독교 신앙이 전적으로 피상의 세계라거나 '천국주의'라는 결론을 내는 것을 반기지 않았다. 지구와 그 안녕에 대해서 좀 더 하나님의 선한 피조물의 일부로 여겼다. 살리 맥훼이그(Sallie McFague)는 이 세상을 '우리의 집'으로 명명했고, 엘리자베스 존슨(Elizabeth Johnson)은 '우리의 유일한 집'으로 표현하며 이 주장을 인정했다. '생태 재앙'과 환경 말살의 전망을 대면하면서 맥훼이그는 조처가 취해지지 않는다면 우리 인간들은 하나님의 선한 창조물에 역행하는 위험에 처할 수 있다고 결론을 내린다.

---

2) Celia Deane-Drummond, *Ecotheology*(London : Darton, Longman and Todd, 2008), xiv.

3) Michael Mitton, *Restporing the Woven Chord : Strands of Celtic Christianity for the Church Today*(London : Darton, Longman and Todd, 1995), p. 56.

4) Ibid.

켈틱에 대한 평판은 폴 생마이어(Paul Santmire)가 자연에 관한 고전적인 기독교 사고 안에서 환경적 테마로서 분별했던 것에 속한다. 이 대비는 영적인 테마로 만들어진다. 생마이어는 다소 애매한 생태학적 약속 때문에 기독교 전통을 가려내야 할 필요에 대해 인식하고 있다. 이는 대체로 인간중심적이며 피안의 세계에 초점을 두지 않았다. 지금은 소수 전통을 회복해야 하는 시간이며 생태학적인 일에 대한 기독교적 사고를 자극시킬 성경적 해석학에 있어서 '새로운 선택'을 위한 기초를 놓아야 할 시간이다. 드러난 전통 면에서 켈트족들은 빈번히 아시시의 프란시스와 함께해 왔다.[5)]

아이오나 섬의 자연환경

생마이어의 저서인 「자연의 진통」(*The Travail of Nature*)은 1985년에 처음 출판되었다. 그의 후기 저서인 「거듭난 자연」(*Nature Reborn*)은 부상하는 신학적 반응에 헌정됐다. 생마이어 그 자신은 세 가지 형태 -재건주의자들, 변증학자들과 수정론자들로 구분했다. 이러한 반응의

---

5) Paul Santmire, *The Travail of Nature : The Ambiguous Ecological Promise of Christian Theology*(Minneapolis, Fortress Augsburg Press, 1985).

첫 번째는 사고의 새로운 구성물을 세울 시간이라고 생각하는 경향이 있다. 그것의 중요한 가정은 전통적인 기독교 사고의 본체는 현재의 생태학적 관심을 다룰 수 있도록 돕는 신학적 자원을 거의 제공할 수 없다는 것이다. 이러한 공간에 거주하는 사람들은 뉴에이지(New Age) 사고로 돌릴 수 있을 것이다. 변증론자는 자원과 생태 정의에 따른 현명한 관리에 관해서 좀 더 치중할 의무를 가지고 있다. 그들은 지구의 선한 청지기를 권장하는 기반 위에서 고전적인 전통을 옹호한다. 이는 해석학적 원칙에 비추어서 전통을 개혁시킬 수 있는 가능성과 성경학적 해석에 강조를 두는 수정론자들과 비교가 된다.[6]

생마이어는 삶의 신학을 다루기 위해 삶을 긍정하는 영성의 필요를 깊이 인식하고 있다. 그 같은 이유로 그는 켈틱 성인들의 경험을 이끌어 내고 있다. 생마이어는 신중하다. 그는 켈틱 성인들의 자연에 대한 감사가 빈번하게 거행되었고, 너무 자주 낭만화되었다는 것을 알고 있다. 그들의 세계는 대체로 냉정하고 습했다. 그럼에도 불구하고 죽음이 그들의 일용할 양식일 때 어떻게 그들은 자연을 그들의 창조주이시며 구속자이신 하나님의 은총의 선물로서 포용할 수 있었는가?[7]

그 같은 영성은 항해와 순례 및 나와 함께 계시고, 내 앞에 계시고, 내 뒤에, 내 안에, 내 밑에, 내 위에 계시는 그리스도의 은유 안에 근거하고 있다. 생마이어는 '성 패트릭의 흉패'(The Breastplate of Saint Patrick)로 알려진 기도문에서 가져온 이 후렴 안에서 자연 세계에서 발견되는 그리스도 안에 있는 영성을 분별한다. 그것은 어떤 천상의 영역에 이르는 고독한 비상이 아니다. 생마이어는 이러한 '통각'(apperception)의 부산물 중의 하나는 켈틱 성인이 자연 세계를 모든 창조물

---

6) H. Paul Santmire, *Nature Reborn : The Ecological and Cosmic Praise of Christian Theology*(Minneapolis : Fortress Press, 2000), pp. 7-8.

7) Santmire, *Nature Reborn*, p. 96.

의 삶 안에서 신비스럽고 놀라운 목적을 역사하시는 창조주의 즉각적인 현존과 장엄한 힘의 넘쳐나는 표현으로 충전되어 있는 것처럼 조명하고 있다는 것이다.[8)]

비슷한 맥락에서 필립 셸드레이크(Philip Sheldrake)는 '신적 내재의 충만한 감각'의 하나로서 켈틱 성인의 영적인 생태학을 지칭하고 있다. 켈틱은 자연 그 자체를 숭배하지 않았고 어떠한 범신적인 자세로 자연을 숭배하지 않았다. 오히려 자연 세계는 성경과 함께 또 다른 신성한 경전과 같았다. 그것은 신적인 목적에 대한 계시였다. 켈틱 성인은 자연 세계를 오늘날 생태권에서 집행되는 많은 논의만큼 고유적 혹은 도구적인 가치 면으로 보지 않았다. 오히려 자연 세계는 창조주 하나님의 형상이었다.[9)]

생마이어는 이 같은 다양한 줄기의 사고를 우주적 기독론의 하나인 영성 안으로 같이 엮어 낸다. 그것은 골로새서 1 : 15~20에서 창조물에 드려지는 찬송과 같은 방식으로 자연 세계를 포함하는 것이다.

> 그는 보이지 아니하는 하나님의 형상이시요 모든 피조물보다 먼저 나신 이시니 만물이 그에게서 창조되되 하늘과 땅에서 보이는 것들과 보이지 않는 것들과 혹은 왕권들이나 주권들이나 통치자들이나 권세들이나 만물이 다 그로 말미암고 그를 위하여 창조되었고 또한 그가 만물보다 먼저 계시고 만물이 그 안에 함께 섰느니라 그는 몸인 교회의 머리시라 그가 근본이시요 죽은 자들 가운데서 먼저 나신 이시니 이는 친히 만물의 으뜸이 되려 하심이요 아버지께서는 모든 충만으로 예수 안에 거하게 하시고 그의 십자가의 피로 화평을

---

8) Ibid., p. 109.

9) Philip Sheldrake, *Living Between Worlds : Place and Journey in Celtic Spirituality*(London : Darton, Longman and Todd, 1995), p. 79.

이루사 만물 곧 땅에 있는 것들이나 하늘에 있는 것들이 그로 말미암아 자기와 화목하게 되기를 기뻐하심이라.

이러한 영적 생태론은 보통 원으로 그려지는 켈틱 십자가에서 상징적인 형태로 표현된다. 그 십자가는 분명히 그리스도 중심적이다. 그 원은 '창조주가 모든 것을 포용하는 것'을 나타낼 수 있다. 그것은 '하나님의 종말적인 통치 안에서 모든 것을 일치시키고자' 하는 하나님의 바람을 반영하며, 부활하신 그리스도의 사명 안에서와 그것을 통해서 성취될 것이다.[10] 이와 같이 창조와 화해의 전반적인 드라마가 중재된다.

여기에서 이와 같이 생마이어의 초점은 딱딱한 교리적 혹은 성경적 신학보다는 영적인 세계관 위에 있다. 그것은 그럼에도 불구하고 제이 필립 뉴엘(J. Philip Newell)의 작품에서 발견되는 것보다 좀 더 견고한 신학적인 구조를 소유한다. 필립 뉴엘의 「켈트족의 그리스도」(*Christ of the Celts*)는 "창조물의 치유"(The Healing of Creation)라는 부제를 달고 있다.[11] 뉴엘은 생마이어가 가지는 좀 더 정제된 예각이 부족하다. 켈트족의 그리스도는 조화를 간절히 원하는 인간의 마음을 깊이 분별하고 있는 시인의 작품에 더 가깝다. 그러면서 부상하는 그 영성은 켈틱 전통과 문학을 사용하나 실제로는 그 예화와 모범적 실천으로 인해서이다.

생마이어에게서 발견되는 강조점은 지금 필요한 것은 인간의 가치와 태도의 변화라고 논쟁하는 이들과 발을 맞추는 것이다. 우리는 지구 온난화의 문제와 과다한 탄소 에너지에 의존하는 인간 존재(homo energos)가 부상하는 현재 세계에 살고 있다. 빈번한 환경신학적 외침은 인간들

---

10) Paul Santmire, *Nature Reborn*, p. 113.
11) J. Philip Newell, *Christ of the Celts : The Healing of Creation*(SanFrancisco : John Wiley & Sons, 2008).

이 심장의 회심 혹은 전이를 거쳐야 한다는 것이다. 새로운 눈으로 볼 것이며, 탕자의 비유가 환경학적 해석학에 쓰이고 있으며, 인간은 '깨어나야' 한다는 명령이다. 심리 마비현상이라고 묘사되는 것을 극복하도록 하는 영성에 대한 급박한 필요가 있다는 것을 인식하는 것이다. 우리는 우리의 생태 환경에 문제가 있다는 것을 알지만 그 정도가 너무나 커서 무력한 상태에 놓여 있다. 시간이 얼마 남지 않았다는 것을 두려워하는 많은 학자들은 지구온난화 및 관련된 문제에 좀 더 감정적이며 정서적인 측면에서의 인간 대응에 대한 관심이 높아지고 있다.

여기서 생마이어와 셸드레이크는 물질성과 신적 목적으로 충전되어 있는 켈틱 영성에 관심을 돌리는 이들을 대표한다. 그러나 여기에는 문제가 있다. 켈틱 영성은 지금까지 보이는 대로 실제로 생태 친화적인가? 이 같은 수수께끼와 씨름을 한 저자는 이안 브레들리(Ian Bradley)이다. 그의 초기 작품인 「하나님은 환경친화적이다」(*God is Green*)에서 그는 켈틱 기독교인의 증거를 성경의 저술과 오랜 세기 동안에 전해져 내려온 신화의 증인과 견주어 놓았다. 여기에서 중요한 의도는 유대 기독교 전통이 지금까지 세상에서 드러났던 무엇보다도 인간중심적 종교를 이어 왔다는 화이트의 논술에 반응하는 것이었다. 브레들리는 궁극적으로 우주적 그리스도를 동경할 것이며 기독교 신앙의 중심에 놓여 있는 신성한 세계가 있다는 것을 시사할 것이다. 그것은 인간 주체에 의해서 지구를 소모적이며 남용적으로 사용함으로 왜곡되어 왔다. 그것은 이와 같이 개인적인 태도 안에서 잉태되어 왔던 사유적인 죄의 용서와 구원에 대한 관심을 통해서 흐려져 왔다. 지금은 기독교 전통을 통해서 켈틱 성인과 다른 이들의 지혜가 현시대의 기독교 생태론을 개발시키는 과정 안에서 한 부분을 담당할 수 있게 해야 하는 시간이다.[12]

---

12) Ian Bradley, *God is Green : Ecology for Christians*(London : Darton, Long-

시간이 경과함에 따라 브레들리는 자신의 켈틱 기독교 이해를 수정하게 되었다. 그 자신도 예견하지 못한 뉘우침과 함께 그는 지금 어떤 켈틱 기독교가 실로 환경친화의 범위에 있는가에 대한 질문을 던진다. 브레들리는 헛된 생각을 갖고 있지는 않다. 그는 그 같은 질문을 제기하는 것은 켈틱 영성에 헌신된 이들에게 있어 거의 이단 행위와 같은 것임을 인식하고 있다. 그 같은 질문을 제기하는 것은 켈틱 영성이 자연에 대한 긍정적인 자세를 수용하며 하나님의 창조물의 선함을 지속적으로 축하하면서 생태 환경친화적이었다는 자신의 초기에 가졌던 확신으로부터 한 걸음 물러나는 것을 의미한다. 브레들리가 씨름하고 있는 딜레마는 6세기에서 10세기 사이 문헌의 본체가 자연 세계에 대해서 좀 더 애매모호하며, 때로는 적대적이기도 한 태도를 줄 수 있기 때문이다.[13)]

브레들리는 자신이 초기에 정의했던 점과 대면해야만 했다. 켈틱 영성의 환경적 증인에 대한 그의 유보적 자세는 켈틱 영성의 바로 그 관념에 대해서 편치 못한 느낌과 일치한다. 그것은 그 자신이 자유롭게 사용했던 표지였으나 지금은 그것에 대해 확신하지 못하고 있다. 하지만 켈틱 기독교는 다른 기독교 형태와 대조될 수 있다는 것이다. 과연 그런가? 다른 켈틱 학자의 작업에 비추어서 브레들리는 그 시대에 아일랜드, 웨일스, 스코틀랜드, 콘월과 브르타뉴에 있었던 토착 기독교공동체가 그들 자신을 켈틱 교회에 속한 것으로 이해하고 있는지 의구심을 가진다. 왜냐하면 그 같은 용어를 그들이 사용하지 않았던 것이다. 그 기원은 희랍어에 있었고 그레코로만 문화의 범주를 넘어서 알프스 북쪽에 있는 모든 사람들을 지칭했다. 이러한 켈틱 기독교인들은 또한 앵글로색슨과 콥틱과 지중해 동방의 정교회 기독교인들과 로마의 다른 기독교

---

man and Todd, 1992).

13) Ian Bradley, 'How Green was Celtic Christianity?' *Ecotheology* 4(1998, 58-69), p. 58.

인들과 강하게 연결되는 의미를 가지고 있다. 브레들리는 지금은 그 이름이 제안하고 있는 것보다 그들은 덜 분리되었고 구별되어졌다고 결론을 짓는다.

여기에는 다루어야 할 해석학적인 문제가 있다. 콜럼바에 대한 브레들리의 좀 더 최근의 저술은 특정한 수도원적 공동체와 연관될 수 있는 믿음과 실천의 특정성에 주의를 좀 더 기울이는 것에 대해 논쟁을 하고 있다. 그것을 일반화하는 것이 가능하며, 그같이 인식되어야 할 필요가 있다.[14]

켈틱 전통의 생태학적 해석을 위해서는 또한 시대착오의 부담이 있다. 생마이어와 다른 환경신학자들은 우리의 현재의 환경 조건을 위한 작업이 가능한 테마의 회복을 위해서 기독교 역사를 들춰내는 것에 열심이다. 그 같은 회복 작업은 해야 할 필요가 있으며, 매우 신중을 기해야 한다. 우리는 위험에 처한 우리의 시대에서 이러한 어둠과 신비로운 세기의 사고 안으로 조명하는 모험을 하는 것이다. 브레들리는 기술하기를 "그들은 인간으로부터 가해지는 생태 환경에 대한 심각한 실질적인 위협에 대해서 생각하지도 못하고, 생각할 수 없었던 시대에 살았다". 그는 아마도 그 반대가 사실일 것이라고 지적한다. 이러한 종류의 논쟁으로 당연하다고 생각하는 기본적인 종목도 익숙하지 않을 것이라는 가능성이 실로 높다. 예를 들면 엠 로우(M. Low)는 켈틱 세계는 자연에 대해 이미 기성된 신학이 없었다고 논쟁한다.[15]

브레들리는 켈틱 기독교를 대신하여 자신이 만들었던 초기의 주장에 대한 신빙성을 더 이상 가지고 있지 않다. 거기에는 두 가지 관련된 주

14) Ian Bradley, *Columba : Pilgrim and Penitent*(Glasgow : Wild Goose Publications, 1996), pp. 65-67.

15) M. Low, *Celtic Christianity and Nature*(Edinburgh : Edinburgh University Press, 1996), p. 5.

장이 만들어지고 있다. 첫 번째는 켈틱 교회는 다른 교회들보다 더 자연에 대해서 긍정적인 자세를 가지고 있다는 확신이고, 두 번째는 특히 맥훼이그가 믿고 있는 잠재적인 환경 말살에 처해져 있는 세상에서 후기의 기독교인들을 위한 선한 청지기의 모범적인 본질에 관련되어 있다.

이 같은 해석학에 대한 의심을 가지고 브레들리는 은둔자와 성인들에 의해 지어진 특정한 시들이 어떻게 읽혔는지에 대한 질문을 요청해야 했다. 이러한 9세기에서 10세기에 이르는 문학적인 작품들은 때로는 초기 프란시스의 영을 고대하는 것처럼 보였다. 그들은 자연의 아름다움을 고백하면서 가장 미약한 현상을 추구하며 관찰하는 소망을 보인다.[16] 브레들리는 이러한 시들이 물리적인 요소를 위협하는 것에 대항하는 하나님의 보호하시는 힘을 불러내는 경향이 있는 초기의 아이리쉬인들의 시들과 어떻게 연관되는지 확실히 알 수 없었다.[17] 여기에서 자연 세계는 동반자인 만큼 적이기도 하다.[18] 이러한 끈질긴 주제는 창조물의 장엄성과 신비 면에서 놀라운 경이의 의미와 함께 두어야 할 필요가 있다. 또한 19세기 작품, 「카르미나 가데리카」(*Carmina Gadelica*)에서 발견되는 자연 세계 안에서 얼마만큼 켈틱 수도승들이 거의 범신적인 하나님과 그리스도의 자리에서 나누고 있는지 분명하지 않다.[19]

가장 많이 읽히고 있는 예로서 :

> 땅에는 식물들이 없으나
> 그분의 미덕이 충만하고

---

16) Bradley, p. 63.
17) Ibid., p. 64.
18) Ibid.
19) Ibid., p. 65.

거리에는 어떤 형체도 없으나
그의 축복이 충만하다.
바다에는 생명체가 없고
강에는 생물이 없고
창공은 비어 있으나
그분의 선하심을 선포한다.
높은 곳에는 새들이 없고
하늘에는 별이 없고
해 아래는 아무것도 없으나
그분의 선하심을 선포한다.[20)]

외관상 콜럼바의 세계는 죄악스럽고 타락한 것에 대해 훨씬 더 강한 공감을 한다.

이제 브레들리는 켈틱이 자연 세계를 바라보는 방식이 애매모호하고, 다양하며, 복잡하다고 논쟁한다. 그것은 처음에 가졌던 어떤 환경적 의식에서라기보다 아마도 그들의 극도의 금욕과 고행이 환경에 잘 부합되었기 때문일 것이다. 여기에서 독특한 것은 켈트족들과 동물의 관계였다. 로마인들과 그리스인들은 다른 피조물에 대해서 좀 더 도구적이거나 상징적인 입장에서 생각하는 경향이 있었다. 이에 대비해서 켈트족들은 새들과 동물들을 동반자로 여겼다. 브레들리는 다음과 같은 이야기를 주목했다.

> 검은 새가 성 케빈(St. Kevin)의 펼쳐진 손안에 알을 낳고, 12마리의 늑대는 콜럼바누스(Columbanus)가 시편을 암송하는 동안에

20) A Carmichael(ed.), *Carmina Gadelica*(Edinburgh : Oliver & Boyd, 1928), Volume 1, pp. 39-41.

조용하게 서 있으며, 성 커트버트(St. Cuthbert)가 린디스판(Lindisfarne) 근처 차가운 물 안에서 긴 시간 동안 기도를 바친 후에 북해에서부터 부상하자 따라왔던 수달이 그의 발을 따뜻하게 하느라 핥았고 자신의 털로 말렸다. 성 시아란(St. Ciaran)은 사이기르(Saighir)에서 묘지를 파는 일을 할 때 멧돼지가 자신의 이빨로 땅을 고르고 평평하게 하는 작업을 도왔다. 그것은 그의 종이 되고자 머물렀고 오소리, 사슴과 시가서를 운반했던 여우가 같이 따라왔다. 콜럼바의 아이리쉬 제자였던 모츄아(Mochua)는 은둔자로 살았고 그의 유일한 동반자는 수탉, 쥐와 파리였다. 그것들은 그의 일을 도왔다. 수탉은 자정에 그의 첫 번째 아침 사역을 위해서 그를 깨웠고, 파리는 그가 시가서를 읽을 때 각 줄을 따라서 기었고 그가 멈추었던 곳에서 머물러서 그가 잠깐 쉰 후에 멈추었던 곳에서 시편을 계속 읽도록 했다.[21]

브레들리는 회의적이다. 그에게 있어서 걸리는 문제는 이러한 이야기가 사실인지 아닌지보다 그것들이 무엇을 중요하게 하느냐였다. 그것들이 자연과 특정한 친밀감을 가지는가, 아니면 그들은 상징적인 과제를 실행하는가, 아니면 인간 주체의 성인적인 성격을 강화시키는 성인전기적 기능을 하고 있는가? 어떻게 그것들은 어떤 때 그의 발아래에서 죽도록 멧돼지에게 명령해서 그의 참담한 말의 힘으로 죽게 했던 콜럼바의 이야기와 같은 곳에 두는가?[22]

브레들리는 그의 좀 더 최근의 결론을 위해 변명하고 있다. 그는 헌신자에서 그 자신이 한때 머물렀던 신화를 폭로하는 학자로 옮겨 갔다. 그의 생각의 움직임은 기독교 환경신학의 건축 안에서 켈틱 성인의 역

21) Bradley, p. 67.
22) Ibid., p. 68.

할과 자리에 대해서 많은 질문을 제기한다. 이같이 브레들리가 도달한 좀 더 유보적인 해석이 더 정확한 것인가? 그렇다면 기독교 환경신학자의 반열에서 그가 가지는 높은 위치를 볼 때, 많이 받아들여진 대중적인 지혜에 대한 강력한 비평이다. 이에 대한 상대 논쟁은 역사적인, 문학적인 이해보다는 신화의 지속적인 힘과 중요성의 유익에 대해서 고려되어야 할 것이다.

비평 그 자체에 관해서 제기해야 할 필요가 있는 해석학적 문제가 있다. 콜럼바에 대한 이안 휜레이(Ian Finlay)와 같은 학자들의 비평적인 작업이 켈틱 성인들에 대한 많은 저서 속에서 성인집(hagiography)에 대한 경향을 극복하도록 돕는다는 것은 의심할 여지가 없다.[23] 예를 들면 팀 클락슨(Tim Clarkson)은 새롭게 된 거룩한 사람의 이상적인 그림을 어떻게 받아야 하는지 깊이 인식하고 있다.[24] 제인 카트라이트(Jane Cartwright)의 작품은 이보다 좀 더 일관성이 있다. 그녀는 다각적인 접근으로 켈틱 성인의 거룩함과 숭배에 대해 살펴보았다. 어떻게 다양한 삶과 그에 따른 일이 여기 지금(here and now) 해석되어야 할 것인가는 우리의 기술적인 재능과 어느 정도의 비평적 거리를 두어야 함을 요구하고 있다. 성인전(hagiography)의 본질은 경험적 선 위에서보다는 거룩함과 영성에 대한 주장 위에 초점을 두는 것이다.[25] 이를 통해 실제 켈틱 성인들의 역사성과 그들이 성취했던 것과 그들이 이끌었던 그 후의 평판 사이에 구분을 만들 필요가 있다는 것을 인식하게 된다. 그 같은 필연적인 구분은 켈틱이 성취한 것을 전복시키고자 하지 않는다. 그것은 가장 온건한 것이며 때로는 21세기를 살고 있는 우리가

23) Ian Finlay, *Columba*(London : Gollancz, 1979).

24) Tim Clarkson, *Columba*(Edinburgh : Birlinn and Co., 2012), p. 3.

25) Jane Cartwright, *Celtic Hagiography and Saints' Cults*(Lampeter : University of Wales Press, 2003).

상상하는 것보다 그 중심 원천이 그 작업을 한다는 인정과 인내심으로의 초대인 것이다.

그러한 생태 환경에서 어떤 저자들은 켈틱의 사고 혹은 켈틱 신화에 대해서 말하는 것을 선호할 것이다. 아마도 그것은 브레들리가 폭로했던 켈틱 평판의 유익이 담당할 역할일 것이다. 켈틱 신화의 연구가 현대인들에게 환경 영성의 틀을 만들어 주는 데 도움이 될 수 있다는 것이다. 표면상 그것은 어떻게 기독교 신앙이 천국주의, 인간중심주의 및 개인 구원의 주도적인 전통에서 일어나는 문제를 다룰 수 있는지에 대한 또 다른 해석을 제공하고 있다. 자연 세계는 켈틱 세계관 안에서 역할을 감당했다. 그것은 현재의 깊은 생태론과 같은 것이 아닐 수도 있다. 켈틱 성인들은 지구온난화의 위험 혹은 생태계의 파괴를 예견할 수 없었을 수도 있다. 그것은 시대착오적일 것이다. 그들은 자연 세계를 우리가 생각한 만큼 자연의 고유 가치에 대한 주장과 생태학적인 찬양으로 여기지 않을 수 있다. 그럼에도 그 같은 모양은 거기에 있었다. 자연 세계는 물질적이며, 세속적이며, 물리적인 것을 제외하고 보이는 영적인 존재 위에 근거하는 이원론 안에서 쉽게 무시되지 않았다. 그것은 혼합하는 것이다.

켈틱 사고 혹은 신화는 이와 같이 우리를 기독교 생태 환경적 영성의 발전 안에서 돕는 많은 것 중의 하나의 수단이 될 수 있다. 신화와 의식의 힘은 그것의 역사적 정확성과 실증성에 항상 놓여 있지 않다. 대신에 그것은 상상의 영역 속에, 마음의 습관 안에서 기능할 수 있으며, 이와 같이 당면한 문제에 적극적인 개입을 자극하는 역할을 맡을 수 있다.

그것은 침울한 통계와 과학적인 보고서와 인간의 멸망의 가능성에 슬퍼하는 사람들에게 시적인 차선책을 주고 있다. 그것은 우리에게 힘을 실어 줄 수 있으며 심리적 마비의 전망을 극복하도록 도울 수 있다.

뉴엘의 「새로운 조화」(*A New Harmony*)가 그 경우가 된다. 저자는 아이오나 사원의 원장이었다. 그는 켈틱의 심장과 마음에 대해 집중적으로 저술해 왔다. 그의 작품은 브레들리의 비평적인 예각이 부족하다. 그의 중심적인 관점은 세상의 와해를 극복하는 것이며, 그것이 쉽게 부서지게 되어 환경이 위험에 처해진 그 방식을 극복하는 것이다. 그의 최근 작품에서 그는 9세기의 켈틱 학자인 존 스코투스 에리우제나(John Scotus eriugena)에게 공로를 돌렸다. 여기에서 그리스도는 우리가 누가 되도록 부르심을 받았는가를 상기시키는 '우리의 현현'이다. 에리우제나에게 삶의 모든 것은 전인적으로 흘러간다. 부서지고 죄악에 가득 찬 것이 무시되지 않으나 거기에는 존재를 가지는 모든 것의 성스러움과 축복의 기억이 있다. 뉴엘은 집합적인 의식 안의 변화를 기대하고 있다. 그 끝에서 그는 켈틱 영성에 대한 그의 이해와 함께 창조의 복잡한 단순성을 분별하는 과학자들과 생태 환경을 염려하는 다른 이들에 대해서 그가 해석하는 것을 엮어 낸다.[26)]

켈틱 상상력은 생태 환경적 동력을 구축하는 데 그 역할을 담당한다. 이 신화가 브레들리가 기울였던 역사적이며 문학적인 세부 사항에 대한 훌륭한 관심보다 더 창조적인 역할을 맡게 될 것이다.

26) John Philip Newell, *A New Harmony : The Spirit, The Earth and The Human Soul*(San Francisco : Jossey-Bass, 2012).

1

Making use of the Celtic myth for a Christian Ecology

Rev. Dr. Clive Pearson
(Professor & the Principal of
United Theological College,
the School of Theology, Charles Sturt University)

It has been commonly assumed that Celtic Christianity has always been sympathetic to the environment. Its sensitivity to the natural order has meant that its saints and everyday practitioners have often been cited with approval in the wake of Lyn White Jr's claim that the Judeao-Christian tradition ought to bear a huge burden of guilt for the current ecological crisis. That negative estimation had effectively become received wisdom prior to the emergence of a Christian ecotheology.[1] White himself had turned to Francis of Assisi rather than Columba or Patrick as a prospective patron saint

1) Lynn White Jr., 'The Historical Roots of Our Ecologic Crisis', *Science*, 155, 1967, p. 1207.

for a Christian environmental consciousness. Nevertheless a Celtic spirituality has frequently been seen as an exemplar of a minority tradition which has cherished the goodness of God's creation.

Celia Deane-Drummond, for instance, has suggested that the Celtic tradition will have informed the theologies and ecological praxis of those who possess a 'deeper affinity with the land'.[2] H. J. Massingham had made the claim that 'if the British church had survived, it is possible that the fissure between Christianity and nature, widening through the centuries, would not have cracked the unity of western man's attitude to nature'.[3] Ray Simpson advises that 'The Celtic Church offered a better way of looking at creation than did the Roman Church'.[4] The Celtic saints were reckoned to have shown more 'love and concern for animals and birds'.[5]

This minority tradition is less concerned with looking upon this world as the stage upon which the drama of personal salvation is worked out. In the language of the Adelaide-based Norman Habel this version of the Christian faith does

---

2) Celia Deane-Drummond, *Ecotheology*(London : Darton, Longman and Todd, 2008), xiv.

3) J. J. Massingham, *The Tree of Life*(London : Chapman and Hall, 1943), p. 40.

4) Ray Simpson, *Celtic Spirituality*(London : Hodder and Stoughton, 1995), p. 85.

5) Michael Mitton, *Restporing the Woven Chord : Strands of Celtic Christianity for the Church Today*(London : Darton, Longman and Todd, 1995), p. 56.

not think in terms of this earth as being 'disposable'. Nor is it willing to conclude that the Christian faith is wholly otherworldly and given to 'heavenism'. It is much more likely to regard this earth and its well-being as part of God's good creation. Sallie McFague names this world as 'our home'; Elizabeth Johnson qualifies the claim by saying 'our only home'. Faced with 'ecological disaster' and the prospect of ecocide McFague concludes that if steps are not taken, then we human beings run the risk of reversing God's good creation.

The Celtic reputation belongs inside what Paul Santmire has discerned as an ecological motif within classical Christian thought about nature. The contrast is made with a spiritual motif. Santmire is conscious of the need to sift the Christian tradition on account of its rather ambiguous ecological promise. It has more often than not been concerned with an anthropocentric and otherworldly focus. Now is a time to recover that minority tradition and lay the foundations for 'a new option' in biblical hermeneutics which will galvanise Christian thinking on ecological matters. In terms of the unfolding tradition the Celts have often been placed in the company of Francis of Assisi.[6)]

Santmire's writing on *The Travail of Nature* was first

---

6) Paul Santmire, *The Travail of Nature : The Ambiguous Ecological Promise of Christian Theology*(Minneapolis, Fortress Augsburg Press, 1985).

published in 1985. His later work on *Nature Reborn* was dedicated to an emerging theological response : Santmire himself identified three types–reconstructionists, apologists, and revisionists. The first of these responses is inclined to think that it is time to build a 'new edifice of thought'. The underlying assumption is that a traditional Christian body of thought provides few, if any, 'viable theological resources to help us deal with current ecological concerns. Those who inhabit this space may well turn to forms of New Age thinking. The apologist is more liable to talk about the wise management of resources and ecojustice. They defend the classical tradition on the basis of its encouragement of a 'good stewardship' of the earth. The comparison is with the revisionists emphasis biblical interpretation and the capacity to 'reform' the tradition in the light of those hermeneutical principles.[7)]

Santmire is deeply conscious of the need for a life–affirming spirituality to attend a theology of life. For that reason he draws upon the experience of Celtic saints. Santmire is cautious : he knows that the Celtic saints' 'apperceptions of nature have frequently been celebrated' and 'too often …… romanticized'. Their world was one of frequent physical threat. Their world was 'cold and damp much of the time'. How was it, nevertheless, they could embrace nature as 'the

---

7) H. Paul Santmire, *Nature Reborn : The Ecological and Cosmic Praise of Christian Theology*(Minneapolis : Fortress Press, 2000), pp. 7–8.

gracious gift of God, their creator and redeemer' when their 'daily bread' was death?[8]

That spirituality is grounded in metaphors of voyaging, pilgrimage and the Christ who is with me, before me, behind me, within me, beneath me, above me. Santmire discerns within this refrain taken from 'The Breastplate of Saint Patrick' a spirituality in which Christ is to be found in the natural world. It not an ascent of the solitary to some heavenly realm. Santmire concludes that one of the consequences of this 'apperception' is that the Celtic saint looked out on the natural world as if it were 'charged with overwhelming expressions of the majestic powers and the immediate presence of *the Creator*, who was working out mysterious and magnificent purposes in the lives of all creatures'.[9]

In a similar vein Philip Sheldrake referred to the 'spiritual ecology of the Celtic saints as one of a profound sense of divine immanence'. The Celt did not revere nature for its own end nor in any sort of pantheistic manner. Rather, the natural world was like a second sacred text alongside that of Scripture. It was revelatory of divine purpose. The Celtic saint did not regard the natural world in terms of either intrinsic or instrumental value as much debate in environmental circles is conducted today. Rather, the natural world was an 'image of

8) Santmire, *Nature Reborn*, p. 96.
9) Ibid., p. 109.

the Creator God'.[10)]

Santmire weaves together these diverse strands of thinking into a spirituality which is one of a cosmic Christology. It is one which includes the natural world in much the same way as does the hymn to creation in Colossians 1 : 15~20.

> He is the image of the invisible God, the firstborn of all creation ; for in him all things in heaven and on earth were created, …… all things have been created through him and for him. He himself is before all things, and in him all things hold together. He is the head of the body, the church ; he is the beginning, the firstborn from the dead. …… For in him all the fullness of God was pleased to dwell, and through him God was pleased to reconcile all things, whether on earth or in heaven, by making peace through the blood of the cross.

This spiritual ecology is expressed in symbolic form in the Celtic cross which was commonly circular in design. The cross is obviously christocentric. The circle can represent the 'Creator's embrace of all things'. It reflects the desire of God to 'unify all things in the eschatological reign of God'—and that will be achieved in and through the mission of the risen

---

10) Philip Sheldrake, *Living Between Worlds : Place and Journey in Celtic Spirituality*(London : Darton, Longman and Todd, 1995), p. 79.

Christ.[11] The whole drama of creation and reconciliation is thus mediated.

Santmire's focus here was thus on a spiritual world view rather than a hard dogmatic or biblical theology. It possesses nevertheless a more solid theological structure than what is to be found in the work of J. Philip Newell. The latter's *Christ of the Celts* attracts the sub-title *The Healing of Creation.*[12] Newell lacks Santmire's more disciplined edge. *Christ of the Celts* is more the work of a poet who has discerned a deep longing in the human heart for harmony. The spirituality that then emerges makes use of Celtic traditions and literature but really more for the sake of illustration and exemplary practice.

The emphasis found in Santmire is in keeping with those who argue that what is now needed is a change of human values and attitude. We live in a current world of emerging climate change and the rise of *homo energos*-that is, the human subject who relies upon excessive carbon energy. The frequent ecotheological cry is for human beings to undergo a conversion or metanoia of the heart. The refrain is often one of seeing with new eyes ; the parable of the prodigal son is employed with an ecological hermeneutic and the imperative is for the human race to 'come to its senses'. It is recognized that

11) Paul Santmire, *Nature Reborn*, p. 113.

12) J. Philip Newell, *Christ of the Celts : The Healing of Creation*(San Francisco : John Wiley & Sons, 2008).

there is a pressing need for a commanding spirituality that somehow allows us to overcome what has been described as a psychic numbing : we know there is a problem with our environment but the scale of the matter is so large and we are left with a sense of helplessness. The increasing concern of a number of scholars who fear the prospect of time running out is on this more emotive and affective side of the human response to climate change and associated problems.

Santmire and Sheldrake here represent those who turn to a Celtic spirituality which is charged with materiality and divine purpose. And yet there is a problem. Was Celtic Christianity actually as green as it has been made out to be? One writer who has wrestled with this conundrum is Ian Bradley. In his early work, *God is Green*, he situated the testimony of the Celtic Christians alongside a reading of Scripture and the witness of mystics throughout the ages. The overarching intention was to make a response to White's thesis that the Judaeo-Christian tradition had been the most anthropocentric religion the world had yet seen. Bradley will eventually aspire after a cosmic Christ and demonstrate that there is a sacred world lying at the heart of the Christian faith. It had become distorted through the dismissive and exploitative use of the earth by human subjects. It had become obscured through a concern for personal forgiveness of sins and salvation thus conceived in an individualistic manner. Now was the time to sift the Christian tradition and enable the wisdom of the Celtic saints and others to play a part in the process of developing a contemporary Christian ecology.[13)]

With the passage of time Bradley has revised his reading of a Celtic Christianity. Much to his surprise and probable regret he now questions the extent to which Celtic Christianity was, in fact, green. Bradley is under no illusions. He recognizes that raising such a question is almost like an act of heresy to devotees of a Celtic Spirituality. The mere raising of the question represents taking a step back from his own earlier conviction that 'Celtic Christianity……. Was environment-friendly, embracing positive attitudes to nature and constantly celebrating the goodness of God's creation'.[14)] The dilemma with which Bradley is wrestling is a body of texts from the sixth to the tenth century which might suggest a 'much more ambivalent, and at times even hostile, attitude towards the natural world'.[15)]

Bradley has had to come to terms with some initial points of definition. His reservations to do with the ecological witness of a Celtic Christianity coincide with a sense of unease to do

---

13) Ian Bradley, *God is Green : Ecology for Christians*(London : Darton, Longman and Todd, 1992).
14) Ian Bradley, *The Celtic Way*(London : Darton, Longman and Todd, 1995), p. 56.
15) Ian Bradley, 'How Green was Celtic Christianity?' *Ecotheology* 4(1998, 58-69), p. 58.

with the very notion of Celtic Christianity. It is a label which he himself has freely used, but now he is less sure. The underlying assumption is that there must have been a 'single somewhat monolithic entity' which attracts such a naming and can be contrasted with other forms of the Christian faith. Was this so? Drawing upon the work of other Celtic scholars Bradley wonders if the 'native Christian communities of Ireland, Wales, Scotland, Cornwall and Brittany' during this period would have understood themselves as belonging to a Celtic Church. The term is one which they did not use. Its origins lie with the Greeks and referred initially to all those who lay beyond the scope of the Greco Roman culture to the north of the Alps. These Celtic Christians also had a strong sense of connection with other Christians in Rome, those who were Anglo-Saxon and with Coptic and Orthodox Christians in the Eastern Mediterranean. Bradley now concludes that they were 'less separated and distinct' than the name suggests.[16]

There are then a set of hermeneutical issues to deal with. The term 'Celtic Christianity' infers uniformity ; Bradley's more recent writing on Columba has him arguing for closer attention being paid to the particularities of beliefs and practices which can be associated with specific monastic *familia* and *paruchiae*. It may be possible to make generali-

16) Bradley, 'How Green,' pp. 58-59.

zations but they need to be recognized as such.[17)]

For the purposes of an ecological reading of the Celtic tradition(s) there is also the risk of anachronism. Santmire and other ecotheologians are keen to sift Christian history for the sake of recovering of workable motifs for our present environmental condition. That retrieval work needs to be done. And yet it requires great care. We run the risks of 'projecting back into these darks and misty ages perspectives' from our threatened age. Bradley notes : 'They lived at a time when there was no perceived, nor probably any significant actual threat to the environment from humans'. In a rather telling aside he makes the point that the reverse was probably more the case. It is indeed highly likely that some of the basic categories which we take for granted in this kind of debate would not be familiar. M. Low, for instance, argues that the Celtic world had no 'ready-made theology of nature'.[18)]

Bradley is now no longer confident of the earlier claims he made on behalf of a Celtic Christianity. There are two related claims being made : the first is the conviction that the Celtic Church had a more positive attitude towards nature than other churches ; the second is concerned with the exemplary nature

---

17) Ian Bradley, *Columba : Pilgrim and Penitent*(Glasgow : Wild Goose Publi-cations, 1996), pp. 65-67.

18) M. Low, *Celtic Christianity and Nature*(Edinburgh : Edinburgh University Press, 1996), p. 5.

of its good stewardship for later Christians especially in the kind of world which McFague believes is facing a potential ecocide.

With this hermeneutic of suspicion in mind Bradley must call into question how a particular set of poems composed by hermits and saints have been read. These literary works dating from the ninth and tenth centuries have sometimes been seen as anticipating 'the spirit of the early Franciscans'. They demonstrate a desire to seek out and watch the 'the tiniest phenomena' while professing the beauty of nature.[19] Bradley is unsure of how these poems cohere with earlier Irish poems which were often inclined to evoke 'God's protective powers against threatening physical elements'.[20] Here the natural world is as much of 'an enemy as a companion'.[21] This persistent theme needs to be set alongside a sense of 'awe and wonder in the face of the magnificence and mystery of creation'.[22] It is also not clear to what extent the Celtic monks shared in the near 'panentheistic location of God and Christ in the natural world' to be found in the nineteenth century collection, *Carmina Gadelica*.[23] The most cited example reads :

---

19) K. Myer(ed), *Selections from Ancient Irish Poetry*(London : Constable, 1911), p. 11.
20) Bradley, p. 63.
21) Ibid., p. 64.
22) Ibid.
23) Ibid., p. 65.

There is no plant in the ground
But is full of His virtue,
There is no form in the strand
But is full of His blessing.

There is no life in the sea,
There is no creature in the river,
There is naught in the firmament,
But proclaims His goodness.

There is no bird on the wing,
There is no star in the sky,
There is nothing beneath the sun,
But proclaims His goodness.[24)]

Columba's world seemingly had a much stronger feel for that which was sinful and fallen. Bradley now argues that the Celtic way of seeing the natural world was 'ambiguous, varied and complex'. It may well indeed be more the case that their 'extreme austerity and asceticism' served their environment well rather than any incipient ecological consciousness. What was distinctive, though, was the relationship of the Celts to animals. The Romans and the Greeks were more inclined to

24) A Carmichael(ed.), *Carmina Gadelica*(Edinburgh : Oliver & Boyd, 1928), Volume 1, pp. 39-41.

think of other creatures in instrumental or symbolic terms ; the Celts, by way of contrast, regarded birds and animals as companions. Bradley notes the stories :

> the blackbird that lays its eggs in St. Kevin's outstretched hands ; the 12 wolves who stand quietly with Columbanus while he is reciting psalms ; the otters who follow St. Cuthbert as he emerges from the North Sea after one of his long vigils of prayer in the cold waters off Lindisfarne and lick his feet to warm them before drying him with their fur. St. Ciaran was apparently helped in the task of digging a cemetery at Saighir by a wild boar which set to work with its tusks to clear and level the ground. It stayed on to become his servant, being joined by a badger, a deer and a fox which carried his psalter for him. Mochua, an Irish disciple of Columba, lived as a hermit and his only companions were a cock, a mouse and a fly. Each helped him with his work : the cock crowing at midnight to wake him up in time for his first morning office and the fly walking along each line as he read from his psalter and remaining at the place where he finished so that after a rest he could take up chanting the psalms where had left off.[25]

Bradley is sceptical. The issue at stake for him is not

25) Bradley, p. 67.

whether or not these stories are true but, rather, what do they signify. Do they tell of a particular closeness to nature? Or, are they performing a symbolic task or somehow serving a hagiographical function designed to enhance the saintly nature of the human subject? How do they sit alongside other accounts, like the story of Columba who commands a wild boar to die at his feet, 'killed by the power of his terrible word'?[26]

Bradley apologizes for his more recent conclusion. He has moved from being a devotee to an academic who has debunked a myth which he himself once harboured. The movement of his thought raises a host of questions to do with the role and place of the Celtic saints in the construction of a Christian ecotheology. Is this more reserved reading Bradley has arrived at more accurate? And, if it is, then it is a formidable critique of much received popular wisdom given his high standing in the ranks of Christian ecotheologians. The counter argument might well be a consideration to do with the merit of the ongoing power and significance of a myth over and against historical and literary precision.

With regards the critique itself there are hermeneutical issues that need to be raised. There is no doubt that the critical work of scholars like Ian Finlay on Columba have helped overcome the tendency towards hagiography in much

26) Ibid., p. 68.

writing to do with the Celtic saints.[27] Tim Clarkson, for instance, is very mindful of how we have received an 'idealized picture of a renowned holy man'.[28] The work of Jane Cartwright is more sustained. She has overseen a multidisciplinary approach to the sanctity and veneration of the Celtic saints. How the various *Lives* and subsequent accounts are to be read in our here and now requires technical skill and a degree of critical distance. The nature of hagiography is to focus upon the claims to sanctity and spirituality rather than on the empirical.[29] There is thus now recognized the need to make a distinction between the historicity of an actual Celtic saint and what they accomplished and the subsequent reputation they attract. That necessary distinction is not designed to subvert the Celtic achievement : it is more modest and an invitation to patience and a recognition that sometimes the key sources were doing jobs other than what those of us who live in the twenty-first century often imagine.

In the circumstances some writers will prefer to speak of a Celtic consciousness or Celtic myth. Maybe it is here that the benefits of the Celtic reputation which Bradley has debunked has a role to play. The developing conviction that spirituality

---

27) Ian Finlay, *Columba*(London : Gollancz, 1979).
28) Tim Clarkson, *Columba*(Edinburgh : Birlinn and Co., 2012), p. 3.
29) Jane Cartwright, *Celtic Hagiography and Saints' Cults*(Lampeter : University of Wales Press, 2003).

must play a part in framing the contemporary heart and mind towards ecological issues lends itself to the inclusion of the Celtic myth. On the surface it offers an alternative reading to how the Christian faith might address the problems arising out of its dominant traditions of heavenism, anthropcentricism, and personal salvation. The natural world did play a part in the Celtic world-view. It may not have been quite the stuff of a current deep ecology. Those Celtic saints could not have foreseen the perils of climate change or the decline of biodiversity. That would be anachronistic. It is also highly their regard for the natural world was not quite as shot through with ecological praise and claims of nature's intrinsic value as we might hope for. And yet semblances of such were there. The natural world was not readily dismissed in a dualism based on that which was spiritual being seen as apart from that which was material, earthy, physical. There was an interfusing.

The Celtic consciousness or myth can thus become one vehicle of many which assist us in the development of a Christian ecological spirituality. The power of myth and consciousness does not always lie in its historical accuracy and verifiability. It can function instead in the habits of the heart, in the domain of the imagination and thus play a part in stimulating an energetic engagement with the problems at hand. It offers a poetic alternative to the grim statistics and scientific reports and those writers who lament the likely requiem for the human species. It can empower and help us overcome the prospect of psychic numbing.

Newell's *A New Harmony* is a case in point. The writer has been Warden of Iona Abbey. He has written extensively on the Celtic heart and mind. His work lacks the critical edge of a Bradley. His overriding concern is to overcome the 'disaggregation' of the world and the way in which it becomes so readily splintered and the environment is placed at risk. In this latest work he is indebted to the ninth century Celtic scholar, John Scotus Eriugena. Here Christ is 'our epiphany' who reminds us of who we are called to be. For Eriugena the whole of life flows into wholeness. That which is broken and sinful is not ignored but there is memory of blessing and a sacredness of everything that has being. Newell is anticipating a change in collective consciousness. To that end he weaves together his understanding of the Celtic myth into his reading of others who care for the environment as well as the news scientists who discern a complex simplicity of creation.[30)]

The Celtic imagination plays its part in the construction of an ecological momentum. It is much more likely that this myth will play a more creative role than Bradley's commendable attention to historical and literary detail.

---

30) John Philip Newell, *A New Harmony : The Spirit, The Earth and The Human Soul*(San Francisco : Jossey-Bass, 2012).

2

켈틱 기독교와 수도원

윌리엄 에밀슨/박사, 번역/엄정길 목사

아일랜드 남서쪽의 카운티 케리(County Kerry) 해안 약 14킬로미터쯤에는 대서양을 굽어보는 200미터 높이의 탑이 굉장한 모습으로 서 있는 스켈리그 마이클(Skellig Michael)[1]이라 불리는 거의 자연 그대로의 바위섬이 있다. 어느 지점에서든 길이가 800미터보다 작고 너비는 500미터를 넘지 않는 이 무뚝뚝한 바위는 가파른 비탈 위에 높이 놓여 있는데, 6세기 후반이나 7세기부터 12세기까지 수도승들의 작은 공동체와 더불어 있었다.

그들의 수도원은 가파른 절벽을 따라 조각된 두 테라스 위에 세워져 있는데 모험심 많은 방문객은 아래 바다로부터 구불구불하게 올라가도록 된 1,670개의 돌계단을 올라감으로써 어느 조용한 날에 그곳에 도달할 수 있다.

---

1) 이 바위는(Skellig Michael) 10세기 혹은 11세기경에 천사장 미카엘에게 바쳐진 것이다.

스켈리그 마이클에 있는 벌집형 수도원과 무덤들

제프리 무어하우스(Geoffrey Moorhouse)가 1997년에 발표한 소설 「태양의 춤」(*Sun Dancing*) : '중세의 비전'(a Medieval Vision)[2]은 이 멀리 떨어진 섬의 수도사들의 삶을 상상력 있게 재구성하였지만, 그의 설명은 대답할 수 없는 많은 질문을 남겼다. 현실적으로 우리는 그 수도원을 발견한 사람에 관해서, 그 수도원에 살았던 사람들의 삶에 관해서, 심지어 얼마나 많은 수도사들이 거기에 있었는지에 대하여 알고 있는 것이 많지 않다. 역사학자들이 그들에 관한 단편적인 이야기 조각들을 한데 모아 둔 것과 같은 현존하는 자료들은 실제로 없다. 그러나 우리는 이 자연의 풍파에 내몰린 곳에서 있어 왔음직한 삶을 상상할 수는 있다. 우리는 그곳이 얼마나 끔찍할 정도로 거친 곳이었는지를 상상할 수 있다. 그 섬에는 나무가 자랄 수 없어 요리와 난방을 위한 어떠한 목재도

2) Geoffrey Moorhouse, *Sun Dancing : A Medieval Vision*, London : Weidenfeld & Nicolson, 1997.

없었다. 수도사들은 그들의 음식을 날것으로 먹어야만 했고 겨울에는 춥고 황량하게 지내야 했다. 그 섬에는 재배할 음식을 위한 흙이 거의 없었기에 수도사들은 버드나무로 만들어지고 짐승의 가죽으로 방수 처리된 작은 배(coracles)를 타고 육지로 건너가 음식을 가져온 것으로 생각된다.[3] 그것은 스켈리그 마이클 지역을 거룩한 장소로 상상하게 하는데 당시에는 땅 끝으로 알려진(문자적 의미에서) 그곳에서 수도사들은 침묵과 고독 속에서 하나님을 만났을 것이다.

이 머나먼 곳에는 여전히 12세기에 부분적으로 복구된 중세 초기 수도원의 놀라우면서도 아름다운 노출된 바위의 잔재들이 있다. 수도원은 여섯 부분으로 구성되어 있었는데, 창문이 없는 돔 형태의 천장들과 또는 각각의 낮은 문을 가진 오두막, 두꺼운 돌로 만든 벽들과 돌로 만든 지붕, 두 개의 정방형의 돌로 만든 예배실과 파괴된 교회, 조각된 기호들, 그리고 두 개의 우물 등이 그것이다.[4] 스켈리그 마이클은 초기 켈틱 수도원의 가장 잘 보존된 사례 중의 하나이다. 비록 중부 아일랜드의 더블린(Dublin)과 클론먹노이즈(Clonmacnoise) 근처의 위클로 산(Wicklow Mountains)에 있는 글렌달로그(Glendalough)의 잘 보존된 수도원처럼 규모가 훨씬 큰 많은 수도원들이 있지만, 스켈리그 마이클은 켈틱의 언어로 소통된 지역에서 5세기에 출현했던 힘 있고 합리적으로 통합된 수도원운동의 상징적인 곳이다.[5]

---

3) On St. Brendan's epic journey in a coracle, see Tim Severin's immensely popular, *The Brendan Voyage*, New York : McGraw-Hill, 1978, pp. 265-273.

4) For the layout of Irish and Scottish monasteries, see Lloyd Laing's *The Archaeology of Celtic Britain and Ireland c. AD 400-1200*, Cambridge : Cambridge University Press, 2006, pp. 211-216.

5) In Brittany Breton is spoken, Cornwall(Cornish), Ireland(Irish), Northumbria(Cumbrian), Scotland(Scots Gaelic), Wales(Welsh), and The Isle of Man(Manx). Irish, Scots, Gaelic, Welsh and Breton have survived to the present day. Cumbrian survived until the Middle Ages in the north of

'켈틱 수도원운동'이라는 표현은 '켈틱 기독교'나 혹은 '켈틱 영성'이나 심지어 '켈틱 교회'라는 것보다는 훨씬 덜 논쟁적이다. 다양한 학자들은 후자의 용어들이 역사적 현실로부터 떼어 놓으려는 '우리 시대의 위대한 착각'이라는 정신적 조합보다 더 심하다는 사실에 대하여 논쟁을 해 왔다.[6)]

일반적으로 논쟁거리가 된 위험은 '켈틱'이라는 용어가 '기독교', '교회' 또는 '영성'으로 자격을 부여하는 데 익숙할 때, 그것은 켈틱 언어를 사용하는 지역을 넘어서 기독교 신앙 안에서 통합과 일치가 있었다는 그릇된 인상을 준다. 그것은 또한 '켈틱 기독교' 혹은 '켈틱 교회'는 다소 독특하고 구별되며, 특히 비로마적이고, 비영국적이고, 비제도적이고, 비계급적이 된다고 하는 잘못된 관점을 북돋기도 한다. 비록 '켈틱 기독교'의 특별한 형태에 관한 낭만적인 개념들이 여전히 대중문학 속에 친 생태적이고, 신성하고, 시적이고, 예술적이고, 자연 세계에 대하여 잘 조율된 의미를 가지고 있다 할지라도 '켈틱 교회'에 대한 유일한 개념은 캐슬린 휴(Kathleen Hughes), 웬디 데이비스(Wendy Davies), 그리고 도날드 믹(Donald Meek)[7)]에 의해서 확실히 논쟁되어 왔는데, 학문적인 의견의 무게는 이들 논쟁들을 지지할 만한 어떤 증거도 없다는 것이다.

예를 들어 이안 브레들리(Ian Bradley)는 그의 좀 더 최근의 책 *The*

England ; Cornish(now being revived) remained alive until the eighteenth century ; and Manx(also being revived) survived into the twentieth century.

6) Donald E. Meek, *The Quest for Celtic Spirituality*, Edinburgh : The Handsel Press Ltd, 2000, p. 13.

7) K. Hughes, 'The Celtic Church : is this a valid concept?', *Cambridge Medieval Celtic Studies*, No. 1 Summer 1981, pp. 1-20 ; Wendy Davies, 'The myth of the Celtic Church', in Nancy Edwards and Alan Lane(eds), *The Early Church in Wales and the West*, Oxford : Oxbow Monographs 16, 1992, pp. 12-21 ; and Meek, *The Quest for Celtic Spirituality*.

Celtic Way(1993)에서 '켈틱 기독교'의 개념에 관한 가장 강력한 비평들을 내놓았다. 그의 「켈틱 기독교 : "Making Myths and Chasing Dreams(1999)」라는 책에서 그는 '켈틱 기독교'의 이념은 있어야만 했던 것과 있음직한 것에 관한 모든 종류의 '원하는 바의 생각이나 낭만적인 향수, 그리고 투사(projection)'라는 사실을 주지시킨다.[8)]

그러므로 사람들은 '켈틱 수도원운동'에 관하여 쉽게 일반화시켜서도 안 되고, 혹은 켈틱 수도원운동이 영국과 아일랜드에서 중세 초기 기독교인의 삶에 관한 유일한 형태였다고 하는 일반적 실수를 범해서도 안 된다. 그러나 비록 지역적, 문화적 차이를 용납하는 것에 관하여 이 글에서 논쟁이 있지만 일치하는 개념을 줄 수 있는 충분하면서도 구별된 특징들이 있다. 나는 최소 5가지를 알아볼 것인데, 거기에는 토요일 안식일 축제와 같은 좀 더 일반적인 '켈틱'의 차이점들이나 동방교회 내의 다른 지역에서 관찰되는 관습, 그리고 켈틱의 성직자들이나 수도사들의 머리를 자르는 것(tonsure)과 같은(명백히 드루이드교 승려의 관습 : 고대 켈틱의 제사장들) 관습들이 포함되지 않은 것들을 살펴볼 것이다.

첫째로, 켈틱 수도원운동의 전성기는 5세기부터 8세기까지 혹은 4세기 후반 고대 로마 식민지 영국(Roman Britain)의 붕괴로부터 8세기 후반의 바이킹(Viking)의 출현 때까지의 400년간 이어지는 기간으로 다소 제한될 수 있다. 켈틱 수도원운동은 뒤이어 유럽 본토로부터 시작된 베네딕트 수도원(Benedictinism)의 엄격한 형태에 의해서 흡수된다.

아일랜드에서 수도사들과 수녀들에 대한 가장 초기의 증거는 5세기 중엽, 아주 오래전에 쓰인 패트릭 성자(St. Patrick's)의 "고백(Confession)

---

8) Ian Bradley, *Celtic Christianity : Making Myths and Chasing Dreams*, Edinburgh : Edinburgh university Press, 1999, p. vii.

문서" 속에서 발견된다. 성자 패트릭은 말하기를 그의 시대(아마도 그가 은둔하던 때)에 아일랜드에 존재하고 있었던 수도승들과 수녀들이 있었으며, 그는 자기에게 나아온 한 아름다운 귀족 부인에게 세례를 베풀었는데 그녀는 하나님께 좀 더 가까이 가게 될 수도 있는 '그리스도의 동정녀'로서 수녀가 되기 위해 갈망한 며칠 후에 세례를 받았다.[9]

5세기에도 몇몇 수도원들이 존재해 왔음 직하지만 6세기에 들어서 켈틱 언어로 말하는 지역에서 수도원에 대한 증거가 좀 더 강하게 나타나기 시작한다. 일타이드(St. Illtyd, 455-535)는 웨일스 지역의 성자로서 켈틱 수도원운동의 선구자로 나타난다. 그는 6세기 초에 웨일스 남동쪽에 있는 Lianilltud에서 수도원의 금욕주의와 가르침을 표방한 유명한 수도원을 세웠다.

이와 거의 동시에 아일랜드에서는 수도원의 거대한 확장이 있었다. 6세기부터 활동하기 시작한 아일랜드 수도원운동의 선구자들 가운데 524년에 죽은 성자 브리지트는 킬데어에 쌍둥이 수도원, 즉 남자 수도원과 여자 수녀원을 세웠다. 549년에 죽은 성자 피니안(아일랜드의 12사도의 선생)은 중부 아일랜드의 클로나드(Clonard)에 공동체를 세웠으며, 아마도 켈틱 수도사들 가운데 가장 두드러진 성자 콜럼바는 데리, 더러우, 이오나, 그리고 헤브리디스에 인접한 섬들에 수도원들을 세웠으며 597년에 죽었다. 성자 콜럼바누스는 대략 590년경에 프랑스의 뤽세이유에서 수도원을 설립했으며 612년에는 북부 이탈리아의 보비오에 또 다른 수도원을 설립했다. 618년에 죽은 성자 케빈은 글렌달로그(두 호수 사이의 작은 골짜기)에 수도원을 세웠으며, 635년에 죽은 아이단 성자(St. Aidan)는 린디스판(Lindisfarne, 거룩한 땅)에 수도원을 세웠다.

---

9) 'Patrick's Declaration of the Great Works of God', [the Confessio], in *Celtic Spirituality*, trans. and intro. Oliver Davies, New York : Paulist Press, 1999, para. 42, pp. 71-78.

고고학적인 증거는 우리들에게 켈틱 수도원운동의 두 번째 독특한 특징을 보여 주는데, 그것은 이집트에 있는 시나이 산의 맨 아래쪽에 있는 성자 캐서린의 그것이나 혹은 시리아의 테란니소스에 있는 성 시미언 수도원과 같은 동쪽 지역의 수도원들과는 확실히 구분되는 특징을 제공한다. 켈틱 수도원의 가장 중요한 외형적인 모습들 중의 하나는 울타리(담)인데, 그것은 때때로 자연적인 상태의 바위 형태를 포함하는 것으로서 그것은 상징적으로 그리고 현실에 있어 외부 세계로부터 분리되는 것을 의미했다. 좀 더 규모가 큰 수도원들의 경우 벨라(valla)라고 불리는 것들을 다수 가지고 있었는데, 그것들은 각 지역의 종교적인 신성함과 구별하기 위해 동심원 안에 배치되었다. 좀 더 큰 수도원들은 하나의 보루(vallum ; valla의 단수형)보다 많은 것들을 가지고 있었다는 몇 가지 증거가 있다. 예를 들어 아이오나(Iona)의 경우 세 개의 벨라를 가지고 있었는데 대략 20에이커의 농장을 껴안고 있는 외부 경계와 수도원 건물의 중간 경계, 그리고 마지막으로 교회와 묘지의 내부 지역이 그것들이다. 경계 안쪽으로는 하나의 교회(몇몇 좀 더 큰 수도원들은 많은 교회들을 가졌다.) 주변으로 벽돌이나 윗가지(wattle)를 재료로 해서 분리된 건물들로 구성된 작은 도시 같지 않은 하나의 정착지가 있었다. 이들 건물들 가운데 가장 많은 수는 수도승들을(수도승들은 반드시 단 하나의 지붕 아래서 살지는 않았다.) 위한 작은 방이나 오두막이었다.

다른 건물들은 식당(수도원 부속), 작업장, 병원(수도원 부속 진료소), 부엌, 손님들을 위한 집, 창고, 마구간 등을 가지고 있었으며, 좀 더 규모가 크고 부유한 전형적인 수도원의 경우 필사와 제본을 위한 피지 공장이나 필사할 수 있는 장소, 그리고 아마도 금속 작업을 할 수 있는 주조장도 가졌을 것이다.

켈틱 수도원 내에 존재하는 결혼한 사람들과 가족들은 지중해의 끝

동부 지역에 있던 수도원들과 독특하게 구분되는 것이 세 번째 특징이라고 할 수 있다. 대수도원장(때때로 an abbot-bishop)은 모든 것을 관할했다. 그는 대개 귀족 가족(noble family)으로 분류되어 결혼을 하였다. 대수도원장들은 세속적이었고 필수적으로 종교적인 규율에 소속되지도 않았다.

비록 수도사들과 수녀들이 독신이 되거나 그들 자신을 예전이나, 학업이나, 사색이나, 설교 등에 헌신하는 것을 선택하였다 할지라도 결혼한 사제들이나 성직자들은 그들과 함께 살았고, 영적인 감독을 실습하며 그들의 목회와 성스러운 의무들을 수행하였다.

또한 수도원 내에는 일단의 장인들이 그들의 가족들과 더불어 살았는데, 이를 테면 금속세공업자들, 직공들, 유리세공업자들, 석공들, 그리고 농사짓는 자들이 바로 그들이었다. 이들 장인들의 존재는 켈틱 수도원운동의 4번째 독특한 특징을 만드는 데 일조했다. 즉, 이들은 번영하는 경제적인 삶과 문화적인 삶을 지닌 수도원 중심적인 도시들과 마을들을 만드는 데 도움을 주었다. 금속세공업자들은 철, 동, 은, 그리고 금을 가지고 일을 했고, 직공들은 사슴의 뿔, 목재, 그리고 가죽을 가지고 일을 했으며, 석공들은 십자가와 여러 부호들을 조각했다. 성 아담난의 책 「성자 콜럼바의 삶」(*Life of St. Columba*)에서 보면 아이오나(Iona)에서 그들은 우유와 고기를 얻기 위해 가축들을 길렀고, 나무로 만든 양동이, 손수레, 맷돌, 수리하는 건물들, 그리고 나무로 만든 배들과 가죽을 입힌 배들을 위한 건물 등 일단의 세공 기술과 농업 활동에 종사하면서 선교 활동을 하였다.[10] 아일랜드나 웨일스에 있는 아이오나, 린디스판, 그리고 다른 위대한 수도원들은 또한 필사 기술의 중심

10) There are many editions of Adamnán, *Life of St. Columba*. It contains much material that is fabulous but some is of great historical value.

이 되었다. 그들의 수도사들은 정교하게 장식된 대작들, 이를 테면 *the Book of Kells*(「켈틱인들의 책」/더블린의 트리니티 대학에 있음.)나 「린디스판 복음서」(*the Lindisfarne Gospels*/현재 대영박물관에 있음.)로 알려진 그와 같은 것들을 출간하였다.

아일랜드나 스코틀랜드, 그리고 웨일스의 많은 지역에서 수도원들은 학문과 문화, 그리고 기술적인 혁신의 요란스러운 중심으로 발전했다. 6세기와 7세기에 켈틱의 수도원들은 전 유럽에서 가장 학문적인 곳으로 지역 내에서뿐 아니라 대외적으로도 인식되었다.[11)]

이러한 지적이고 문화적인 번영과 더불어 켈틱 수도원운동에 5번째의 특징이 발달하였는데 그것은 엄격하면서도 헌신적인 삶이었다. 이러한 엄격한 삶이 전자에 대한 반응으로 나왔는지 혹은 전자의 결과로 나왔는지를 결정하기는 쉽지 않지만, 6세기와 7세기 동안에 켈틱 수도원운동은 전체 기독교계를 통하여 그 엄격한 훈육으로 명성을 얻었다. 켈틱의 참회는(죄에 대한 등급별 처벌이 포함된) 오늘날 우리들에게는 과도하게 거친 것처럼 보일지 모르지만, 그 시대에는 그러한 켈틱 수도원운동이 초기 중세 기독교계에 대해 가장 현저한 공헌(심지어 칭찬으로까지 치부될 수 있는) 중의 하나로 간주되었다.[12)] 6세기 웨일스 수도사 길다스(Gildas)에게 주어진 참회 총직과 관련한 다음과 같은 교회법은 죄를 범하였을 때 주어지는 심각한 지시사항을 알려 준다.

이전에 수도원적인 서약을 했던 어떤 성직자나 혹은 부제(deacon)

---

11) For a popular work on the impact of early Irish monasticism on Europe, see Thomas Cahill, *How the Irish Saved Civilization*, London, Hodder and Stoughton, 1995.

12) For an English translation of Irish penitentials, see Ludwig Bieler(ed.), *Irish Penitentials*(Scriptores Latini Hiberniae 5), Dublin : Dublin Institute for Advanced Studies, 1963.

> 가 어떤 성적인 부도덕한 행동들을 범했을 때, 그들은 3년 동안 참회를 해야 할 것이다. 그는 한 시간에 한 번씩 사죄기도를 하도록 요청되었고, 그리스도의 수난일 전 50일 동안을 제외하고는 한 주일에 한 번씩 정식 식사는 할 수 없었으며…… 1년 6개월 후에 그는 아마도 성찬을 받을 수 있을 것이고, 평화의 키스를 나눌 수 있으며, 그의 형제들과 더불어 시편을 찬송할 수 있을 것이다. 그렇게 오랜 기간 동안 하늘의 약(the heavenly medicine)이 없이 나아간다면 그의 영혼의 경우 긴급히 망해야만 할 것이다.[13]

참회 행위들에 덧붙여 각 수도원은 그 자체의 규칙을 가지고 있었고 그것들은 또한 어느 정도 엄격했다. 음식과 잠에 관하여 콜럼바누스(Columbanus)의 이름과 관련된 수도원 규칙은 가혹했지만 수도원 규칙을 위해서 평범한 것을 벗어난 것, 즉 비범한 것은 아니었다.

> 수도승은 주는 대로 먹도록 했고…… 그가 여전히 걷는 가운데서도 피곤에 지쳐 침대에 들도록 했으며, 충분히 잠을 자기 전에 일어나도록 했다.[14]

콜럼바누스의 매일의 일과는 매우 엄격했다. 하루 전체를 통하여 8번의 예배를 드렸다(매 3시간마다 한 번씩). 그것들은 다음과 같았다. 오전 6시에 드리는 첫 번째(Prime) 예배, 오전 9시에 드리는 두 번째 예배(Terce), 정오에 드리는 세 번째 예배(Sext), 오후 3시에 드리는 네 번째 예배(None), 오후 6시에 드리는 저녁 예배(Vespers), 오후 9시에 드

---

13) 'The Preface of Gildas on Penance', in *Celtic Spirituality*, trans. and intro. Oliver Davies, New York : Paulist Press, 1999, p. 227.
14) 'The Rule for Monks by Columbanus', in *Celtic Spirituality*, trans. and intro. Davies, p. 256.

리는 첫 번째 밤 예배(1st Nocturn), 자정에 드리는 두 번째 밤 예배(2nd Nocturn), 그리고 새벽 3시에 드리는 마지막 예배(Matins)를 드렸다.[15] 마지막에 드리는 Matins 예배는 가장 길고 하루 중 가장 중요한 예배로 간주되었다. 여름에는 24개의 시편들이 그 밤에 직접적으로 불리든지 혹은 서로 응답하면서 불리며 겨울에는 그 숫자가 때로 36개로 늘어나기도 했다.[16] 켈틱 수도원운동이 일반적으로 콜럼바누스의 규칙 안에서 발견되는 것과 같은 조직화된 것이 아닐 수 있거나, 혹은 동쪽의 시리아 수도승과 관련하여 일반적으로 악명 높은 금욕주의를 넘어서는 것이 아닐 수도 있지만, 그럼에도 불구하고 제인 스티븐슨(Jane Stevenson)의 다음과 같은 엄격한 실천의 부과에 대하여 동의하지 않는 것은 어려울 것이다.

> 겨울밤에는 자정에서 새벽 서너 시까지 약 2시간 30분 동안(추측하건대) 계속적으로 시편을 찬송하는데, 모든 사람이 반복적으로 찬송하기 전에 한 사람이 쉬지 않고 부르는 광경은 오직 가장 열정적인 종교적 헌신자가 깊은 사색으로 나아가기 위한 하나의 방법이다.[17]

8세기 후반부에 이르러 더 크고 더 부유한 많은 수도원들이 재산과 땅을 모으는 데 초점을 맞추게 되었다. 그들은 전적으로 정치적인 관심에 빠졌고, 시끄러운 싸움도 했으며, 심지어 라이벌 수도원들과 무장

---

15) Jane Stevenson, Introduction to F. E. Warren's, *The Liturgy and Ritual of the Celtic Church*, 2nd ed.(Studies in Celtic History), Woodbridge, Suffolk, Boydell Press, 1987, p. xliv.

16) On the singing of psalms, see 'On the Choir Office' in Columbanus' Rule in *Celtic Spirituality*, trans. and intro. Oliver Davies, pp. 252-255.

17) Jane Stevenson, Introduction to F. E. Warren's, *The Liturgy and Ritual of the Celtic Church*, p. xlv.

충돌도 하게 되었다. 이들 수도원들은 단지 세상에 속한 것이 아니라 도리어 세상이 그들에게 속했다. 이들 수도원들이 그들 스스로를 왕들과 귀족들과 더불어 밀접하게 제휴함에 따라 그들은 지원과 보호를 위한 보호자의 사슬의 체계 속으로 얽히고설키게 되었다. 역설적이게도 그들의 거대한 부와 쉬운 접근성은 이들 수도원으로 하여금 일반적으로 해변을 따라 아주 좋은 위치에 자리 잡게 했으며 또한 수로 가까이에서 항해하기 좋은 곳으로 위치하게 되는데, 이러한 것들이 도리어 바이킹이 약탈하기 좋은 쉬운 표적이 되게 하였다.

약 400년 동안 켈틱 수도원운동은 서구 기독교의 변방의 끝에서 독특한 운동으로서 존재했다. 동쪽의(시리아 지역) 불모지에서 일어나고 있었던 것들과 병행하는 것들도 있었지만 아일랜드, 스코틀랜드, 웨일스, 그리고 다른 켈틱 언어 사용 지역의 섬사람들의 세계에서 독특한 켈틱 수도원운동은 그 수도원을 둘러싸고 있는 사회를 밀접하게 껴안으며 모양을 만들고, 성직자들과 수도승은 그들의 모든 은사와 능력들을 가지고 일반인(그들의 가족들까지)들과 협력을 하는 보다 포괄적인 발전을 이루었다.

켈틱 수도원은 점차 그 자체의 영적 열심과 경건에 대한 명성, 엄격한 교육, 그리고 선교 활동 등을 잃고 있다. 성자 콜럼바의 수도원적 삶에 대한 소명과 그 밖의 많은 다른 위대한 켈틱 성자들의 수도원적 삶에 대한 소명 안에서 강력하게 모양을 갖추었던 구속되지 않는 에너지와 신성함은 이젠 없다. 켈틱 수도원운동을 야기했던 불은 꺼졌고 위대한 선조 성자 패트릭은 다음과 같이 썼다.

> ……내가 아일랜드에 도착했을 때, 그리고 날마다 가축들을 돌보면서 시간을 보내었을 때 나는 매일 빈번하게 기도를 했다. 그리고 하면 할수록 하나님의 사랑과 그에 대한 경외심이 내 안에서 자랐

고, 나의 신앙심은 증가했으며, 나의 영은 생기가 넘쳤다. 그 결과 하루에도 수백 번씩 나는 기도했고 밤에도 거의 그 만큼 많이 기도했다. 정말로 나는 기도하기 위하여 심지어 숲 속에서 그리고 산 위에 남아 있기도 했다. 그리고 비가 오나 눈이 오나 우박이 오나 나는 기도하기 위하여 이른 새벽 전에 일어났다. …… 이제 나는 그 당시에 왜 그렇게 내 안에 '성령이 뜨거웠던'가를 이해한다.[18)]

18) 'Patrick's Declaration of the Great Works of God', [the *Confessio*], in *Celtic Spirituality*, trans. and intro. Davies, para. 16, p. 71.

2

Celtic Monasticism

Rev. Dr. William Emilsen
(Professor of the United Theological College,
the School of Theology,
Charles Sturt University)

Some fourteen kilometers off the coast of County Kerry in south-west Ireland, there is an almost barren rock called Skellig Michael[1] that rises dramatically to a pinnacle 200 meters above the wild Atlantic Ocean. Perched high on the steep slopes of this inhospitable rock, less than 800 meters long and no more than 500 meters wide at any point, lived a small community of monks from the latter half of the sixth or early seventh century to the twelfth century. Their monastery was built on two terraces carved out of the sloping cliff ; an adventurous visitor can reach it on a calm day by climbing

1) The rock(skellig) was dedicated to the archangel Michael sometime in the tenth or eleventh century.

1670 stone steps leading tortuously up from the sea below.

In his novel *Sun Dancing : a Medieval Vision*(1997),[2] Geoffrey Moorhouse has imaginatively reconstructed the life of the monks on this remote island but his account leaves many unanswered question. In reality we know very little about who founded the monastery, the lives of those who lived there, or even how many monks there were. There are virtually no surviving written sources from which historians might piece together their story. We can, however, imagine what life must have been like in this wind-swept watery wilderness. We can imagine how terribly harsh it must have been. Trees do not grow on the island so there was no wood for cooking and heating. The monks must have eaten their food raw and winters would have been cold and bleak. The island has almost no topsoil for growing food, so it is thought that the monks must have brought some across from the mainland in coracles-small vessels made of wickerwork covered with water-proofed animal skins.[3] It is also easy to imagine Skellig Michael as a holy place, a place on the edges of the then (literally) known world where one might encounter God in silence and solitude.

On this remote yet stunningly beautiful rocky outcrop are

2) Geoffrey Moorhouse, *Sun Dancing : A Medieval Vision*, London : Weidenfeld & Nicolson, 1997.

3) On St. Brendan's epic journey in a coracle, see Tim Severin's immensely popular, *The Brendan Voyage*, New York : McGraw-Hill, 1978, pp. 265-273.

the remains of an early medieval monastery which in the twentieth century was partly restored. The monastery consisted of six, windowless dome-shaped cells or huts each with a low door, made of thick stone walls and stone roofs, two square-shaped stone chapels, a ruined church, grave markers, and two wells.[4] Skellig Michael is one of the best-preserved examples of an early Celtic monastery. And although there were hundreds of monasteries, many of which were very much larger, like the well-preserved monasteries at Glendalough in the Wicklow Mountains near Dublin and Clonmacnois in central Ireland, Skellig Michael is emblematic of a powerful, reasonably unified monastic movement that emerged in the fifth century in regions where Celtic languages were spoken.[5]

The expression 'Celtic monasticism' is much less disputed than either 'Celtic Christianity' or 'Celtic spirituality' or even the 'Celtic Church'. Various scholars have argued that the latter terms are little more than a mental construct, 'a great illusion of our times'[6] unhinged from historical reality. The

4) For the layout of Irish and Scottish monasteries, see Lloyd Laing's, *The Archaeology of Celtic Britain and Ireland c. AD 400–1200*, Cambridge : Cambridge University Press, 2006, pp. 211–216.

5) In Brittany Breton is spoken, Cornwall(Cornish), Ireland(Irish), North-umbria(Cumbrian), Scotland(Scots Gaelic), Wales(Welsh), and The Isle of Man(Manx). Irish, Scots, Gaelic, Welsh and Breton have survived to the present day. Cumbrian survived until the Middle Ages in the north of England ; Cornish(now being revived) remained alive until the eighteenth century ; and Manx(also being revived) survived into the twentieth century.

6) Donald E. Meek, *The Quest for Celtic Spirituality*, Edinburgh : The Handsel

danger, it is usually argued, is that when the term 'Celtic' is used to qualify 'Christianity', 'Church' or 'spirituality', it gives the false impression that there was unity and uniformity in the Christian faith across Celtic-speaking areas. It also encourages the mistaken view that there was a 'Celtic Christianity' or a 'Celtic Church' that was somehow distinctive and separate, being especially non-hierarchical, non-institutional, non-English, and non-Roman. The very concept of a 'Celtic Church' had been convincingly refuted by Kathleen Hughes, Wendy Davies and Donald Meek[7] and, although romantic notions of a specific form of 'Celtic Christianity' still linger in popular literature claiming it to be eco-friendly, holistic, poetic, artistic, and having a finely-attuned sense to the natural world, the weight of scholarly opinion is that there is simply no evidence to support these contentions. For example, Ian Bradley, whose book *The Celtic Way*(1993) did much to promote all things 'Celtic' has, in a more recent work, launched a most powerful critique of the concept of 'Celtic Christianity'. In his *Celtic Christianity : Making Myths and Chasing Dreams*(1999), Bradley notes that the idea of 'Celtic

---

Press Ltd, 2000, p. 13.

7) K. Hughes, 'The Celtic Church : is this a valid concept?', *Cambridge Medieval Celtic Studies*, No. 1 Summer 1981, pp. 1-20 ; Wendy Davies, 'The myth of the Celtic Church', in Nancy Edwards and Alan Lane(eds), *The Early Church in Wales and the West*, Oxford : Oxbow Monographs 16, 1992, pp. 12-21 ; and Meek, *The Quest for Celtic Spirituality.*

Christianity' has much to do with 'wishful thinking, romantic nostalgia and the projection of all kinds of dreams about what should and might have been'.[8)]

One must also be careful, therefore, neither to readily generalise about 'Celtic monasticism' nor to make the common mistake that Celtic monasticism was the only form of Christian life in the early medieval period in Britain and Ireland. It is, however, the contention of this article, that even allowing for regional cultural differences, there are sufficient distinctive characteristics to give the concept coherence. I will identify at least five, not including the more general 'Celtic' differences such as the celebration of the Sabbath on Saturday, a practice also observed elsewhere in the Eastern Church and the Celtic (St. John's) tonsure that entailed shaving the heads of monks and priests (apparently a Druidic practice) from ear to ear.

First, the heyday of Celtic monasticism can be confined more or less to a period of four hundred years stretching from the fifth to the eighth century, or from the collapse of Roman Britain in the late fourth century to the advent of the Viking raids in the late eight century. Celtic monasticism was subsequently absorbed by a strict form of Benedictinism introduced from mainland Europe.

---

8) Ian Bradley, *Celtic Christianity : Making Myths and Chasing Dreams*, Edinburgh : Edinburgh university Press, 1999, p. vii.

Our earliest evidence for monks and nuns in Ireland is to be found in St. Patrick's *Confession* written in old age in the middle of the fifth century. St. Patrick, a Briton and a bishop, tells us that there were monks and nuns existing in Ireland in his day (probably as hermits) and that he, himself, baptised a beautiful noblewoman who came to him a few days after her baptism desiring to become a nun, a 'virgin of Christ' as Patrick put it, so that she might move closer to God.[9] There may have been some monasteries founded in the fifth century, but it is in the sixth century that the evidence for monasticism in Celtic-speaking areas starts to become much stronger. St. Illtud(Illtyd, 450-535), a Welsh saint, appears to have been the pioneer of Celtic monasticism. He founded a famous monastery noted for its austerity and learning at Llanilltud in the south-east of Wales in the early sixth century. Almost at the same time there was a huge expansion of monasticism in Ireland. Among the Irish pioneers of monasticism, whose works also date from the sixth century, were St. Brigit, who died in about 524, the founder of the twinned monastery and convent in Kildare ; St. Finnian('Teacher of the Twelve Apostles of Ireland') who founded a community at Clonard in central Ireland and died in 549 ; St. Columba, perhaps the most

9) 'Patrick's Declaration of the Great Works of God', [the *Confessio*], in *Celtic Spirituality*, trans. and intro. Oliver Davies, New York : Paulist Press, 1999, para. 42, pp. 71-78.

outstanding of the Celtic monks, who founded monasteries at Derry, Durrow, Iona and neighbouring islands in the Hebrides, and died in 597 ; St. Columbanus who established a monastery at Luxeuil in France around 590 and another at Bobbio in northern Italy in 612 ; St. Kevin who founded the monastery at Glendalough('glen of two lakes') and died in 618 ; and St. Aidan, founder of Lindisfarne('Holy Island'), in 635.

Archaeological evidence provides us with a second distinctive characteristic of Celtic monasticism—certainly different from the monasteries in the East like St. Catherine's lying at the foot of Mt Sinai in Egypt or St. Simeon Stylites' monastery at Telanissos in Syria. One of the most important physical features of a Celtic monastery was the enclosure, an earth bank(vallum) sometimes including natural rock formations, that separated it symbolically and in reality from the outside world. Some of the larger monasteries had multiple valla, arranged in concentric circles to differentiate the religious sanctity of each area. There is some evidence that larger monasteries had more than one vallum. Iona, for example, had three valla—the outer boundary embracing farmland of some 20 acres, the middle the monastery proper ; and the inner circling the church and the cemetery. Inside the boundary was a settlement, not unlike a small town, consisting of many separate buildings of stone or wattle surrounding a church (some larger monasteries had many churches). The most numerous of these buildings were the cells or huts for the monks(the monks did not necessarily live under a single roof). Other buildings included a refectory, workshops, infirmary, kitchens, guest-house, shed, barns, and typical of the larger and wealthier monasteries, a vellum factory, scriptorium and possibly a foundry for metal work.

The presence of married people and families within Celtic monasteries was a third distinctive characteristic-certainly different from that found in monasteries at the Eastern end of the Mediterranean. The abbot(sometimes an abbot-bishop) presided. He was usually of a noble family and was married ; abbots were secular and did not necessarily belong to a religious order. Although monks and nuns chose to be celibate and devoted themselves to liturgy, study, contemplation and preaching, married bishops and priests lived alongside them, exercised spiritual oversight, and carried out their pastoral and sacramental duties.

Also within the monastery lived a range of craftsmen with their families-metalworkers, artisans, glassworkers, stonemasons and agricultural workers. The presence of these craftsmen helped to shape a fourth distinctive characteristic of Celtic monasticism : monastic-controlled towns and villages with a flourishing economic and cultural life. The metalworkers worked with iron, bronze, silver and gold ; the artisans worked with antler horn, wood and leather ; and the stonemasons carved crosses and grave markings. In St. Adamnán's *Life of St. Columba* we are also told that at Iona, for example, they kept cattle for milk and meat and his various references to wooden pails, carts, millstones, repairing buildings, and the building of wooden boats and skin-covered vessels all imply a whole range of crafts and other activities.[10) Iona, Lindisfarne and other great monasteries in Ireland and Wales also became centres for manuscript art ; their monks produced such finely ornamented masterpieces such as the *Book of Kells*(now in Trinity College, Dublin) and what is known as the *Lindisfarne Gospels*(now in the British Museum). In many areas of Ireland, Scotland and Wales, monasteries developed into bustling centres of learning, culture, and technological innovation. In the sixth and seventh centuries Celtic monasteries were recognised nationally and internationally as the most learned in all of Europe.[11)]

Alongside this intellectual and cultural flourishing there developed a fifth characteristic to Celtic monasticism-an austere devotional life. It is not easy to determine whether the latter was a reaction to, or the cause of, the former but during the sixth and seventh centuries Celtic monasticism gained a

---

10) There are many editions of Adamnán, *Life of St. Columba*. It contains much material that is fabulous but some is of great historical value.

11) For a popular work on the impact of early Irish monasticism on Europe, see Thomas Cahill, *How the Irish Saved Civilization*, London, Hodder and Stoughton, 1995.

reputation throughout Christendom for its strict discipline. Celtic penitentials(containing graded punishments for sins) may seem excessively harsh to us today, but in their time were considered one of the most conspicuous(and even laudatory) contributions of Celtic monasticism to early medieval Christendom.[12] The following canon from a penitential attributed to the sixth-century Welsh monk, Gildas, gives an indication of the seriousness with which sin was taken :

> A priest or a deacon who has previously taken the monastic vow and who has committed natural fornication or sodomy shall do penance for three years. He shall ask for pardon once an hour and shall miss the main meal once a week except during the fifty days that follow the Passion…… After a year and a half he may receive the Communion, come for the kiss of peace, and sing the Psalms with his brethren, in case his soul should utterly perish after going without the heavenly medicine for such a long time.[13]

In addition to the penitentials, each monastery had its own

12) For an English translation of Irish penitentials, see Ludwig Bieler(ed.), *Irish Penitentials*(Scriptores Latini Hiberniae 5), Dublin : Dublin Institute for Advanced Studies, 1963.

13) 'The Preface of Gildas on Penance', in *Celtic Spirituality*, trans. and intro. Oliver Davies, New York : Paulist Press, 1999, p. 227.

Rule and they, too, were also reasonably strict. With respect to food and sleep, the Monastic Rule associated with the name of Columbanus, is severe but not out of the ordinary for a monastic rule :

> Let him [a monk] eat what he is told to eat…… Let him come tired to his bed and sleep while he is still walking, and let him be made to rise before he has slept enough.[14)]

Columbanus' daily office, however, is very austere. There are eight services throughout the day(one every three hours). They are as follows : Prime at 6 a.m., Terce at 9 a.m., Sext at noon, None at 3 p.m., Vespers at 6 p.m., 1st Nocturn at 9 p.m., 2nd Nocturn at midnight, and Matins at 3 a.m.[15)] Matins was the longest and considered the most important service of the day! In summer twenty-four psalms were sung straight through or antiphonally throughout the night ; in winter the number rose sometimes to thirty-six.[16)] While Celtic monasticism generally may not have been as regimented as that found in Columbanus' Rule, or exceeded the notorious

---

14) 'The Rule for Monks by Columbanus,' in *Celtic Spirituality*, trans. and intro. Davies, p. 256.

15) Jane Stevenson, Introduction to F. E. Warren's, *The Liturgy and Ritual of the Celtic Church*, 2nd ed.(Studies in Celtic History), Woodbridge, Suffolk, Boydell Press, 1987, p. xliv.

16) On the singing of psalms, see 'On the Choir Office' in Columbanus' Rule in *Celtic Spirituality*, trans. and intro. Oliver Davies, pp. 252-255.

asceticism commonly associated with the Syrian monks in the East, it is nonetheless difficult to disagree with Jane Stevenson's assessment of this austere practice :

> The prospect of singing psalms continuously for (at a guess) about two and a half hours in the small hours of a winter's night, with barely time to rest one's voice before starting all over again, is a regime which only the most fervent religious devotee could bear to contemplate.[17)]

By the end of the eighth century many of the larger and richer monasteries had become focussed on amassing property and land. They also became totally enmeshed in political interests, squabbles and even armed conflict between rival monasteries. They were not only in the world but the world was in them.

As they closely aligned themselves with kings and nobility, they fell into their tangled web of patronage for support and protection. Paradoxically, their great wealth and ready access, situated as they usually were in prime locations along the coast and on navigable waterways, made them easy targets for the Vikings to plunder.

For some four hundred years Celtic monasticism existed as

---

17) Jane Stevenson, Introduction to F. E. Warren's, *The Liturgy and Ritual of the Celtic Church*, p. xlv.

a distinctive movement on the outer edges of Western Christendom. There were parallels with what was happening in the deserts of the East but in the insular world of Ireland, Scotland, Wales and other Celtic speaking areas, a distinctive monasticism developed that was more inclusive—closely embracing and shaping the surrounding society and incorporating laity(including families), monks and priests with all their gifts and talents.

Gradually Celtic monasticism lost its spiritual ardour and reputation for piety, strict discipline and missionary activity. Gone was the untrammelled energy and sanctity that had featured so powerfully in St. Columba's and the many other great Celtic saints' call to the monastic way of life. Extinguished was the fire that had caused that great progenitor of Celtic monasticism, St. Patrick, to write :

> ……when I had arrived in Ireland and was spending every day looking after flocks, I prayed frequently each day. And more and more, the love of God and the fear of him grew [in me], and [my] faith was increased and [my] spirit was quickened, so that in a day I prayed up to a hundred times, and almost as many in the night. Indeed, I even remained in the wood and on the mountain to pray. And—come hail, rain or snow—I was up before dawn to pray…… I now understand why this was so ; at that time

"the Spirit was fervent" in me.[18)]

18) 'Patrick's Declaration of the Great Works of God', [the *Confessio*], in *Celtic Spirituality*, trans. and intro. Davies, para. 16, p. 71.

3

켈트족에 대한 선교

딘 드레이튼/박사, 번역/임세근 목사

서 문

AD 664년 영국의 휘트비(Whitby) 종교회의에서 일어난 일의 해석은 아일랜드 내의 켈트족에 대한 선교의 이해에 있어 비평적이다.

이 종교회의에서는 선교에 대한 두 가지 서로 다른 접근방법이 있었다. 그날 이후 무엇이 발생했는지에 대한 평가에 이용된 자료들의 거의 모두는 켈트족에 대한 선교가 이미 200여 년 그 이전인 431년 초기에 시작이 되었음을 알려 주고 있다.

이 종교회의의 기록들은 두 가지 이슈를 진술한다. 켈틱 교회는 영국의 북반구에서의 부활절 축제가 영국 남부의 로마교회, 즉 로마와 유럽의 다른 곳들과는 다른 날에 축제를 해 왔다. 켈틱 교회의 수도사들에 대한 체발(머리를 미는) 형식은 일반 교회들과는 달랐다. 그 종교회의는 그런 관례들이 균일하도록 결정했다. 두 가지 케이스들에 있어서 로마가톨릭의 행위 관습에 맞도록 결정한 것이다.

Giclée picturewas created by Jack Duganne, The Synod(Or Council) of Whitby

휘트비 총회 이후 프랑스 어튼(Autun)에서 열린 주후 670년 총회의 결의에 따라 켈틱 수도원공동체 규정[1]은 베네딕트 규율로 대치되어 유럽으로 확산되었다. 콜럼바를 대신하는 성 베네딕트의 규율은 매우 엄격하였다. 그것은 적어도 프랑스의 한 부분에서는 의무적인 필수가 되었고, 그 세기에 추종자들은 유럽 전역에 퍼졌다.

이런 결정들은 아일랜드에서 스코틀랜드와 영국, 그리고 유럽에까지 퍼져 신속히 성장하는 켈틱 교회를 견제하는 로마교회의 한 수단이었을까, 아니면 영국을 넘어 계속 확장되는 켈틱 교회로의 접근, 그리고 지역 습관들과의 차이점의 중요한 문제들을 해결하기 위한 교회의 기회였을까?

---

1) Hunter 3, George G., *The Celtic Way of Evangelism*, Abingdon Press, Nashville, 2000, p. 40.

이런 이슈들의 근원은 로마교회와 켈틱 교회가 선교의 접근방법에 있어서 서로 전혀 달랐음을 잘 드러낼 것이다.

오랜 시간 동안 그것은 광역 로마교회가 알려진 세계의 가장자리에서 이렇게 신속하게 성장하는 선교교회를 통제했던 방법으로 보인다.

주목할 것은 켈틱 교회의 생명력이다. 로마제국 시대에 시작된 그것은 최종의 진통이었고, 또한 제국의 붕괴 후에 유럽에 아직 이어지고 있는 로마교회가 공급했던 역동적인 연락망을 통해 제국의 잔재 속에 그때도 확장되고 있었다. 로마의 관점으로 영국 내에 교회의 역사를 기록했던 베너러블 베드(Venerable Bede, 673-735)조차도 "아이오나에 설립되고 있는 수도원들의 증가, 그리고 스코틀랜드의 픽트인(Picts)들에게 도달하고 있는"[2] 콜럼바와 그의 사람들의 업적에 주목한다.

아일랜드 이교도에 대한 기독교 선교는 광역교회(wider church)의 생활에 대하여 비평적인 시대에 발생했다. 광역 로마교회에 대한 관망은 그 종교회의의 이슈였던 관점을 더 깊이 발하도록 도울 수 있고, 또한 켈트족에 대한 선교의 본질 안에 더 깊은 조망을 제공한다.

1. 지하조직운동으로부터 공인된 종교까지

교회의 역사에 있어서 중요한 변화 중의 하나는 초기 교회가 지하조직 타도(파괴)운동에서 로마제국의 제정된 상류층과 함께 결연되는 것으로 옮겨진 때에 찾아왔다. 그 진행은 콘스탄티누스 대제(Constantine, AD 272-337)가 주후 312년에 십자가 능력의 깃발 아래에서 전쟁으로서 황제의 지위를 점유한 때 시작이 되었는데, 그 십자가는 최후의 대결 전날 밤에 그가 꿈에 보았던 것이다. 주후 325년, 지하조직교회는 제국

2) Hunter 3, George G., p. 66.

의 공인된 종교가 되었다.

기독교 황제로서 콘스탄티누스는 니케아신조의 결정에 도움이 되었던 니케아 대회의에 함께 부름받았다. 그 신조는 제국의 다양하고 수많은 지역에 있는 교회의 신앙고백을 위한 균일성을 가져왔다. 그러나 그것은 신앙고백을 어떻게 했는가에 따라서 진실한 신자인지 이교도인지를 결정하기 위한 권한을 황제와 교회지도자들에게 부여하는 기초를 제공하기도 했다. 교회는 엄청난 정치적 권력을 부여받았다.

그것은 (이런 근본적인 변화가 생기기 전에) 이 시대 이후의 교회의 모습과 비교될 수 있도록 하였고, 만약 그것이 초기 교회의 모습에서 어떤 감각을 갖기에 가능했다면 분명 도움이 될 수 있었을 것이다. 우리가 현재로부터 되돌아보는 것처럼, 그것은 우리가 지금의 교회와 사회, 그리고 교회의 선교에 대해 생각하는 방법으로 기독교의 현상 속에 있던 교회의 충격임이 분명하다.

우리가 하고자 시도하는 것이 쉽지 않다는 것을 인식하는 것이 현명한 일이다. 우리는 그 결론들이 시험적으로 무엇인가를 해야만 한다는 경계와 그리고 불충분한 증거로서 논쟁해야만 할 것이다. 그러나 바로 여기에 중요한 이슈들이 있기에 그것이 우리를 단념시키지는 못할 것이다.

1) 기독교 이전의 선교

알란 크레이더(Alan Kreider)는 「전환의 변화와 전 기독교도의 기원」(*The change of Conversion and the Origin of Christendom*)[3]이라는 그의 책 속에서 세 가지 카테고리, 즉 행동과 회심의 역사, 그리고 기독교도의 전후에 관한, 교회 생애의 첫 4세기 속에서 변화된 세 가지

3) Krdider, Alan, *The change of Conversion and the Origin of Christendom*, Trinity Press, Pennsylvania, 1999.

사이의 관계에 대한 방법을 보고 있다.

터툴리안(Tertullian, AD 160–225) 시대에는 교회의 세례교인들만이 예배와 성만찬에 참여할 수 있었다. 지하조직운동을 했던 교회는 로마가톨릭의 권위에 의해서 파괴되는 것처럼 보였다. 교회는 기독교인이 되기를 원하는 사람이 제국의 스파이가 아닌가에 주의를 기울여야만 했다. 교리문답교사(catechist)라 불렸던 새 교인의 후원자는 세례지원자(catechumen)라 불렸던 기대되는 교인의 행동 속에서 무엇보다도 변화를 기대했다. 입문자를 위한 준비기간은 길었고, 그가 예배공동체에 속하기 전, 그 기간은 정상적으로 2년 이상이 더 되었다.

> 실례로서 교리문답사들은 후보자의 행위를 고의적으로 개선하였고, 이러한 개선이 성공적이었는지의 여부는 그 후보자가 그들의 회심여행에 잘 적응할 수 있는가에 따라 결정될 것이었다.[4)]

교리문답교사가 "그 후보자들이 참으로 기독교공동체의 우월감과 가치에 따라 생활했다고 평가"[5)]할 때만 그들은 그 과정의 다음 단계로 들어갔는데, 그것은 개인적인 교훈으로부터 더 많은 언행일치가 이루어지고 교회의 믿음들에 대한 학습의 기회들을 마친 다음에 이루어졌다.

교회는 처음에는 기독교 회중의 회원이 되는 사람에 대해 명백한 순서대로 진행하면서 카타콤 같은 숨겨진 장소나 가정들에서 도시운동 만남을 가졌다. 이런 만남은 사람들의 장기 행동변화가 1~2년 이상의 기간 동안 예수님에 대한 믿음이 무엇인가를 배움으로써 그리스도다워질 때 만이었다. 이 모든 것은 세례지원자가 세례를 위한 주의 깊은 준비가 되어 회중의 정규적인 예배원이 되기까지 필수조건이었다.

---

4) Ibid., p. 24.

5) Ibid.

그 결과는 분명하게 행동과 믿음, 그리고 일체감(소속감)이다. 이는 새 멤버를 훈련하는 강력한 의미가 무엇인지와 동시에 그들의 행위에 속한 자가 바로 기독교인이며 기독교 신앙의 공통적인 이해를 가지고 있다는 뜻이다. 성직자는 제국의 남은 자들과는 다른 가치의 삶을 살아왔다. 312년에 제국 총 인구의 10%가 교회에 속했다고 추산된다.

의욕상실에도 불구하고, 강력한 멸시와 핍박에도 불구하고 초기 기독교인운동은 왕성해졌다. 그것은 그 무엇보다 더 매혹적이었다.[6]

2) 전 기독교도를 위한 변천

콘스탄티누스는 황제가 되면서 불법교회를 제국의 공인종교로 선언하였고 제국 내의 성직자의 역할과 위치를 극적으로 바꾸었다. 두 세기에 걸쳐서, 무엇보다 점차적으로 그러나 더 신속하게 성직자는 철저히 새 멤버들을 모집하는 방법으로 교체되었다.

성직자는 이제 공적인 당무위원이었고, 가장 큰 도시공동체들의 중심에서 매 주일 건물 안에서 만날 수 있었다. 성직자는 제국으로부터 스스로를 보호하지 않아도 되었다. 어거스틴(Augustine, AD 354-430)은 교회의 첫 번째 위대한 조직적 사고자였고, 북아프리카의 힙포(Hippo)의 주교였다. 동시에 어거스틴의 공적 리더십은 396년부터이고 기독교회는 제국의 종교로서 자체적으로 구성되었다.

(1) 어거스틴 시대의 회원권

거의 한 세기 이후에 공적인 이교도들의 생활은 그들이 세례지원자가 되기까지 예배 참여가 허락되지 않았다. 그러나 입문자가 되기까지 오래 걸리지는 않았다.

---

6) Ibid., p. 10.

어거스틴에게 있어 세례입문교사의 첫 번째 임무는 “진리는 현존하고, 우리를 기독교인 되게 하는 믿음과 질문자는 세례지원자가 되기까지 순례 여행을 계속하기를 원한다.”[7]는 것이었다. 짧은 축제 후 그들은 세례지원자가 되었고, 예배에 참여할 수 있지만 아직 세례자는 아니며, 기독교인 사이의 한 부류였다.

100년 이내에 행동과 신앙의 최초의 현상은 기독교인 믿음의 표식을 위해 과감하게 단축되었다. 매년 세례지원자들은 어거스틴의 주 선교 대상이었고, 때문에 그는 그들이 (여러 해 동안 해 왔던) 태만을 중단하도록 강조했으며, 세례를 위해 그들 자신을 돌아보게 하였다.

언젠가 그들은 결정을 해야만 했고, 그들의 후원자와 함께 행위와 믿음에 대한 준비의 시간에 집중해야 했다. 부활절 세례 전 두 주간 그들은 ‘사도신경’을 배웠고, 1주간은 ‘주기도문’을 배웠다. 어거스틴은 세례 전 행위의 변화보다는 차라리 그 이후를 필연적으로 기대하는 것으로 실제적이지 않은 것을 요구하는 많은 사람들에 대해 찬성하지 않았다.

> “그가 가장 유익한 세례를 받기 위한 열심과 열정을 가질 때보다 더 좋은 삶이 무엇이며, 그를 가르칠 더 좋은 것이 무엇이 있겠는가?” 더 나아가 성직자는 세례받기 위해서 행동의 변화를 항상 요구했다. 사도들의 전통대로 금지된 선언 속에 있는 사람들—“매춘자, 광대, 또는 어느 불명예스런 사람들”—은 만일 그들이 할 수만 있다면 그들의 일을 버려야만 한다(사도 전통과는 다르게, 어거스틴은 화려한 옷 입은 총독들이나 사람을 죽이는 군인들을 금하지 않았다).[8]

---

7) Ibid., p. 57.
8) Ibid., p. 61.

그러나 기독교인 행위가 관심을 받는 동안, 세례를 위한 준비의 한 부분이었던 축사(푸닥거리)보다는 행위 변화의 과제 속에서 작은 실천적인 도움이 있었다.

아직은 세례지원자들이 교회의 세례교인이 되면, 그 행위의 이슈는 남겨져 있다. 수많은 사람들이 잘못된 교회의 생활 속에 있어 왔던 것처럼 어거스틴은 '교회는 절름발이다'라는 행위의 단계 속에 있음을 비탄했다. 그리고 한 중요한 변화가 있게 되었다.

> 어거스틴은 그들의 적들을 위해 간절히 기도하시는 그리스도를 따르기를 추구했던 기독교인은 극소수라는 것을 알았다. 그러나 그들을 위해 저스틴이나 키프리안에게 정상으로 보였던 방법을 통한 행위에 있어, 다른 기독교인들의 반응은 광기의 속성이었는데, 틀에 박힌 진부한 사람들은 사회의 깊은 규범들을 종교적인 이유로서 거부하는 사람들로 만들어진다.[9]

제자를 만드는 과정 속에서 이러한 변화는 교회 자체의 본성에 대한 거대한 변혁을 가져왔다.

> 어거스틴은 자신 있게 진술했다 : "육체 속에 있는 영혼이라는 것은 성령이 그리스도의 몸 안에 있는 것으로 곧 교회이다"(Sermon 267. 4). 한 가지 경이로운 것은 그가 2세기 디오게네스(6.1)에게 보내는 서간으로부터 유사한 본문을 알았는가 하는 것이다. "육체 속에 있는 영혼이라는 것은 기독교인들이 세상 속에 있는 것이다. 어거스틴에게 있어서 독특하게 살아 있는 기독교회가 사라졌던 것은 세상을 소유함으로서였다. 그에게 있어서 전 기독교도들의 선구자

9) Ibid., p. 64.

> 는 교회와 세상이 그들이 구별할 수 없도록(인정받지 못하는) 그렇게 혼합되었을 때였다.[10]

어거스틴에게 있어서 거의 모든 세례지원자들은 성인들이었다. 다른 시대에 있어서는 수많은 사람들이 아이들이었다.

> 어거스틴은 원시적인 기독교 형태를 근본적으로 고쳤고, 목회적이고 신학적인 설득력을 자유롭게 하는 '세례의 혁명'을 시작했다. 이제부터 서방에서는 신생아에게 직접적으로 세례 베푸는 일이 어렵지 않게 늘어날 것이다. 부모들은 부활절 기간까지 세례를 연기하는 영적인 모험에 대해 두려워하게 되었다.[11]

이제 후원자들은 부활절이 아닌 때에 세례받은 아이들을 위해 교육하였다. 성인들과 후원자들을 위해서는 세례 준비 기간이 수일 혹은 한 주간으로 급진적으로 짧아졌다. 그리고 그날 이후 주교나 리더들은 수세를 위해 제정한 조약을 명예스럽게 하기 위해 부모들이나 세례지원자들을 소명하는 역할을 하고 있는 자신들을 발견하였다.

행위와 믿음이 장래의 중요한 일이 되었다. 소속감이 주어졌지만, 그러나 둘러싼 문화로부터 하나님의 사람들의 특수성은 그들이 믿어야 할 조건이 무엇인지와 문화에 의해 통제되었던 많은 것들을 그들이 복음으로서 어떻게 행동해야 할 것인가에 있었다. 더 나아가 그것은 변화되는 훈련을 위해 리더들에게 주어진 것이었다. 사람들을 훈련하는 일은 상의하달방식 과정에 의해 좌우되었다.

---

10) Ibid., p. 65.
11) Ibid., p. 75.

(2) 황제정치주의자 시대의 회원권

카이사리우스(Caesarius, 502-542년에 골〈Gaul〉의 주교였음.)의 기록들은 멤버십에 포함된 단계들의 급진적인 단축을 지적한다. 더 나아가 유아세례는 부활절이 아닌 다른 기간 동안에 발생하는 세례들과 함께 멤버십을 향해 가는 정상적인 길이었다. 기독교인 행위를 위한 요구의 중요성은 줄어들었다. 교회 멤버들로부터 그것에 대한 더 큰 저항뿐 아니라 적절한 행위가 보이는 것에 대한 요구도 줄었다. 카이사리우스에게 있어 평화주의자가 되기 위한 부름은 우리 주의 명령이었다.

> "복음 속에서…… 우리 주님은 우리들에게 우리의 적들을 사랑하라고, 조언이 아닌 명령을 주셨다……. [단지 친구만을 사랑하는 자는] 이교도와 짐승들과 같다"(Sermon 37, 4, 7). 이에 대한 대상은 카이사리우스의 청취자들이었다. 예수는 그의 원수들을 사랑하셨는데, 그러나 그분은 하나님이셨고, 그리고 그 적들은 켈트인들(Gauls!)이었다.[12)]

예증에 있어서 특히 어거스틴과 카이사리우스의 초점은 장소였지만, 그러나 이들의 변화는 더 넓은 척도에서 발생하는 것이 무엇인지를 묘사하고 있다. 분명한 것은 200년 이상 제국의 드넓은 문화 속에서 점차적인 비문화가 있었다는 것이다. 그리고 그때부터 약 1,500년 후까지도 이러한 요소들이 아직도 인식되고 있다. 카이사리우스는 크리스천의 전환을 위해 필요한 것에 대하여도 말했다.

지금 교회에 의해 개최되는 복음적인 캠페인과 선교들의 대부분은 신도좌석에 앉은 자의 변화를 위해 시도하고 있다. 지금도 그때처럼 소속

12) Ibid., p. 78.

감은 주어지게 되지만, 믿음은 광역문화에서 더 많이 반영되며, 행위의 사회생활로부터 적응되었다. 긴 시간 속에 이는 성직자들을 위해 요구되었던 것과 (놓여진) 사람들을 위한 믿음과 행위 속에서 기대되었던 것의 급격한 분리로 인도했다. 카이사리우스 때조차도 최소한 일 년 동안 변화되었거나 그의 생활이 기독교인의 믿음과 행위를 표명하지 않고는 아무도 안수(서품) 받을 수 없었다.

500년 때는 특히 이집트에서 수많은 수도사들과 수도원들의 실제적인 증가가 있었다. 수도원 안에서 초기 기독교회의 행위와 믿음과 소속감은 제한되고 공동체 속에서 새로운 표현이 되어졌다. 남녀 수도사들은 세상의 중심에서 세상으로부터 분리된 삶을 추구했다.

> 남녀 수도사들에게 있어서 회심은 믿음의 교체로 했던 것은 아니었으니, 종교적으로 좋은 가톨릭 신자로서 교회의 정통적인 가르침을 믿었다. 그러나 종교 면에 있어서 그 기간은 소속감과 행동 속에서 변화의 강한 함축을 유지하기를 계속했다. 그들에게 있어 변화는 그들의 주된 사회적인 단위로서 그들의 가족들이 재배치되는 종교적인 공동체 안으로의 영입을 수반하는 것이었다. 이곳에서 그들은 소속되었고, 살았고, 거기서 죽었다.[13)]

이는 온전한 기독교인이 되어 가는 과정 속에서 신앙행위와 소속감의 중요성을 강조하고 있다.

3) 변천 속에서 문화화된 교회

이 개요는 성직자가 점차로 제국의 가치들에 더욱 흡수된 것처럼 보

13) Ibid., p. 82.

이며, 소속감이나 행위보다는 차라리 믿음의 탁월함을 강조하는 방향으로의 움직임이 있었다. 어거스틴에게 있어 플라톤 철학의 영향력은 자아로 인한 경험으로서 개인적인 신앙의 탐구와 이성의 중요성에 대한 강조로 인도했던 제국의 지적인 희랍인들 세계에서 부상하고 있었다.

사람이 순간의 개인적이고 사적인 경험이 강렬할 때, 이는 '경이'의 순간을 '관찰'하는 때이며, 그리스도나 하나님의 아름다움, 하나님이 인지되는 활동의 중심으로서 이 세상으로부터 자아의 내부로 이동하는 그 때가 주목할 초점의 때이다. 내적 경험들이 심원한 만큼 신앙의 이해와 은총의 결과는 교회를 위한 중요성들을 긴 시간 유지하게 하였다.

위대한 종교회의들은 교회의 통일성을 가져왔지만, 그들에게 더 본질적인 초점은 행위와 소속감의 지역적인 이슈들보다는 차라리 진리가 무엇이냐는 것에 맞추어졌다. 주후 418년의 칼타고 회의는 만약 그들이 원죄를 제거하기 위해 유아세례의 씻음의 필요에 대해 부정한다면 이단자로 판결했고, 또한 펠라기우스(354-420/440)를 자유의지에 대한 그의 이해 때문에 이단자로 규정하였다.

이러한 결정들은 일백 년 어간에 세례실습에 대한 혁명을 가져오게 되었다.

반면 수도원들의 신속한 발전에 대한 이유는 여러 가지가 있는데, 이는 지역 회중 속에서 신앙행위와 소속감 요소들의 손실에 대해 항의하는 큰 부분이었다. 평범하고 꾸준한 예배참석자의 삶에 대한 문화 충돌의 힘처럼, 그리고 계시된 믿음과 행위에 대한 스트레스처럼 서품식과 수도원 모두는 열정적으로 그리스도를 뒤따르기 원했던 자들을 위한 좁은 길을 제공했다. 그들은 대를 이어 전 기독교도 속에서 더욱 뚜렷하게 드러날 수 있는 방법을 제시했다. 무엇보다 개인적이나 공동체로서 그 때의 수도원들은 지지자가 되었고, 헌신자를 위한 은신처였다.

2. 아일랜드에 대한 선교

250~520년 기간 내에 일어났던 이 선교의 개요는 비슷한 기간 내에 매우 다른 켈틱 세계에서 발생한 것에 대한 보고에 더욱 근접하는 중요한 배경을 제공한다.

신앙, 행위와 소속감의 범주들은 그것들이 통제된 사회에 시골풍의 드루이드교에 더 관련되는 방법과 더불어 싸웠던 것처럼, 켈틱 기독교인들에 대한 선교로의 통찰력을 우리에게 제공할 것이며, 그것에 대한 복음의 좋은 소식을 가져다준다.

유럽에 있어서 아일랜드는 '가장 먼 땅'이었고, 알려진 세상의 가장자리에 있는 땅이었다.

희랍인들의 제국은 철기시대의 도래와 함께 왔고, 로마인들에 의해 추종되었다.

사람들은 골에서 영국으로 이주했고, 더 먼 서쪽 아일랜드로 돌진해 갔다. 이전 역사의 아련함 속에서 그것은 켈트족의 적은 그룹들이 기원전 300년에 처음으로 아일랜드로 옮겨진 것으로 보이며, 주후 100년에는 거기에 많은 사람들이 있게 되었다.

주후 400년부터 일련의 켈틱 왕국들이 드러났고, 사람들은 각각의 귀족정치의 전사들의 상위급을 포함한 풍성한 문화들을 포함하여 드루이드교를 배웠다. 로마는 결코 아일랜드를 정복하지 못했다. 로마제국은 어거스틴의 생존 기간에 게르만족에 의해 분열되었으며, 마침내 주후 476년에 멸망했다. 로마가톨릭교회는 지도자들의 연락망과 함께 교회들과 수도원들에 대해 제국의 지위 속에서 이전 질서의 어떤 요소들을 유지했던 종교적이고, 정치적인 골격을 제공하기 위해 남겨졌다.

아일랜드에 대한 기독교인 선교의 시초는 추측 속에 가려졌고, 전통들은 그 사건들 후에 오랜 세월 동안 기록에 남겨졌다.

주후 431년에 교황 세레스틴 1세(Celestine 1)는 네스토리우스교도를 이단자로 선포했고, 펠라기안주의의 영향력을 근절하기 위해서 영국에 사절을 보냈다. 이들 사절 중 한 사람은 이미 아일랜드에 기독교인들이 살고 있었음을 논증한 '그리스도 안에서 믿고 있는 아일랜드인을 위한 첫 번째 주교'로서 431년에 교회에 의해 아일랜드로 보냄 받았던 '펠라디우스'(Pelladius)였다. 펠라디우스는 라인스터(Leinster)와 미쓰(Meath) 왕국들에 있는 아일랜드 기독교인들을 위해 주교로서 순수하게 사역했던 것으로 보이며, 반면에 461년에 도착했던 패트릭은 비기독교인 아일랜드인을 위한 으뜸가는 첫 번째 선교사로서 사역했는데, 그들은 울스터(Ulster)와 코나흣(Connacht) 안에 소재했던 더 멀리 떨어진 왕국들에서 변화한 자들이었다.[14)]

패트릭의 출생과 사망, 그리고 선교와 관련된 날짜들은 확실하지 않다(371-387년 사이에 출생, 461년부터 493년 사이에 사망).

혹자는 그의 선교가 주후 432년에 시작했다고 하고, 또 다른 이는 주후 461년까지 날짜를 높여 진척을 시켰다.

1) 성 패트릭

핸슨(Hanson)[15)]은 초기 선교사들 중 가장 중요한 인물인 성 패트릭의 전통적인 사실을 위한 4가지 자료들에 주목한다. 첫 번째는 팔라디우스의 어렴풋한 배경이고, 두 번째는 패트릭에 의해 기록된 문서와 고백이며, 세 번째 그를 따랐던 사람들의 보고기사들, 마지막으로는 수도

14) Wikipedia : History of Early lreland(400-800).

15) Editor Mackey, James P., An *Introduction to Celtic Christianity*, T & T Edinburgh, 1989. First Article, Hanson. R. P. C., "The Mission of Saint Patrick," pp. 22-24. This article provides a good overview of the sources and an excellent of what can be deduced from St. Patrick's two letters.

원들로부터 발견된 이용 가능한 사료들이다.

지난 10년간 이러한 자원들에 대한 더 많은 조심스런 평가가 그 이전에 기록되어 왔던 많은 것들에 이어 조절되었다. O'Loughlin은 「켈틱 신학」(*Celtic Theology*)이라는 그의 책에서 성 패트릭의 두 가지 문서들에 또한 초점을 맞추었다.[16)]

그는 휘트비 종교회의가 정부의 조직들이나 선교에 대해 불일치했다는 것을 믿지는 않지만, 교회의 전체적인 전통 내에서 지역적인 변동을 더 많이 반영했음을 말한다.

로마계 영국인 기독교도로서, 라틴어를 쓸 수 있는 존경받던 성직자 가문의 아들이었던 패트릭은 그가 16세였을 때 아일랜드 침입자들에 의해서 납치되었고, 아일랜드에 있는 많은 종의 그룹들로 보이는 무리 중 한 사람의 종으로서 6년을 보냈다. 그 고난은 그로 하여금 하나님께 부르짖게 하였고, 그렇게 그는 "전혀 '하나님에 대해 무지했던' 사람에서 전천후 주야로 하나님께 쉬지 않고 간구하는 사람으로 변화되었다."[17)]

그는 이것을 하나님의 구원을 무시하고 그분의 명령을 유기한 자에 대한 하나님의 벌이었지만, 또한 그가 하나님의 사랑과 선하심을 발견하게 되는 수단이었다고 해석했다. 그의 「고백록」에서 패트릭은 최소한두 번 하나님께서 어떻게 그를 사로잡힘에서 탈출시키셨나를 말하며, 그가 돌아오기를 소망했던 그의 가족에게 많은 모험을 통해서 돌아가는 길을 어떻게 찾았는가를 말하고 있다.

> 거기, 그 밤의 계시 속에서, 나는 마치 무수한 편지와 함께 아일랜드로부터 오고 있는 빅토리쿠스라는 이름을 가진 한 남자를 보았다.

---

16) O'Loughlin, Thomas, *Celtic Theology : humanity, world, and God in early Irish writings*, Continuum, New York, 2000, p. 26.

17) Ibid., p. 31.

그는 그것들 중의 하나를 내게 주었고, 나는 그 편지의 서문을 읽었다. '아일랜드 사람의 목소리가', 내가 그 편지의 서두를 읽고 있을 때 들린 그 목소리는 아일랜드 서해 근교의 'Foclut'의 삼림 옆에 살던 사람들의 소리로 순간 느껴졌다. 그들은 마치 울부짖는 소리로 부르짖었다. "우리가 당신에게 애걸하오니 거룩한 젊은이여, 당신은 우리에게 와서 우리 가운데 다시 있어야만 할 것이오." 나는 더 이상 읽을 수 없을 정도로 내 마음 속에서 격렬하게 고민하였고, 잠이 깨었다. 하나님께 감사드린다. 왜냐하면, 그 이후 하나님께서 수많은 귀들을 그들의 울부짖음에 기울이게 하셨기 때문이다.[18]

그렇게 그는 갔고, 영국 국교회에 의해 주교임명을 받아서 보내진 것으로 보인다.

나는 오래전, 꼭 한번 그들 중의 한 사람을 모방해야만 했다. 주께서 땅 끝까지 모든 사람들을 위한 증인으로서, 당신의 복음의 전달자로서 이미 그를 임명하셨다. 그래서 우리는 보고 있고, 그래서 그것은 채워졌다. 보라, 복음이 사람이 살지 않은 곳을 넘어설 만큼 멀리 전파되었기 때문에 우리는 그 증인들이다.[19]

그가 지녔던 포부는 로마제국을 넘어 알려진 세상의 가장자리에 '가장 땅 끝까지'였다. 그는 사도행전 1 : 8에서 제자들에게 주어진 사명을 완수하기 위해, 아일랜드의 이교도 세상에 전파하기 위해 하나님께로부터 부름받았다. "오직 성령이 너희에게 임하시면 너희가 권능을 받고 예루살렘과 온 유대와 사마리아와 땅 끝까지 이르러 내 증인이 되리라."

---

18) St. Patrick, *Confessio*, Section No. 23.
19) St. Patrick, *Confessio*, Section No. 34.

그는 성직자로서 "메시지를 전하기 위하여 가장 마지막 나라에 전파하고 있는 사람"의 절박함을 가졌다.[20] 그리고 그것은 하나님의 선교가 마지막 날들에까지 들어오고 있었다는 인식이었다.

> 그래서 어떻게 복음이 아일랜드 어디에나 있게 되었는지, 그들은 결코 하나님에 대한 어떤 지식도 갖지 못했지만 그러나 항상, 지금까지 우상들과 부정한 것들을 고이 간직하였다. 그들은 최근에 주님의 사람들이 되었고, 하나님의 자녀들로 부름받았다. 아일랜드인(스코트인)의 아들들과 두목들의 딸들은 그리스도의 수도사들과 신부들처럼 보이게 되었다.[21]

그는 야만인들에게 목회했던 만큼, 많은 시련과 고난을 받았다고 말하고 또한 그를 지키고 살려 준 많은 기도와 기적들을 강조하고 있다. 그의 신앙이 내관적으로 생각하는 믿음은 아니었지만, 삼위일체 하나님의 강한 이름으로 친구와 적에게 생생한 설교를 했다. 그것은 위험의 연속이었고, 그의 말년의 논평에 의해서 나타났다. "특별한 경우가 되면, 나는 날마다 죽임당하거나 밀고되든지 아니면 노예 신세가 감면되는 것을 기대한다."[22]

성 패트릭의 임종 시, 첫 번째 수도원들이 아일랜드에 세워졌다. 이들은 성 패트릭에 의해 온전히 회심한 성 브리지드(St. Brigid, 475-525)에 의하여 세워졌다. 그들은 로마제국을 넘어서 형성된 첫 수도원들이었고, 다음 세기들에는 유럽에 큰 영향을 끼치는 운동이 되었다. 주목할 만한 것은 그들은 매우 다른 안정 속에서 형성되었다는 것이다.

---

20) O'Loughlin, Thomas, p. 39.
21) St. Patrick, *Confessio*, Section No. 41.
22) St. Patrick, *Confessio*, Section No. 55.

로마 세계에서 수도원들은 엄격히 기독교 신앙을 가지기 원했던 사람들을 위해 세워졌다. 패트릭 사후에 수많은 수도원들의 놀랄 만한 증가는 콜럼바 시대에 폭발적이 되었다.

2) 성 콜럼바

콜럼바(St. Columba, 531-597)의 생애는 패트릭이나 브리지드 것보다 더 문서적이다. 그의 삶은 켈틱 세계의 수도원들과 함께 적극적으로 포함시킨다. 그는 로마 세계의 수도원들과 켈틱 세계 안에 있는 수도원들 사이에 더욱 날카롭게 대조시키고 있다.

아일랜드에서 수도원들은 아일랜드계 왕국들의 연속성을 위해 선교의 제1, 제2세대 속에서 형성되었다.

콜럼바는 북아일랜드의 울스터 지역에서 왕족혈통에서 태어나서 세례받았고, 수많은 학교들 가운데서 가장 권위 있는 클로나드(Clonard Abbey)의 수도사학교에서 수학한 생도였다. 콜럼바는 그 수도원의 설립자인 성 피니안(St. Finian)에게서 수학했던 '아일랜드의 12사도들' 중의 하나였다. 그는 그때 제사장으로서 수도사가 되었고, 많은 수도원들을 설립했다고 전해진다. 그가 40세였을 때, 시편집의 소유권 문제로 성 피니안과 다투게 되었고, 결국 사람들이 죽는 전쟁터가 되었다.

종교회의에서 그 분쟁을 조사하기 위해 불렀을 때, 콜럼바는 추방당하기보다는 오히려 스코틀랜드의 선교사로 사역하기를 제안했다.

그렇게 아이오나의 땅을 수여받을 때, 그는 그의 도착 이전에 혹은 한 세기에 걸쳐 북쪽으로 이주한 골 아일랜드인과 픽트인들을 위해 복음주의 선교 센터로서의 수도원을 설치했다. 그는 거룩한 사람으로, 외교관과 기적의 사역자로, 찬송작시자로, 그리고 서적필사자로서 알려졌다. 이 성전사는 로마제국의 붕괴 이후 서유럽에 기독교의 재생을 위해 충격적인 능력 충만으로 켈틱 수도원 생활의 새 활력을 가져왔던 한 사람으로 신뢰받았다.

그는 597년에 아이오나의 수도원에서 영면했다.

3) 아일랜드 내의 수도원

켈틱 지도자들은 이교도 정착 속에 기독교인의 이야기를 퍼트리는 효과적인 방법으로써 수도원의 중요성을 발견하였다. 그들의 접근은 드루이드교의 전통적인 종교적 권위에 대한 세력의 붕괴를 가져왔다.

게일어 켈트족들(Gaelic Celts)에 대한 새 믿음을 위한 패트릭의 수행방법은 그들 자신의 문화와 비슷한 토양 위에서 그들을 만나는 것이었다. 즉, 신성한 작은 숲, 우물들과 작은 언덕들, 그리고 새로운 신앙을 위한 그들의 예배공간들을 만들어 주는 것이었다. 그는 그의 교회들과 예배장소들을 구축하기 위해 드루이드족에 의해 지명된 시골 같은 장소들을 사용했다.

그것은 시골풍이었고, 다른 이들보다는 더 힘 있는 일백 개의 작은 지파 왕국들로서 인구를 분산시켰지만, 그러나 공동체보다는 더 큰 센터로서 각각의 많은 핵심 요새들로서 이루어졌다. 그 방법은 더 많은 지역 왕가의 지도자들과 지역 종족의 권위를 변환하도록 인도했던 설교였다. 50년 이내에 하사받은 땅들이 대수도원들의 설립을 위해 주어지고 있었다. 그 대수도원들은 교회로서뿐 아니라 배움의 장소들이 되었고, 희랍어와 라틴어의 읽기와 쓰기를 위한 실질적인 가르침의 장소가 되었다. 아일랜드인 스콜라 학풍의 기초가 되었고 그 수도원들은 종족과 왕권 권위를 통한 지역문화에 큰 영향을 주었다. 성 피니안은 520년에 아일랜드의 중심에서 클로나드 대수도원을 시작했다. 20년 내에 그것은 연간 3,000명의 학생들을 가르치는 주요 학습 센터가 되었다.

아일랜드에서 수도원들은 복음을 전파하는 한 방법으로서 사용되었다. 로마제국의 세력이 행할 수 없었던 일, 즉 성 패트릭과 성 브리지드, 그리고 성 콜럼바와 같은 픽트족과 켈트족을 정복하는 일은 복음의 이름 안에서야 달성할 수 있는 일이었다.

4) 선교의 수단으로서의 기도원

기도원은 로마 세계에서처럼 죄악세상으로부터 도피하는 길이 아니라 이교도 생활의 가슴속에 훈련되고 학습된 공동체 기초를 공급하는 길이다. 패트릭은 드루이드족에게 손수 직면하여 그들 자신을 감싸 주었다. 왕족가문과 제한된 귀족정치와 함께하는 사회 속에서 그것은 단지 문화에 대한 큰 충격을 가진 기독교 복음을 위해서 매우 의미심장한 보충을 위한 한 작은 부분이었다. 패트릭과 다른 이들은 시골지역들을 드넓게 여행하였을 뿐 아니라 핵심 성채들을 방문하였다(이러한 선교 전략은 또한 사람들에게 복음을 전하는 효과적인 방법으로서 주후 500년부터 영국에서 폭넓게 사용되었다).

이러한 수도원들의 생활은 드넓은 인구 가운데서 새로운 행위와 믿음으로서 자신의 입장을 굳히는 힘 있는 방법을 공급했다.

신성한 지역들이 구축되고, 성 패트릭의 기록으로부터 입증되듯이 신앙고백(선언)이 중요했다. 그러나 이로써 기독교인 행위에 대한 논증도 생기게 된다. 행위에 대한 그의 기대들은 한 노예상인인 코로티쿠스(Coroticus)에게 보낸 그의 서신에서 명백하게 나타난다. 그는 픽트족에게 팔기 위해 새 신자들을 죽이거나 노예로 사로잡는 코로티쿠스에 대한 그의 비난 속에 신약성경의 '전 계명'(whole law)을 적용했다.

> 그러한 탐욕에 대하여 모든 계명의 증언으로부터 모은다는 것은…… 지겨운 일이 될 것이다. 탐욕은 치명적인 죄이다. "너는 네

이웃의 물건들을 탐내지 말라." 살인자는 그리스도와 함께 살 수 없다. "누구든지 그 형제를 미워하는 자는 살인자로 여김받는다." 또는 "그의 형제를 사랑하지 않는 자는 죽음에 넘기우리라. 무엇보다 더 큰 죄인은 하나님의 아들의 피로써 자기 손을 더럽힌 자니, 그분은 하찮은 우리를 부르기 위해 땅 끝에서 마지막으로 팔리신 분이시다!"[23)]

이것은 되풀이하여 가르침받기를 요구하는 기독교 행위의 전통적 견해이다. 수도원학교의 발전은 기독교 신앙에서 살고, 알기 위하여 초기 500년간 후기 세대를 위한 길을 제공했다.

수도원은 '언덕 위의 빛'이었고, 믿음과 행위, 그리고 공동체의 구조 속에 기독교인 되기를 포함시키는 시발점이 되었다. 복음의 능력 속에 확신하기는 수도원은 신뢰할 수 있는 행동과 학습에 더하여 나그네를 대접하는 문화를 제공했다. 그것은 어떻게 살 것인지에 대한 대안을 전통적인 드루이드의 아일랜드인 사회의 한복판에 심었다. 수도원은 교회와 그들이 속한 사회를 위해서 믿음과 행위, 그리고 소속감을 제공하였다. 뿐만 아니라 학습에 대한 경외는 더 넓은 로마 세계의 일부분으로부터 배우기 원하는 아일랜드인 학생을 위해 길을 공급해 주었다. 그것은 지역과 유럽이나 로마 세계의 중심을 위해서 세상 끝에 있는 아일랜드인 사이의 기교였다. 수도원은 켈틱 세계에 학문, 신앙, 언어, 환대의 중심적 역할을 했다.

5) 하나님의 경험

패트릭은 그의 「고백록」에서 자신의 삶을 강력한 하나님의 현존에 의

23) St. Patrick, *Letter to Coroticus*, section 9.

존했음을 분명히 하고 있다.

> 패트릭에게 하나님의 현존은 신학적 가정이 아니라 어디서나 편재하시며 즉각적이었다. 그러나 감각 안에서 하나님은 그러한 상황에서나 그의 의지 안에서 끊임없이 감동시키셨다. 그의 생애 매 순간마다 패트릭은 하나님의 뜻이 그에게 명백하게 이루어지는 것을 본다. 하나님은 고난, 기쁨과 저주, 그리고 구원을 향한 인간 각본 속에서의 단순한 어떤 배우가 아니라 그의 능력이 무한하시고, 끊임없이 역사하시는 최고의 배우이시다.[24]

패트릭과 콜럼바는 하나님의 존재에 대한 경이로움을 알리기 위해 사람들에게 심판과 은총을 가져다주시는 삼위일체 하나님에 대한 강한 전통적인 견해를 위한 증인들이다. 하나님은 친구와 적에게 역사하시는 하나님이실 뿐 아니라 바람과 파도의 하나님이시다.

O'Loughlin은 그가 '하나님의 정확성'이라 부르는 것으로 끌림받았던 사람들과는 차이점을 가진다. 그는 진술한다.

> 오늘 많은 사람들은 '켈틱 성도들에 대한 하나님의 친밀함' 혹은 매력적으로 '그들 주위에 있는 하나님의 존재'에 대한 그들의 감각을 발견한다. 그것은 '하나님의 무존재'에 대한 현대인의 경험과 대조되는 것처럼 보인다. 그러나 우리는 하나님께 대한 그들의 감각은 매우 자주 모든 상황을 초월하는 전능한 능력에 대한 것임을 기억해야 할 것이다. 그 친밀감은 모든 것을 주인으로서 보고 계시며, 엄격함에 대한 전능한 친밀감이다. '모든 것에 능력이 있으시며 영원하신 하나님'으로 시작하는 기도는 경외와 떨림으로서 말해졌고, 그의

24) O'Loughlin, Thomas, p. 33.

정의로우심은 모두 정한 때에 근접했었음을 표현하는 그의 표명들과 함께 시작하고 있다.[25)]

여기서 O'Loughlin이 패트릭의 「고백록」을 읽은 방법에 있어서는 비평적인 이슈가 있다. 반면에 그는 패트릭의 하나님에 대한 경험은 그것이 '모든 것을 주로서 살피시고, 엄격함 속의 전능한 친밀감'에 밀접하다는 것에 주의를 기울인다.

그의 관심은 이 '하나님의 친밀함'이 패트릭에 의해서 경험된 그 방법이다. 이런 가운데서 그는 패트릭의 경험이 그 언급점을 부주의하게 만든다고 하면서 21세기의 관점을 가져온다.

「고백록」 속에서 성 패트릭이 종으로서 하나님에 대한 첫 발견이 '하나님은 당신을 불신하는 자들을 추방하시는 능력이 있으시며, 공의로우신 분'이라는 것은 사실이다.

거기에서 주님은 나의 불신의 깨달음을 위해서 내 마음을 여셨다. 늦은 감이 있지만, 그 안에서 나는 나의 죄를 기억해야 했고, 나의 무의미함과 불쌍한 나의 청춘과 무지함을 간주하신 나의 주 나의 하나님께로 나의 마음을 전적으로 돌리게 하셨다. 그분은 내가 그를 알기 전에 나를 감찰하셨고, 선악에 대한 구별과 감각을 배우기 전에조차 나를 보호하셨으며, 그의 아들처럼 아버지로서 나를 위로하셨다. 그러므로 참으로 나는 침묵할 수 없고, 그것을 좋아하지 않을 수 없다. 많은 호의와 은총을 가지신 주님은 내가 사로잡혔던 그 땅을 내게 하사하셨다. 하나님으로부터의 징벌 후에 그를 인식하게 된 후에, 그에게 보답하는 우리의 길은 그를 높이고, 하늘 아래 모든 나라 앞에서 그분의 위대하심을 자백하는 것이다.[26)]

25) O'Loughlin, Thomas, p. 34.

성 패트릭에게 하나님은 그 자신이 아닌 신뢰할 대상이었다. 21세기 중심에서 주관적 자아의 관점은 그의 관점에서 보면 낯선 것이다. 그것은 하나님이 가까이 계신가 안 계신가에 대한 질문이 아니라 하나님은 모든 것에 중요한 하나님이라는 인식이다. 「고백록」에서 명백한 것은 패트릭의 삶이 그를 부르신 하나님이 그의 삶의 전부였다는 것이다. 그는 성서적 세계관과의 관계 속에서 자신을 본다. 그는 '표적들과 경이로움들'을 보는바, 자신의 능력의 실질적인 부분으로서 오는 것에 대한 선지적 주의를 기울였다. 그는 한 부분인데 만약 단지 그가 모방자인 것조차도 땅의 극부분으로 가기 위하여 사도 위임을 받는다고 해도 그것은 한 부분이다.

> 내게 생긴 안 좋은 일에 대하여, 그것이 좋건 나쁘건 간에 나는 그를 동등하게 받아들여야만 하며, 내가 그를 신뢰하도록 내게 나타나셨던 하나님께 항상 감사를 드리고, 절대적으로 그리고 영원히 그분은 그렇게 나를 격려하실 것이다. 지난날에 무지했던 나는 감히 그렇게 믿음 깊고 위대한 사역을 떠맡을 것이다.[27]

그는 하나님의 성서적인 선교의 기간 안에서 그 자신의 생애를 묘사한다. 그의 삶은 무슨 일이 발생했건 하나님의 존재 안에서 살았다. 그래서 하나님은 하나님이 창조하신 만물과 함께 신뢰할 분이고, 아일랜드 내에 있는 불신자들을 위한 선교이며, 천만 인의 세례와 교회의 건물이시다.

그는 오늘 본능적으로 행하는 사람들처럼 사회적으로 그의 세상을 구축하기를 그렇게 추구하지는 않지만, 그의 전체 세상을 하나님으로부

26) St. Patrick, *Confessio*, sections 2 & 3.
27) St. Patrick, *Confessio*, section 34.

터 받으며, 하나님은 세상 안에 내재하신다. 그리고 그것은 창조주 하나님이 구속하시기 전에 그가 살고 있기 때문이며, 그것은 사회적 정착의 실재일 뿐 아니라 창조의 자연법칙에 대한 구별된 증인까지도 하나님의 경험 안에 모두 포함되기 때문이다.

6) 믿음의 자연법칙

신앙은 환경 때문이 아니라 개인적이고 사회적인 것에 제한되어 왔다는 사실을 교회가 인정했던 그때 룬문자와(게르만인의 문자로 된) 시(운문)는 창조 안에서 고착된 신앙과는 매우 다른 아일랜드 성자 증인 탓으로 돌려졌다. 그것은 성 패트릭을 위한 게르만인 문자로 귀착되어져서 조심스럽게 읽어야 함을 전적으로 주목할 수 있다. 이것은 현대 개혁자들의 귀에 전혀 이상한 것을 강조하는 전통적인 삼위일체설 신학이다. 성 패트릭은 그의 흉배기도서(Breast plate prayer)에서 기도하였다.

나는 오늘 기상합니다.
권능의 힘을 통하여, 삼위일체의 기도를,
삼위성 안의 믿음을 통하여,
단일성의 고백을 통하여,
창조의 창조자를 위해서입니다.

나는 오늘 기상합니다.
그리스도의 탄생과 그의 세례의 힘을 통하여,
그분의 십자가에 못 박힘과 장사의 힘을 통하여,
천사들의 복종 안에서,
대천사장의 봉사 안에서,

보상과 함께하는 만남을 위한 부활의 희망 안에서,
장로들의 기도 안에서,
사도들의 설교 안에서,
고백자들의 믿음 안에서,
처녀들의 순결 안에서,
의로운 자들의 행위 안에서입니다.

나는 오늘 기상합니다.
하늘의 강권을 통하여서,
태양의 빛과
화염의 광채와
광선의 속도와
바람의 신속함과
바다의 심연과
땅의 안정됨
그리고 바위의 확고부동함.

나는 오늘 기상합니다. 나를 인도하신 하나님의 힘을 통하여.

나를 지탱하시는 하나님의 권능과 나를 안내하시는 하나님의 지혜와 내 앞을 보고 계신 하나님의 눈과 나를 들으시는 하나님의 귀와 나에게 말씀하시는 하나님의 말씀과 나를 감시하시는 하나님의 손과 내 앞에 드리운 하나님의 길과 나를 보호하시는 하나님의 방패와 악마의 덫과 죄악의 유혹 그리고 내가 쓰러지기를 원하는 모든 자들로부터 나를 구하시는 하나님의 주장하심, 먼 곳과 가까운 곳, 혼자나 다수 안에서 하나님의 힘을 통해 나는 기상합니다.

나는 오늘 나와 악 사이에 있는 이 모든 권세들을 호출합니다. 나의 육신과 영혼을 반대하는 모든 잔인하고 무자비한 능력에 대항하여, 거짓 선지자들의 주문에 대항하여, 이교도들의 흑색법들에 대항하여, 이단자들의 거짓 법에 대항하여, 우상숭배의 기교에 대항하여, 금속 세공인과 마법사들, 그리고 여자들의 마력에 대항하여, 타락한 자들의 육체와 영혼에 대한 모든 지식에 대항하여서 말입니다.

그리스도께서 오늘 내게 방패이시니 독약에 대하여, 불타는 것에 대하여, 혼란스러움에 대하여, 상처에 대하여, 그러므로 보상이 내게 풍성히 주어질 것입니다.

그리스도는 나와 함께하시고, 그리스도는 내 앞에서, 내 뒤에서, 내 안에서, 내 옆에서, 내 위에, 내 오른편과 왼편에 계시고, 그리스도는 내가 누울 때, 내가 앉아 있을 때, 나를 생각하는 모든 사람의 마음속에, 내게 말하는 모든 사람의 입속에, 나를 보고 있는 눈 속에, 나를 듣고 있는 귓속에 그리스도는 계십니다.

나는 오늘 기상합니다.

전능하신 강력과 삼위일체 하나님의 기원을 통하여, 삼위성 안에 있는 믿음을 통하여, 단일성의 고백을 통하여, 창조의 창조주께 향하여 나는 일어섭니다.[28)]

이런 전망 속에 섞인 것 없는 자연법칙은 교회가 가치와 동기부여, 그리고 기도에 대하여 많은 애를 쓰는 현시대에 있어 감동적이고, 영혼을 '가진', 사람 '안에서' 주관적으로 고정시켰다. 이런 기도에 있어서 그 기도는 대조점이 아니다. 그 기도는 가까이 계신 하나님, 그가 있는 곳에서 그와 함께하시는 하나님께, 그가 직면한 위험한 상황에서 보호를 간구하시며, 그의 곁에 항상 밀접하게 계시는 하나님에 대해 진술하

28) www.catholicdoors.com/prayer/english/po3475.htm.

였다. 기도하는 그 사람은 이 모든 것이 '하나님 안에서', 그가 살고 있는 현재에 계시는 삼위일체 하나님뿐만 아니라 그 안에 있는 모든 만물과 창조에 대하여 깊이 주목하고 있다.

성경의 하나님과 교회의 믿음은 궁극적이며 삶을 위한 실천적인 환경이다.

이렇게 주위에 가까이 있는 하나님과 세상을 보는 다른 길은 세상의 가장자리에 있는 수도원들에서 가르쳐졌다. 켈틱 신학에서 극히 중요한 요소였다.

이는 삶의 중앙에서 만나는 하나님 안에 있는 세계이고, 하나님 안에서 살아 있는 순수한 세상의 현존에 대한 축제이다. 이는 세상에 대한 과학적인 견해 때문에 우리가 더 이상 이용할 수 없는 과학 이전의 단순함으로부터 내쫓아야만 하는가? 아니면 그것은 우리가 복음 계시 속에 본래의 다른 가능성들에 대해 소경인 주관적인 '나' 때문에 그렇게 조절되는 우리의 지각인가? 더 나아가 우리 문화의 중심에 있을 때 우리가 볼 수 없는 우리의 인식인가?

확실히 성 패트릭의 하나님께 대한 경험은 주목할 만한 방법 안에서 기독교인의 행위, 믿음, 그리고 소속감과 함께 유지하였다. 동일하지 않은 반면, 그것은 전 기독교도 앞에서 교회의 그것과 유사한 것이다.

7) 동시대에 다른 선교를 가진 두 명의 주교와 성자들

패트릭보다 50여 년 전에 살았던 어거스틴은 로마제국의 파멸이 다가오고 있는 동안에 교회에 대한 진실을 찾기 위해 찬란하고 지성적인 노력을 기울이고 있었다. 그는 분열운동을 일으켰던 교회의 선교에 대해 이성적인 명쾌함을 가져오기를 시도했고, 제국의 붕괴에 대해 말한 교회를 비난했던 자들에 대해 공격했다. 그의 경험적인 통찰력과 교리는 그의 시대의 교회에 펴져 있던 방법 속에 조심스럽게 현존하였고, 기독교 세계를 통한 믿음의 통일성을 위한 기초를 제공했다. 그의 회심의 계기, 원죄에 대한 서술적 묘사, 그리고 심원한 예정론은 자신의 시대와 그 이후의 세기에까지 서방교회에 성공적인 영향력을 끼쳤다. 바로 이 시대에 형성되었던 수도원들은 신학적 사조와 예민성의 중심이 되었고, 세상으로부터 드러난 신앙적인 곳마다 어떤 협박에도 견뎌냈다. 그것은 교회의 중심 교리들을 정의하였던 종교회의 시대였다.

성 패트릭은 공식적인 교육을 받지 못했고, 라틴어를 서툴게 썼으며, 신학적인 예민성은 인정받지 못했다. "라틴어로 된 그의 공문서는 그가 수사적으로 기록하기에는 너무 약했고…… 그는 어떤 책에 대한 지식도 없었으며, (불가타 버전의) 라틴어 성경을 제외하고는 우리가 확정하기에는 너무 거리가 멀었다. 그러나 그가 알고 있는 서적은 매우 잘, 그리고 끊임없이 사용하였으니 심지어 성서적인 인용들에 대해서는 나무랄 데가 없다."[29]

아직도 그가 "기독교의 진수를 확고히 붙잡았다."[30]는 것에는 의심의 여지가 없다.

그는 삼위일체 하나님과 교회의 신앙에 확신을 가졌다. 그의 소명에 대한 신실성은 수 세기에 걸쳐서 아일랜드인과 스코틀랜드인들을 회심으로 인도하고, 수많은 사람들을 세례 준 것이었다. 켈트족에 대한 선교를 통해 그가 발전시킨 수도원들이(한 세대에 걸쳐) 이교도 아일랜드인의 삶의 중심에 세워졌다. 그들은 "너는 세상의 빛이라 산 위에 있는 동네가 숨겨지지 못할 것이요"(마 5 : 14)라는 복음적 묘사로 충만했다. 토착문화와 함께 직접적으로 연결된 동안 그들은 신앙, 행위와 소속감

29) Hanson R. P. C. "The Mission of St. Patrick," p. 40.
30) Ibid.

의 구조 속에서 명백하였고 또한 그들이 거주했던 아일랜드 왕국에 대한 대안적 견해를 제공하였다.

결 론

휘트비 종교회의에서 발생한 일이 무엇인가? 켈틱 수도원들의 선교는 이전 로마제국의 경계를 넘어 그 기원인 극서방으로부터 동방으로 냉철하게 옮겨졌다. 아직 휘트비에서의 이슈들은 어떻게 베네딕트 수도원이 유럽에 수도원 형성이 필수적이라는 규정에 의하여 그 후 종교회의를 주후 750년부터 서서히 이끌었는가 하는 것이다. 로마교회에 있어서 켈틱 수도원들은 덜 인간적이며 덜 학습된 것으로 보였고, 그들의 문화에 대하여 다른 신학과 태도를 반영하는 것이었다.

줄곧 성 패트릭과 그를 따랐던 사람들은 "아일랜드인을 위해 문명화하고 있는 선교"[31]를 통하여 수행하였고, 확신된 회심은 "우상들과 불결한 것"[32]을 예배하는 일로부터 축출하는 일을 해 오고 있다. 그것은 아일랜드인의 삶 한가운데서 이루어진 '기꺼이 하는' 일이며, 켈틱 수도원을 증거하도록 만든 기독교인의 삶을 충분하게 논증하는 것이다. 성 패트릭과 성 콜럼바 양인과 함께 직접적으로 현존하는 하나님에 대한 특별한 주의가 있는데, 그것은 성서를 표명하는 위대한 이야기로 가득 차 있으며, 또한 그렇게 구별된다. 아직도 휘트비에서 만들어진 결정들은 제국의 주변 너머로부터 넘치도록 그 주위 모두를 둘러싸고 있다.

휘트비에서 결정을 위한 모든 이유들의 핵심적 이슈는 켈트족을 위한 선교의 중심에 계셨던 하나님의 경험을 특히 잘 드러나게 하는 것이다.

---

31) Ibid., p. 37.
32) Ibid.

확실히 휘트비 이후에 중세풍의 교회는 다른 방향을 취했고, 이성에 초점을 두고 있으며, 차라리 성 패트릭이 켈틱 교회에 심었던 구속을 이루고 계시는 창조주 하나님의 생명적인 경험보다는 그 안에 있는 교리와 기독교인의 삶을 중요시한다.

어거스틴의 기독신앙에 대한 지성적 견해는 켈트족을 위한 하나님의 경험을 더욱 직접 느낄 수 있도록 하였다. 그러나 행위와 소속감을 뛰어넘은 믿음은 도리어 사회 속에 있는 교회의 선교 안에도 더 충만히 참여하도록 하는 반면, 전 기독교도 안에서 예배 참여를 감소시키는 위험도 도사리고 있었다.

교회의 선교 안에서 믿음, 행위와 소속감의 부재에 대한 더 넓은 연구는 켈틱 수도원들이 휘트비 종교회의와 그 이후의 종교회의에서 처음으로 한계가 정해진 때에 잃어버렸던 고귀한 그 무엇을 강하게 암시한다.

교회 안에서 통일성과 통제를 강조했던 결정들은 그렇게 효과적인 켈트족에 대한 선교를 만드셨던 하나님의 경험을 위하여 생명력 있는 마지막 결정으로서 중요한 것이었다.

3

The Mission to the Celts

Rev. Dr. Dean Drayton
(Professor of the School of Theology
Charles Sturt University and Past National President
of the Uniting Church in Australia)

Introduction

The interpretation of what happened at the AD 664 Synod at Whitby in Britain is critical for the understanding of the mission to the Celts in Ireland. Are there two different approaches to mission caught up in this Synod? Nearly all of the resources that are available for appreciating what happened were written after that date, well after the mission to the Celts which had its early beginnings in 431, over two hundred years beforehand. The records of the Synod address two issues. The Celtic Church had been celebrating Easter in the northern half of Britain on a different date to the Roman

Church in southern Britain, Rome and the rest of Europe. And the style of tonsure worn by the monks of the Celtic Church was different from that of the rest of the Church. The Synod decided that practices should be uniform, and in both cases decided in favour of the Roman way of doing things.

Whitby was followed by the AD 670 Synod at Autun in France which "ruled that the Celtic monastic communities across Europe had to adopt the (Roman) Benedictine rule".[1] The Roman view was that the "milder and more human rule of St. Benedict replaced the Columban".[2] It was made obligatory for at least part of France, and in the century that followed was extended to all of Europe.

Were these decisions a means of the Roman Church controlling a rapidly growing Celtic Church as it spread from Ireland to Scotland, Britain and Europe? Or were they an opportunity for the church to resolve important matters of difference in regional customs and approaches as the Celtic Church continued to expand beyond Britain? Underlying these issues it may well have been that the Roman Church and the Celtic Church had quite different ways of approaching mission.

For a long time it has been seen as the way the wider Roman

---

1) Hunter Ⅲ, George G., *The Celtic Way of Evangelism*, Abingdon Press, Nashville, 2000, p. 40.

2) Deanesly, Margaret, *A history of the medieval church, 590-1500*, Routledged, London, 1969, p. 40.

church regained control over this rapidly growing mission church on the edge of the known world. What is remarkable is the vitality of the Celtic Church. It had its beginnings at the time the Roman Empire was in its final throes and was then expanding into the remnants of the Empire in which the Roman Church provided a vital network still connecting Europe after the collapse. Even the Venerable Bede(673-735) who wrote the history of the church in England from a Roman perspective notes the achievement of Columba and his people "in establishing Iona, multiplying monasteries, and reaching the Picts of Scotland".[3)]

The Christian mission to Pagan Ireland happened at a critical time in the life of the wider Church. A look at the wider Roman context can help shed further light on what was at issue in the Synod, and provide a further window into the nature of the mission to the Celts.

1. From an Underground Movement to a Legalised Religion

One of the major changes in the history of the Church came when the early church moved from an underground subversive movement to become allied with the ruling elites of the Roman

3) Hunter Ⅲ, George G., p. 66.

Empire. The process began when Constantine(AD 272–337) in AD 312 seized the position of Emperor fighting under a flag bearing the cross, the cross that he had dreamt of days before the final showdown. By AD 325, the underground church was a legalized religion of the Empire. Constantine as a Christian Emporer called together the Council of Nicaea which was instrumental in the determination of the Nicene Creed. The Creed brought uniformity to the confession of the faith to the Church in the many and varied regions of the Empire, but also provided the basis for the Emperor and Church leaders to determine who was a true believer or a heretic in terms of how the Faith was confessed. The Church was given enormous political power.

It would help if it were possible to get some sense of the shape of the early church before this fundamental change occurred so that it can be compared with the shape of the church after this time. As we look back from the present it is clear that the impact of the Church in Christendom shapes the way we now think about the church, society and the mission of the church.

It is wise to realize that what we are attempting to do is not easy. We will have to contend with inadequate evidence and the awareness that conclusions will have to be somewhat tentative. But that should not deter us for there are important issues here.

1) Mission Before Christendom

Alan Kreider in his book *The Change of Conversion and the Origin of Christendom,*[4] looks at the history of conversion in the light of three categories, behavior, belonging and belief, and the way the relationship between these three changed in the first four centuries of the church's life, before and after Christendom. In the time of Tertullian(AD 160–225), only baptized members of the church could attend worship and the eucharist. The church was an underground movement seen to be subversive by the Roman authorities. The Church had to be careful that a person wanting to be a Christian was not an imperial spy. The sponsor of a new member(called a catechist) looked first for a change in the behavior of the prospective member(called a catechumen). There was a long period of preparation for the catechumen, normally more than two years, before a person could belong to a worshiping community.

> By example and instruction, the catechists were intentionally re–forming the candidate's conduct, and the extent to which this re–formation was successful would determine whether the candidate could proceed further in their journey of conversion.[5]

---

4) Kreider, Alan, *The Change of Conversion and the Origin of Christendom,* Trinity Press, Pennsylvania, 1999.

5) Ibid., p. 24.

Only when the catechists could "report that the candidates had indeed been living according to the values and priorities of the Christian community"[6] did they enter the next stage of the process, which moved from individual instruction to more consistent and structured occasions to learn about the beliefs of the church.

The church was initially an urban movement meeting in homes and hidden places like catacombs with a clear ordered process by which a person became a member of a Christian congregation. Only when a person's long term behavior was Christlike over a period of one or two years were they then taught what to believe about Jesus. All this was a prerequisite before careful preparation for baptism could take place after which the catechist was able to become a regular worshiping member of the congregation. The sequence is clear–behavior, belief and then belonging. And what a powerful means of discipling new members this is, for by the time a person belongs their behavior is Christian and have a common understanding of Christian belief. The Church was living different values to the rest of the Empire. It is estimated that 10% of the imperial population belonged to the church by 312.

Despite disincentives, despite the scorn of the powerful, despite persecutions, the early Christian movement was growing.

---

6) Ibid.

Something was deeply attractive about it.[7]

2) The Transition to Christendom

Constantine changed dramatically the role and place of the Church in the Empire on becoming Emporer when he declared the illegal Church a legal religion of the empire. In two centuries, gradually at first, but then more rapidly, the Church racially changed the way new members were recruited.

In this new setting the changes happened slowly. The Church was now a public organization, able to meet in buildings Sunday by Sunday in the centre of most urban communities. The Church did not have to protect itself from the Empire. Augustine(AD 354-430) was the first great systematic thinker of the church, and the Bishop of Hippo in North Africa. By the time of Augustine's public leadership from 396 on, the Christian Church had established itself as the imperial religion.

(1) Membership In Augustine's time

After nearly a century of public life pagans were not allowed to participate in worship until they had become catechumens. It did not take long to become a catechumen. For Augustine the first task of the catechist was to "present the truth, the

7) Ibid., p. 10.

belief which makes us Christians, in such a way that the inquirer would want to continue the journey by becoming a catechumen".[8] After a short ceremony they became catech-umens, able to attend worship, but not yet baptized, a sort of in between Christian. In one hundred years the initial phase of behavior and belief had been drastically shortened to a presentation of the Christian belief. Each year the catechumens were Augustine's primary mission target, as he urged them to stop procrastinating (which many did for years) and present themselves for baptism. Once they had made that decision, they with their sponsors had an intensive time of preparation in belief and behavior. Two weeks before the Easter baptism they learnt the creed and one week beforehand the Lord's Prayer. Augustine disagreed with many who claimed that it was not realistic to expect the necessary change of behavior before baptism rather than after.

> What better time is there to teach him how to live a good Christian life than when he is all anxious and eager to receive the most salutary sacrament [baptism]?" Further, the church had always required behavioral change to precede baptism. As in the Apostolic Tradition, people in forbidden professions—"prostitutes, actors, or

---

8) Ibid., p. 57.

> any disreputable person"—must abandon their job if they were to be admitted. (Augustine, unlike the Apostolic Tradition, did not proscribe soldiers that kill or governors who wear purple.)[9]

But while Christian behavior was called for, there was little practical help in the task of modifying behavior other than the exorcisms that were part of the preparation for baptism.

Yet once catechumens were baptized members of the church, the issue of behavior still remained. As thousands came into the life of the church Augustine lamented that in terms of behavior that the 'church is lame'. A major change had occurred.

> Augustine knew of a few Christians who sought to follow Christ seriously praying for their enemies, distributing their good to the needy. But to them, behaving in ways that would have seemed normal to Justin or Cyprian, the response of other Christians was the attribution of madness that conventional people make to those who for religious reasons repudiate society's deepest norms.[10]

---

9) Ibid., p. 61.
10) Ibid., p. 64.

This change in the process of making disciples had a massive change on the nature of the church itself.

> Augustine was confident in stating : "What the soul is in the body, that the Holy Spirit is in the Body of Christ, the Church"(Sermon 267. 4). One wonders whether he knew a similar text from the second-century Epistle to Diognetus (6.1) : "What the soul is in the body, that Christians are in the world." For Augustine, a distinctively living Christian church had disappeared, as had the world. For him, a pioneer of Christendom, the church and the world were becoming so intermingled that they were indistinguishable.[11)]

For Augustine nearly all catechumens were adults. Within another century great numbers were children.

> Augustine initiated a "baptismal revolution" that unleashed pastoral and theological forces that fundamentally altered the primitive Christian pattern. Henceforth in the West in would become increasingly difficult not to baptize a newborn immediately ; parents became fearful of the spiritual risks of deferring baptism until the paschal season.[12)]

---

11) Ibid., p. 65.
12) Ibid., p. 75.

Now the sponsors spoke for the children who were baptized at times other than Easter. And for the sponsors and adults the time of preparation for baptism was radically shortened to a week or a few days. And after that day, the bishop and the leaders found themselves in the role of calling the parents and the catechumens to honor the pact which they had made at their baptism. Behavior and belief became matters of exhortation. Belonging was given, but the distinctiveness of the people of God from the surrounding culture was in terms of what they believe and how they acted which was as much controlled by the culture as the gospel. More and more it was up to the leaders to discipline the converted. The discipling of people became dependent upon top-down processes.

(2) Membership in Caesariust time

The writings of Caesarius(a bishop in Gaul from 502-542) indicate the radical abbreviation of the stages involved in membership. More and more infant baptism was the normal path toward membership, with baptisms occurring during the year at times other than Easter. There is less of an emphasis on the need for Christian behavior. There is not only less required for what is seen to be appropriate behavior, but a greater resistance to it from the church members. For Caesarius the call to be a peacemaker was a command of our Lord.

"In the Gospel……. our Lord did not gives us a counsel, but a command, to love our enemies…… [Those who love only their friends are] like the pagans and the animals" (Sermon 37. 4, 7). To this Caesarius's hearers objected. Jesus could love his enemies, but he was God, and they were Gauls![13]

In citing Augustine and Caesarius the focus is on particular places, but these changes are representative of what was happening on a much wider scale. What is clear is that over two hundred years there was a gradual inculturation of the church into the wider culture of the Empire. And even from the present, some 1500 hundred years later, these elements are still recognisable.

Caesarius spoke of the need to convert the Christians! Most of the evangelical campaigns and missions held by the church now are attempts to convert those who sit in the pews. Now as then, belonging came to be a given, belief reflected much of the wider culture, and behavior was adapted by to the practices of society. In the long run this led to a radical separation of what was expected in belief and behavior for the lay person and what was required for the clergy. Even then for Caesarius no one could be ordained without having been

13) Ibid., p. 78.

converted at least a year and whose life displayed evidence of Christian belief and behavior.

Those serious about faith sought either to be ordained, or to join a religious society when there was a lessening in faithfulness and appropriate behavior expected of members of the Church. First, some turned to the deserts to live alone a faithful life before God. By 500 there had been a veritable explosion in the number of monks and then monasteries, especially in Egypt. In the monasteries the behavior belief and belonging of the pre-Christendom church were given a new expression in a restricted community. The monks and nuns sought a life apart from the world in the midst of the world.

> For the monks and nuns, conversion did not have to do with a change of belief ; the religious, as good Catholic Christians, believed the orthodox teaching of the church. But for the religious the term continued to have strong connotations of change in belonging and behavior. For them conversion entailed entry into a religious community that replace their families as their primary social unit. In this they belonged, lived, and died.[14)]

This only underlines the importance of belief behavior and

---

14) Ibid., p. 82.

belonging in the process of becoming fully Christian.

3) An Enculturated Church in Transition

This overview shows that as the Church gradually absorbed more of the values of the empire, there was a move towards emphasizing the primacy of belief rather than behavior or belonging. Augustine's own raising within the Greek intellectual world of the empire with its Platonic influences led to a stress on the importance of reason and the exploring of individual faith as an experience within the self. The intensely individual and private experience of the moment when one 'sees' in a 'aha' moment, the beauty of God, or of Christ, focuses attention away from the world to the inner self as the locus in which God is known. The resulting understanding of faith and grace as profoundly inward experiences, have had long term consequences for the Church.

The Great Church Councils brought uniformity to the Church, but by their very nature focus on what is truth, rather than the more local issues of behavior and belonging. The Council of Carthage in AD 418 decreed any one a heretic if they questioned the need of the washing of infant baptism to remove original sin and also branded Pelagius(354–420/40) a heretic for his understanding of free will.

These decisions were to bring a revolution in the practice of baptism within a hundred years.

And while there is more than one reason for the rapid development of monasteries was in large part a protest at the loss of the elements of belief behavior and belonging in the local congregation. As the power of the culture impacted on the life of the ordinary churchgoer, and the stress on behavior and belief lessened, both ordination and the monasteries provided a pathway for those who wanted to take following Christ seriously. They provided a way of withdrawing from the cultural Christianity that was emerging more markedly in Christendom generation by generation. First as individuals and then as communities the monasteries provided support and refuge for the dedicated.

2. The Mission to Ireland

This overview of what was happening in the period 250~520 provides an important backdrop to look more closely at the accounts of what happened in the very different Celtic world in a similar period. The categories of belief, behavior and belonging may provide us with insights into the mission of the Celtic Christians as they wrestled with the way to relate to a more rural Druid controlled society and bring the good news of the gospel to it.

For Europe, Ireland was the 'farthest land', the land at the edge of the known world. With the arrival of the Iron Age the empire of the Greeks came, followed by the Romans. Peoples were displaced from Gaul and England and pushed further West into Ireland. In the mists of pre-history it seems small groups of Celts moved into Ireland, first in BC 300 and then in larger numbers in BC 100. By AD 400 a series of Celtic kingdoms had emerged, each with a rich culture comprising an upper class of aristocratic warriors and learned people including Druids. Rome had never conquered Ireland. The Roman Empire was torn apart by the Germanic tribes in Augustine's lifetime, finally ending in AD 476. The Roman Catholic Church with its network of leaders, churches and monasteries was left to provide a religious and a political framework that maintained some elements of the previous order in place of the Empire.

The beginnings of the Christian mission to Ireland are veiled in conjecture and traditions recorded many years after the events.

In AD 431, the year he pronounced Nestorian a Heretic, Pope Celestine 1 sent envoys to England to root out Pelagian influences. One of these envoys "Palladius was sent to Ireland by the Pope in 431 as '*first Bishop to the Irish believing in Christ*', which demonstrates that there were already Christians living in Ireland. Palladius seems to have worked purely as Bishop to Irish Christians in the Leinster and Meath kingdoms, while Patrick—who may have arrived as late as 461—worked first and foremost as a missionary to the Pagan Irish, converting in the more remote kingdoms located in Ulster and Connacht".[15] The dates for Patrick are hazy(Born from 371-387, Died from 461-493). Some have him beginning his mission in AD 432 while others put forward other dates up until AD 461.

1) St. Patrick

Hanson[16] notes the four sources for the traditional picture of St. Patrick, the most significant of the early missionaries. First the shadowy background re Palladius, second, a confession and a letter written by Patrick, third the accounts of those who follow after him, and finally the annals available from the monasteries that were founded. In the last decade a more careful assessment of these sources has tempered much that has been written beforehand. O'Loughlin in his book *Celtic Theology*, also focuses on St. Patrick's two documents.[17] He does not believe that the Synod of Whitby was a clash in mission or of systems of government, but reflected more regional variations within the overall tradition of the church.

---

15) Wikipedia : History of Early Ireland(400-800).

16) Editor Mackey, James P., *An Introduction to Celtic Christianity*, T & T Edinburgh, 1989. First Article, Hanson, R. P. C., "The Mission of Saint Patrick," pp. 22-24. This article provides a good overview of the sources and an excellent assessment of what can be deduced from St. Patrick's two letters.

17) O'Loughlin, Thomas, *Celtic Theology : humanity, world, and God in early Irish writings*, Continuum, New York, 2000, p. 26.

A British Christian Roman, the son of a respected clerical family who could write Latin, Patrick was kidnapped by Irish raiders when he was sixteen and spent six years in Ireland as a slave, in one of what seems to have been a number of such slave groups in Ireland. The suffering led to him crying out to God, as he "changed from being someone 'ignorant of God' to someone who prayed incessantly in all weathers and night and day for God's help".[18] He interpreted this as God's punishment for abandoning his commandments and ignoring God's salvation, but also the means by which he discovered the love and goodness of God. In his '*Confessio*', he tells how God led him to escape from captivity at least twice and with many adventures find his way back to his family who insisted he not leave. There comes the critical night,

> There, in a vision of the night, I saw a man whose name was Victoricus coming as if from Ireland with innumerable letters, and he gave me one of them, and I read the beginning of the letter : 'The Voice of the Irish', and as I was reading the beginning of the letter I seemed at that moment to hear the voice of those who were beside the forest of Foclut which is near the western sea, and they were crying as if with one voice : 'We beg you, holy youth, that you shall come and shall walk again among us.' And

18) O'Loughlin, Thomas, p. 31.

> I was stung intensely in my heart so that I could read no more, and thus I awoke. Thanks be to God, because after so many ears the Lord bestowed on them according to their cry.[19)]

So he went, sent it seems by the British Church and subsequently made a bishop.

> I might imitate one of those whom, once, long ago, the Lord already pre-ordained to be heralds of his Gospel to witness to all peoples to the ends of the earth. So are we seeing, and so it is fulfilled ; behold, we are witnesses because the Gospel has been preached as far as the places beyond which no man lives.[20)]

He had the sense he was 'at the very ends of the earth', at the very edge of the known world, beyond the Roman Empire. He was called by God to preach to the pagan world of Ireland to complete the charge given to the disciples in Acts 1 : 8. "But you will receive power when the Holy Spirit has come upon you ; and you will be my witnesses in Jerusalem, in all Judea and Samaria, and to the ends of the earth." He had with the Church the urgency of "the one who is preaching to the very

---

19) St. Patrick, *Confessio*, Section No. 23.
20) St. Patrick, *Confessio*, Section No. 34.

last nation to hear the message."[21] and with it the awareness that God's mission was entering its last days.

> So, how is it that in Ireland, where they never had any knowledge of God but, always, until now, cherished idols and unclean things, they are lately become a people of the Lord, and are called children of God ; the sons of the Irish [Scotti] and the daughters of the chieftains are to be seen as monks and virgins of Christ.[22]

He speaks of many trials and tribulations, as he ministered to the 'Barbarians', emphasizing the many prayers and miracles that kept him alive. His was not an introspective thinking faith, but an active preaching to friend and foe in the strong name of the Trinity. That it continued to be dangerous is shown by comments in his later years, "for daily I expect to be murdered or betrayed or reduced to slavery if the occasion arises".[23]

By the time of St. Patrick's death the first monasteries had been formed in Ireland. These were associated with Saint Brigid(475–525) whose father may well have been converted by St. Patrick. They were the first monasteries formed beyond

21) O'Loughlin, Thomas, p. 39.
22) St. Patrick, *Confessio*, Section No. 41.
23) St. Patrick, *Confessio*, Section No. 55.

the Roman World that in the next centuries were as a movement to have a huge influence on Europe. What is important to note is that they were formed in a very different setting.

In the Roman world the monasteries were formed for those who wanted to take the Christian faith seriously. The dramatic increase in the number of monasteries in Patrick's later years had become an explosion by the time of Columba.

2) St. Columba

The life of St. Columba(531–597) is better documented than that of Brigid or Patrick. His life is actively involved with the monasteries of the Celtic world. He enables the contrast to be drawn more sharply between monasteries in the Roman World and monasteries in the Celtic World. In Ireland the monasteries were formed in the first and second generation of the mission to a series of Irish kingdoms.

Columba was born of royal blood in the Ulster region in Northern Ireland, baptized and was a pupil at the monastic school of Clonard Abbey which was a major school with more than a thousand scholars. Columba was one of the "Twelve Apostles of Ireland" who studied under St. Finian, the founder of the monastery. He became a monk, then a priest and it is said that he founded a number of monasteries. When he was about 40 a quarrel with Saint Finian over the ownership of a psalter led to a battle in which people were killed. In a Synod called to investigate the dispute, Columba offered to work as a missionary in Scotland rather than be ex-communicated.

There, when granted land on Iona, he set up a monastery as the centre of an evangelizing mission to the Picts and to the Irish Gaels who had migrated North for a century or so before his arrival. He was known as a holy man, a diplomat, a miracle worker, a writer of hymns and a transcriber of books. This warrior saint is credited as one of those who brought a revitalization of Celtic monasticism that impacted powerfully on the revival of Christianity in Western Europe after the fall of the Roman Empire. He died at the monastery on Iona in 597.

3) The Monastery in Ireland

The Celtic leaders discovered the importance of the monastery as an effective way of spreading the Christian story in a pagan setting. Their approach led to the collapse of the power of the traditional religious authority of the Druids.

Patrick's method of carrying the new faith to the Gaelic Celts was to meet them on the familiar ground of their own culture, the sacred groves, wells, and mounds, and make those places centers of worship for the new faith. He used the same rural holy places designated by the Druids to establish his Christian churches and holy places.

It was a rural, dispersed population with up to a hundred

small tribal kingdoms(some more powerful than the others), but each with many ringforts as the larger centres of community. It was the preaching that led to the conversion of local tribal authorities and more regional dynastic leaders. Within fifty years grants of land were being given for the establishment of abbeys. The abbeys then became centers of learning as well as churches, teaching the essentials of reading and writing Greek and Latin, laying the foundation of Irish scholasticism that would make the Church in Ireland a repository of learning during the Dark Ages that were to come. It meant that the monasteries were deeply connected with the local culture through tribal and royal authorities. St. Finian started Clonard Abbey in central Ireland in 520. Within twenty years it was a major centre for learning teaching three thousand students a year.

In Ireland, monasteries were used as a way of spreading the gospel. What the might of the Roman Empire was not able to do, namely conquer the Picts and Celts, the likes of St. Patrick, St. Brigid, and St. Columba were able to accomplish in the name of the gospel.

4) The Monastery as a Means of Mission

The monastery was not a way of withdrawing from a sinful world as in the Roman world, but a way of providing a disciplined, learned community base in the heart of pagan life.

Patrick faced the Druids head on, on their own turf. In a society with family dynasties and a limited aristocracy, it only took a few very significant recruits to the Christian gospel to have a large impact on the culture. As well, Patrick and others travelled widely in the rural areas and visited the ring forts, seeking those who were willing to follow Christ(This mission strategy was also used widely in England from AD 500 on as an effective way of bringing the gospel to the peoples). The life of these monasteries provided a powerful way of entrenching new behaviors and beliefs in the wider population.

Built at the sacred sites, the declaration of belief was important as is evident from St. Patrick's writing. But so is the demonstration of Christian behavior. His expectations as to behavior are made plain in his letter to Coroticus, a Christian slave trader. He holds to the 'whole law' of the New Testament in his condemnation of Coroticus's killing and enslaving of new Christians to sell to the Picts.

> It would be tedious…… to gather from the whole Law testimonies against such greed. Avarice is a deadly sin. "Thou shalt not covet thy neighbour's goods." "Thou shalt not kill." A murderer cannot be with Christ. "Whosoever hates his brother is accounted a murderer." Or, "he that loves not his brother abides in death. How much more guilty is he that has stained his hands with blood of the

sons of God whom He has of late purchased in the utmost part of the earth through the call of our littleness!"[24)]

This is a traditional view of Christian behavior that needs to be continued to be taught and inculcated. The development of monastery chools provided a way for a rising generation in the early 500's to know and live the Christian faith.

The monastery was 'a light upon the hill', a demonstration of what was involved in being a Christian in terms of belief, behavior and community. Confident in the power of the gospel, the monastery offered a culture of hospitality to the stranger in addition to learning and trustworthy action. It planted in the midst of the traditional Druidic Irish society an alternative vision of how to live. The monastery provided a rich world of belief, behavior and belonging for the church and the society in which it had been placed.

And as well, the respect for learning provided an avenue for the Irish student to learn from and be part of the wider Roman World. It was a bridge between the local and Irish at the end of the world to the centre of the world in Europe and Rome.

The monastery at its best in the Celtic world was, in mission language, a team of disciples who lived as part of an alien society but in a disciplined, open, loving and hospitable way.

---

24) St. Patrick, *Letter to Coroticus*, section 9.

This is a rugged creatively confrontational yet hospitable form of witness to the tribes of Ireland in the name of the Lordship of Jesus Christ.

5) The Experience of God

Patrick, in his Confessio, is clear that his life depends upon the powerful presence of God.

> To Patrick the presence of God was immediate and ubiquitous, not as a theological postulate but in the sense that God is constantly affecting his will in this or that situation. At every point in his life Patrick sees the will of God becoming manifest to him : God is not just another actor in the human drama of suffering, joy, damnation and salvation, but the supreme actor whose power is unlimited, and constantly active.[25)]

Patrick and Columba witness to a strong traditional view of a Trinitarian God who through judgement and grace brings people to know the wonder of God's presence. God is the God of winds and waves as well as the God at work in friend and enemy.

O'Loughlin has difficulties with those who are attracted to what he calls "the closeness of God". He states,

25) O'Loughlin, Thomas, p. 33.

> Many today find the 'closeness of God to the Celtic saints' or their sense of the 'presence of God around them' as attractive, as it seems such a contrast to the modern experience of the 'absence of God'. But we should remember that their sense of God was very often that of a mighty power hovering over every situation. The closeness is the overpowering closeness of the stern, all seeing master. Prayer that begins 'All powerful, everlasting God' were said with awe and trembling, for his manifestations expressing his justice were at times all too close.[26)]

There is a critical issue here in the way O'Loughlin reads the *Confessio*. He cautions that while Patrick's experience of God is close it is 'the overpowering closeness of the stern, all seeing master.' His concern is the way this 'closeness of God' is experienced by Patrick. In doing so he brings a twentyfirst century point of view that inadvertently makes Patrick's experience the reference point.

It is true that in the Confessio as a slave St. Patrick's first discoveries of God are of the powerful judging God who exiles those who do not believe in Him. But listen ;

> And there the Lord opened my mind to an awareness of my unbelief, in order that, even so late, I might remember

26) O'Loughlin, Thomas, p. 34.

> my transgressions and turn with all my heart to the Lord my God, who had regard for my insignificance and pitied my youth and ignorance. And he watched over me before I knew him, and before I learned sense or even distinguished between good and evil, and he protected me, and consoled me as a father would his son.
>
> Therefore, indeed, I cannot keep silent, nor would it be proper, so many favours and graces has the Lord deigned to bestow on me in the land of my captivity. For after chastisement from God, and recognizing him, our way to repay him is to exalt him and confess his wonders before every nation under heaven.[27)]

For St. Patrick God has become the reference point and not himself. The Twenty first century perspective of the subjective self as the centre is alien to his perspective. It is not a question as to whether God is close or absent, it is the recognition that God is God that is all important. What is plain from the *Confessio* is that St. Patrick's life is placed within the perspective of the God who has called him. He sees himself in relation to the biblical world-view. He sees 'signs and wonders'; he is given prophetic awareness of what is to come as an essential part of his power; he is part, even if he is only an imitator, of the apostolic commission to go to the

27) St. Patrick, *Confessio*, sections 2 & 3.

uttermost parts of the earth.

> So that whatever befalls me, be it good or bad, I should accept it equally, and give thanks always to God who revealed to me that I might trust him, implicitly and forever, and who will encourage me so that, ignorant, and in the last days, I may dare to undertake so devout and so wonderful a work ; so that I might imitate one of those whom, once, long ago, the Lord already pre-ordained to be heralds of his Gospel to witness to all peoples to the ends of the earth. So are we seeing, and so it is fulfilled ; behold we are witnesses because the Gospel has been preached as far as the places beyond which no man lives.[28)]

He describes his life in terms of God's scriptural mission. His life is lived in God's presence whatever happens. So God is the reference point and with God is the creation, the mission to the unbelievers in Ireland, the baptism of thousands and the building of the Church. He does not so much as seek to socially construct his world as people instinctively do today, but receives his whole world from God and his own place within it. And it is because he lives before the Redeeming Creator God, that the distinctive witness to the very physicality of creation, as well as the reality of the social

---

28) St. Patrick, *Confessio*, section 34.

setting, are all involved in the experience of God.

6) The Physicality of Faith

In a time when the church has realized that faith has been limited to the personal and societal but not the environment, the runes and poetry ascribed to the Irish Saints witness a very different faith that is set within the creation.

It is quite remarkable to read carefully the rune attributed to St. Patrick. This is traditional Trinitarian theology with emphases that are quite strange to the modern Protestant ear.

St. Patrick in his Breast Plate prayer prays,

> I arise today
> Through a mighty strength, the invocation of the Trinity,
> Through a belief in the Threeness,
> Through confession of the Oneness
> Of the Creator of creation.
> I arise today
> Through the strength of Christ's birth and His baptism,
> Through the strength of His crucifixion and His burial,
> Through the strength of His resurrection and His ascension,
> Through the strength of His descent for the judgment of doom.

I arise today
Through the strength of the love of cherubim,
In obedience of angels,
In service of archangels,
In the hope of resurrection to meet with reward,
In the prayers of patriarchs,
In preachings of the apostles,
In faiths of confessors,
In innocence of virgins,
In deeds of righteous men.

I arise today
Through the strength of heaven ;
Light of the sun,
Splendor of fire,
Speed of lightning,
Swiftness of the wind,
Depth of the sea,
Stability of the earth,
Firmness of the rock.

I arise today Through God's strength to pilot me ; God's might to uphold me, God's wisdom to guide me, God's eye to look before me, God's ear to hear me, God's word to speak for me, God's hand to guard me, God's way to lie before me, God's shield to protect me, God's hosts to save me From snares of the devil, From temptations of vices, From every one who desires me ill, Afar and anear, Alone or in a multitude.

I summon today all these powers between me and evil,

Against every cruel merciless power that opposes my body and soul,

Against incantations of false prophets,

Against black laws of pagandom,

Against false laws of heretics,

Against craft of idolatry,

Against spells of women and smiths and wizards,

Against every knowledge that corrupts man's body and soul.

Christ shield me today

Against poison, against burning,

Against drowning, against wounding,

So that reward may come to me in abundance.

Christ with me, Christ before me, Christ behind me, Christ in me, Christ beneath me, Christ above me, Christ on my right, Christ on my left, Christ when I lie down, Christ when I sit down, Christ in the heart of every man who thinks of me, Christ in the mouth of every man who speaks of me, Christ in the eye that sees me, Christ in the ear that hears me.

I arise today

Through a mighty strength, the invocation of the Trinity,

Through a belief in the Threeness,

Through a confession of the Oneness
Of the Creator of creation.[29]

The sheer physicality of this vision is breathtaking to the present age for which so much of church is about values and motivation and prayer, anchored subjectively 'within' the person, 'within' the soul. In this prayer, the prayer is not the reference point. The prayer is addressed to the God who is near, the God who is with him, in the place where he is, seeking protection from the dangerous situations that he faces, close to him, ever closer. The person praying is not only deeply aware of the creation and all that is in it, but that this all is 'in God', the Triune God in whose presence he lives. The God of the scriptures and the faith of the Church is the ultimate and practical environment for life.

This different way of seeing the world, with God near at hand, was a vital element in the Celtic theology taught in these monasteries on the edge of the known world. This is a world in which God is encountered in the midst of life, a celebration of the sheer presence of the world lived in God. It raises the question for the present day reader. Must this be dismissed as a pre-scientific naivity no longer available to us because of a scientific view of the world? Or is it that our

29) www.catholicdoors.com/prayer/english/po3475.htm.

perception is so dominated by the subjective 'I' that we are blind to other possibilities inherent in the gospel vision? When the ego is the centre of our culture and our perception what is it that we cannot see?

Certainly St. Patrick's experience of God holds together Christian behavior, belief and belonging in a remarkable way. While not the same, it is similar to that of the church before Christendom.

7) Two Bishops and Saints with a Different Mission in a Similar Age

Augustine, living perhaps fifty years or more before Patrick, was the brilliant intellectual trying to find the truth for the Church while the destruction of the Roman Empire was underway. He attempted to bring reasoned clarity to the mission of the Church riven by divisive movements and attacked by those who blamed the Church for the Empire's demise. The insights of experience and doctrine were carefully presented in a way that were pervasive to the Church of his time and provided a basis for uniformity of belief throughout the Christian world. His presentation of conversion, description of original sin and predestination profoundly influenced the Western Church in his own lifetime and even more so in succeeding centuries. The Monasteries which were formed at this time soon become centres of theological thought and subtlety, as places where the faithful withdrew from the world, and withstood the threats from without. It was the time Councils of the Church were defining central doctrines of the Church.

St. Patrick had no known formal education, wrote Latin poorly, and did not appreciate theological subtleties. "His command of Latin was too weak for him to write rhetorically ……. He has no acquaintance with any book, so far as we can ascertain, except the Latin (pre-Vulgate) Bible. But that book he knows very well and uses constantly, even when biblical quotations are not called for."[30] Yet it cannot be doubted that he has "firmly grasped the very marrow of Christianity".[31] He held to the Triune God, and the faith and convictions of the Church. Faithful to his call, he baptized thousands upon thousands that led to the conversion of the Irish and the Scottish within a few generations. The mission to the Celts that he led developed (within a generation) monasteries that were planted in the midst of the life of the Pagan Irish. They fulfilled the gospel description, "You are the light of the world. A city built on a hill cannot be hid"(Matthew 5 : 14). While involved directly with the indigenous culture they were clear that in terms of belief, behavior and belonging they provided an alternative view to the Irish kingdoms in which

---

30) Hanson R. P. C., "The Mission of St. Patrick," p. 40.
31) Ibid.

they were located.

Summary

What was happening at the Synod of Whitby? The mission of the Celtic monasteries was moving relentlessly East from its origins in the farthest West beyond the bounds of the former Roman Empire. Yet the issues at Whitby, led slowly from AD 750 on to later Councils of the Church ruling that the Benedictine Monastery was the obligatory form of the monastery in Europe. To the Roman Church, the Celtic Monasteries were seen to be less human, less learned, reflecting a different theology and a different attitude toward their culture.

Yet St. Patrick and those that followed him had carried through "a civilizing mission to the Irish",[32] convinced converts had been rescued from worshiping "idols and filthy things".[33] It is this willingness to be in the midst of Irish life, demonstrating fully the Christian life that the Celtic Monastery makes evident. With both St. Patrick and St. Columba there is a particular awareness of the God who is immediately present, fulfilling the great story that the Bible unfolds, that is so distinctive. Still the decisions made at Whitby contained and circumscribed this missionary explosion from beyond the edge

32) Ibid., p. 37.
33) Hanson, p. 37.

of the Empire.

A key issue underlying all the reasons for the decisions at Whitby could well be the particular experience of God that was at the heart of the mission to the Celts. Certainly after Whitby the medieval church took a different direction, focusing on reason, doctrine and the Christian life within, rather than the vital experience of the Redeeming Creator God that St. Patrick gave the Celtic Church. Augustine's intellectual view of the Christian faith won out over the more direct experience of God for the Celts. Belief triumphed over behavior, and belonging was always in danger of being reduced to attending worship in Christendom, rather than the call to a fuller participation in the mission of the Church in society.

This study of the wider context of belief, behavior and belonging in the mission of the Church strongly suggests that something precious was lost when the Celtic monasteries were circumscribed first at the Synod of Whitby and later at subsequent Synods. Decisions which emphasized uniformity and control in the Church were in the end deemed to be more important than the vitality of the experience of God which made the mission to the Celts so effective.

Rev. Professor Dean Drayton, School of Theology, Charles Sturt University, PACT Research Scholar. January, 2012.

4

켈틱 영성과 예배

메리 피어슨/박사, 번역/신성삼 목사

켈틱 영성은 많은 사람들의 관심을 끌기에 충분하다. 켈틱 영성의 영향은 켈틱 주변 국가인 아일랜드, 스코틀랜드, 웨일스, 콘월, 맨 섬, 브르타뉴, 갈리시아뿐만 아니라 그들 나라들과 오랫동안 가족적 연결을 가지고 있는 사람들을 넘어서까지 넓게 퍼져 있다. 많은 이들은 켈틱 영성의 자연 세계와의 깊은 연관성 때문에 이것이 왜곡되어 마치 켈틱 영성이 땅에 기초를 두고 있는 것으로 오해하기도 했다. 이러한 이유로 켈틱 영성이 뉴에이지 사상에 쉽게 연결된다고 볼 수 있다. 하지만 이것은 오랜 기독교 전통에 비추어 볼 때 오해로 보아야 한다. 켈틱 영성과 예배를 좀 더 깊이 연구하기 위해서는 기독교가 세워지기 훨씬 전부터 존재했던 켈틱 영성의 뿌리를 연구하는 것이 중요하다. 기독교가 생겨나기 이전의 영성은 그들의 문화와 관행이 시간의 흐름 속에서 변화되고, 발전되어 여전히 믿음 안에서 세대 간으로 전해져 지금의 형태로 형성되었다.

켈틱 주변 나라들은 주전 8세기 동유럽으로 거슬러 올라가는 초기 문화를 주도한 나라들이다. 그들은 그리스인들에게는 'Galates', 그리고 로마인들에게는 'Gauls'이라고 알려졌는데, 이는 유럽을 건너와 이주해 왔다는 고고학적 증거들이 있다. 그들은 토착민과 섞이면서 물결처럼 이주했다. 그들이 맨 처음 언급된 기록은 주전 500년경으로 볼 수 있지만, 실제로는 줄리어스 시저의 「갈리아 전쟁」과 같은 서적들을 보면 더 오래전이었다고 볼 수 있다. 그들은 문맹은 아니었지만 그들의 주요한 것들은 구두로 전해졌는데, 그것은 말의 힘이 기록된 문서보다도 더 권위가 있다고 여겼기 때문이다.

켈틱 용어는 정형화된 전통이 아닌 특정한 그룹 안에서 사용되었다. 켈트는 그리스어 'keltoi'에서 왔고 이것을 헤로도토스는 그들 자신들을 부르는 말로 언급하게 되었다. 그들은 켈틱 언어를 사용했고 문화와 영적인 것을 서로 연결하기도 했다. 그들에게 있어서도 자연은 모든 원시적 종교들처럼 각각의 형상대로 숭배되었다.

초대 켈트인들은 범신론자들이었다. 그들은 태양과 달, 하늘, 그리고 별, 바위와 나무, 특히 떡갈나무와 겨우살이 등을 숭배했고 많은 신들을 위해 이름을 지었다. 그들은 야외에서, 숲 속의 빈들에서, 호수, 강가, 샘물 곁에서 예배를 드렸다. 이를 뒷받침하는 것들로서, 로마의 침략이 있기 전 몇 개의 목조로 지어진 나무들이 성전에서 사용되었다는 고고학적 증거들이 있다. 유럽 전역에 신전들과 제단들이 숲 속에 세워졌고 신성하게 여겼던 우물들도 있다. 아직까지 알려지지는 않았지만 로마가 그들을 점령하기 전의 많은 것들이 지금도 남아 있다.

중요한 것은 로마 시대보다 훨씬 이전의 종교들이 전반적으로 공통성을 반영하며 아직까지도 그 여운을 남기고 있는 것이 있는데, 그중의 하나가 바로 켈틱 신앙의 요소들이다. 그중 한 가지가 성육신 사상이다. 주후 8세기에 발행된 오비드(Ovid)의 「변형담」(*Metamorphoses*)에는 신들이 땅에 내려와서 인간이 되고 후에 하늘로 돌아갔다고 말하고 있다. 삼위일체에 관한 표현들은 많은 종교에도 두루 퍼져 있다. 이집트인들에게 중요한 세 신이 있었는데 오시리스, 이시스와 호루스가 그것이다. 호루스도 세 부분으로 나누어져 있다. 주전 1000경에 힌두 베다는 한 신 안에 세 형태들, 즉 아나이, 인드라와 수리야가 존재했다. 그 후에 이들은 브라마, 비슈누, 그리고 시바가 되었다. 로마 영국과 갈로(Gallo) 로마 종교에는 힘과 능력과 다산을 대표하는 세 어머니의 여신인 Deae Matres, 또는 Matronae가 있었다. Barry Cunlliffe는 "켈틱 종교에서의 tripilism의 유포……. '세 분의 능력'이 도상학(iconography)에서 종종 표현되었다."[1]라고 주장한다. 켈틱 예술에는 모티프, 트리스켈레, 삼중 나선 등이 반복적으로 나타난다.

골족(Gauls)은 예술적인 수준이 높아 철, 금과 은과 기타 금속들로 무기들을 장식하며 보석들로 아름다운 작품을 만들어 냈다. 자주 나타나는 세부 장식은 8세기에 「켈스서」(*the Book of Kells*)의 디자인에서 가장 정교한 형태로 발전되었는데 이는 엇갈려 짜인 두루마리와 소용돌이무늬에서뿐만 아니라 삼각형의 장식적 디자인을 보면 알 수 있다. 거기에 보면 사람들과 신들에 관해서는 거의 나타나지 않는다는 것에 주목할 만하다. 이것은 아마도 오직 신들만이 생명을 창조할 수 있으며 드루이드 사제에 의해 전통 안에서 구두로 신성한 지식을 전하는 것이 안전하게 보존된다고 믿었기 때문에 눈에 보이는 어떤 형태를 만들지 않았던 것이다.

드루이드 사제들은 켈틱 사회에 굉장히 중요한 역할을 했다. 그들의 유래는 분명하지 않다. 주전 3세기의 고전 작가들은 '드루이드'라는 말

---

1) Barry Cunliffe, *The Ancient Celts*, London, Penguin, 1999, p. 17, quoted in "The Real Christ", Duncan Hester, www.realchrist.info/4-1.html.

의 뜻은 '신성한 출신의 존경할 만한 사람들'이라는 뜻이라고 추측했다. 그들은 높은 지위를 갖고 있었다. 디오게네스는 드루이드 사제가 자명한 세 가지 진실, 즉 신들을 명예롭게 하는 것과 악한 일을 삼가고, 용기 있게 행하는 것 등을 행했다고 말한다. 그리스와 에트루리아 사람들도 이와 유사하게 보았다. 드루이딕 가르침은 입으로 전해 왔고 그들이 의도한 것처럼 그것들은 비밀스럽게 남아 있었다. 그들은 수년 동안 낭송과 노래에 관한 지식을 전하고 배우는 데 시간을 보냈다. 그들은 매일의 삶이 켈틱 사람들을 위해 방향을 정하는 성직자였고, 현자, 재판관, 치유자와 점성가였다. 그들은 내부조직을 가졌고 최고 리더를 선출하고 문제를 논의하기 위해 매년 샤르트르(Chartres) 근처 신성한 숲 속에서 만났다. 드루이드라는 이름의 유래는 확실하지는 않지만 떡갈나무가 가지고 있는 신성함을 뜻하는 '떡갈'이라는 뜻을 가진 그리스어 '드루스'라는 말에서 비롯될 수도 있다. 어쩌면 또 켈틱 단어는 'do'와 'ro'와 두 개의 접두사에 '지혜'라는 말인 'uid'가 복수로 쓰여서 '매우 지혜로운'의 뜻이 더해져 만들어졌을 수도 있다. 그들은 켈틱 문화에 탁월했는데 줄리어스 시저(Julius Caesar)는 그들이 제국에 위협적인 요소로 반역이나 저항으로 선동할까 두려워 매우 우려했다. 아우구스투스와 티베리우스는 드루이드 사제들에 반하는 칙령들을 만들기도 했다. 로마인들은 보통 그들이 점령한 곳에서 가지고 있는 종교적 행사에 관대해 왔다. 결국, 에트루리아 문화에 매료되었던 클라우디우스는 드루이드 사제들이 그들의 의식을 행하는 것을 금지하기에 이르렀다.

때문에 그들은 영국의 섬, 특히 아일랜드와 앵글시로 물러났다. 로마가 점점 더 서쪽으로 침투해 옴으로써 켈틱족들은 후퇴해야 했고, 결국 드루이드 사제들의 자손들은 기독교로 개종하거나 수도사들이 되어 안전한 아일랜드에 남게 됐다. 거기에는 성 패트릭이 그가 개종하기 전 드루이드 사제였음을 언급해 주는 증거가 있다. 거기에 그들의 전통과 새로운 수도원 질서에 큰 부조화가 없었던 것으로 보인다. 5세기경부터 초대 이교도 축제를 기록하고 수집한 것은 초대 수도사들이었다. 삶과 죽음 사이와 신들과 사람들 사이의 막이 걷어졌을 때 드리는 Samain 축제가 있었는데 그것은 All Saints(모든 성인들) 및 벨테인이라 명명되어 축하하는 메이데이 축제였다. 벨테인의 메이폴댄싱, 봉홧불과 횃불들과 같은 이교도들의 관습은 지금까지 남아 있다. 그것은 오래전 수세기 동안 전 유럽의 켈트족에 의해 지켜 왔던 것으로 보인다.

1세기 중반까지 로마의 군대가 영국으로 침입해 들어갔다. 기독교가 처음으로 켈트인들에게 들어갔을 때가 바로 로마의 점령기 때였다. 하지만 켈트 기독교가 본격적으로 드러나기 시작한 때는 4세기 후반 무렵이었다. 켈트 기독교에 있어 첫 번째 중요한 교사가 바로 펠라기우스였는데 그는 수도사였고, 그의 웨일스식 이름은 몰간 또는 모리엔이었다. 그의 이름은 자주 이단과 연관되어 거론되어 왔다. 그 이유는 그가 인간은 신의 은혜에 의해서가 아닌 자신 스스로 구원받을 수 있다는 것을 가르쳤기 때문이다. 그의 교리는 히포의 어거스틴에 의해 이미 공인된 원죄에 대한 교리와 대조되었기 때문이다.

어거스틴은 아이가 부모로부터 불가피하게 유전되는 죄성과 인간의 절망적인 여러 조건을 주장했다. 그의 주장은 그 후 수 세기 동안 교회에 막대한 영향력을 끼쳤다. 반면에 펠라기우스는 하나님이 인간의 몸을 입으시고 예수님이 됨으로써 참 인간의 모습이 무엇인지를 보여 주었고 인간은 하나님의 형상으로 지음받았기 때문에 하나님의 형상이 완전히 없어지는 것이 아니라 지속된다고 믿었다. 인간은 하나님의 피조물 중의 하나로서 하나님의 본질적인 선하심을 완전하게 파괴할 수 없다. 하나님의 창조는 계속적인 것이며 은혜와 자비는 사람들을 하나님의 생명을 반영하는 능력을 만들도록 해 준다. 이 두 사람 간의 사상 차이는 세례에 대해서도 논쟁이 되었다. 어거스틴은 아이가 태어나 세례를 받지 못하고 죽으면 그 아이는 하늘나라에 들어갈 수 없다고 주장하는 반면, 펠라기우스는 아이도 하나님의 형상을 가지고 태어났기 때문에 아이가 세례를 받지 않고 죽었다 하더라도 하나님께 환영을 받는다는 것이다.

켈틱 기독교의 3대 성자들 콜럼바, 패트릭, 브리지다(벨파스 박물관 사진)

펠라기우스는 로마를 방문하여 교회가 부를 누리며 부패한 것을 보고 비판하면서 교회는 예수님의 삶과 사역의 근본정신을 가져야 한다고 강조하였다. 이 때문에 그는 AD 417년에 제국으로부터 제명당하고 추방당하게 된다. 그는 여자도 교육받을 수 있고, 재산을 소유할 수 있으며, 영향력을 행사할 수 있는 지위에 오를 수 있고, 이혼도 할 수 있는 권리를 가질 수 있다고 주장했는데 이는 그가 켈틱 문화를 통해 자라 왔기 때문이었다. 그는 여자를 정죄하는 것보다는 예수님께서도 여자들을 인정해 주셨다는 것을 가르쳤다. 그는 편지에서 성육신 사상과 물체와 영의 깊은 공존 가능성을 언급했다. 그의 책은 수 세기 동안 번역되지 않은 채 남아 있었고 단지 모든 창조물은 하나님 안에 있으며, 하나님의 것이며, 하나님은 모든 창조물을 초월하신다는 정도만 번역되었다. 이 같은 그의 가르침이 4세기의 켈틱 기독교의 반영이다.

이즈음에 로마가 영국에서 물러나면서 2세기 동안 켈틱 교회가 발전하기 시작했다. 그때는 중앙 부서가 없었고 다양한 실천을 강조한 수도원적 구조였다. 거기에는 느슨한 연합공동체가 있었고 각 공동체는 각 본부에 대답하는 형식이었다. 성직자는 여자와 결혼했고 여성들은 교회의 지도자에 포함되기도 했다. St. Bride of Kildare는 수도원 그룹의 수장이었다. 많은 수도원의 남자와 여자들이 수도원적인 삶을 같이 행했다. 이때에 기독교가 퍼졌다. 성 패트릭, 성 콜럼바와 니니언은 아일랜드에서 스코틀랜드와 잉글랜드로 켈틱 기독교를 가져온 중요한 인물이었다. 아이오나와 린디스판, 위트온과 리즈모어 같은 곳은 수도사들이 기독교를 전파하면서 바다와 육지로 여행하는 데 매우 중요한 수도사적 정착지가 되었다.

597년에 캔터베리의 어거스틴이 로마 선교를 영국으로 하기 시작했고 두 전통 사이의 충돌은 피할 수 없게 되었다. 기초적인 신학적 사상을 떠나 그동안 발전되어 온 실천에 있어서 다른 점들이 있었다. 그중 한 가지는 삭발이었다. 특별히 기독교 이전의 영향을 가진 드루이드 사제의 관행을 보여 주는 것을 로마교회는 거북하게 여겼다. 그중 하나가 드루이드 사제가 했던 켈틱 삭발이었다. 또 다른 것은 켈틱 세례 행사에 종교적 상징 같은 기독교 이전의 역사적인 요소들이 있었다. 거룩한 장소와 작은 떡갈나무 숲이 수도원으로 바뀌어 갔다. 켈틱 교회에서는 이러한 것에 갈등이 없었다. 진정으로 콜럼바는 그리스도를 그의 드루이드로 칭했다. 그는 그리스도를 기독교 이전의 전통의 지혜를 포함해서 모든 진실된 분으로 가르쳤다.

이러한 갈등은 결국 664년 휘트비의 시노드에 있는 지도층에까지 이르렀다. 부활절의 정확한 날짜에 관한 논쟁이 있었지만 정작 중요한 것은 최종 결정권에 관한 권한의 논쟁이었다. 켈틱 교회는 '주님께 사랑받은 제자' 성 요한에 근거한 논쟁을 했다. 반면 로마교회는 "너는 베드로라. 이 반석 위에 내가 교회를 세우리라." 하신 예수님이 선택하신 성 베드로의 권한에 호소했다. 켈틱 교회에 반대하고 로마교회에 찬성했던 시노드의 결정은 수 세기 동안 영국 기독교의 형태를 바꾸어 놓았다. 켈틱 수도원들은 베네딕트식으로 교체되었다. 거룩한 장소는 땅, 바다와 하늘보다는 교회들과 관련되었다. 그렇지만 몇백 년 동안 이러한 변화에 저항했던 것들이 남아 있었다. 아이오나에서 켈틱 수도원공동체는 13세기에 베네딕틴 성당이 지어졌을 때까지 흩어지지 않았다. 휘트비의 시노드 후 그 중간 세기는 채식된 사본 저술, 「켈스서」 및 그들의 성경적이며 창조 이야기를 담은 높은 수준으로 조각된 수많은 십자가들을 볼 수 있다.

이즈음에 한목소리가 눈에 뜨였는데 그가 바로 9세기에 에리우게나(John Scotus Eriugena)였다. 그의 가르침은 하나님은 모든 생명의 힘이기 때문에 "모든 보이는 것과 보이지 않는 것들 안에 신이 존재한다고 했다".[2] 모든 생명이 생명의 본질이신 하나님을 드러낸다는 것이다. 하나님께서는 자신을 계시하실 때 두 가지의 형태로 나타내시는데, 곧 성경과 창조물을 통해서다. 그것들을 통해서 자신을 거룩한 빛으로 계시하신다는 것이다. 그의 전후에 많은 켈틱 교사들처럼, 에리우게나도 범신론자로 비판을 받았다. 로마와 켈틱, 두 이론 사이의 긴장은 이 부분

---

2) John Scotus Eriugena, in J. Philip Newell, *The Book of Creation, An Introduction to Celtic Spirituality*, Canterbury Press, 1999, pxxi.

에서 가장 격렬했다. 로마교회에서는 그리스철학의 배경과 어거스틴의 죄에 대한 관념이 강한 이원적 삶으로 이해되었다. 타락한 육체는 죄 아래 있기 때문에 항상 구원되어야만 한다는 것이다.

켈틱 전통에는 이원론적 신학이 거의 발견되지 않았다. 성육신의 신비는 어려움 없이 받아들여졌다. 성스러운 것들은 창조물 중에 자연스럽게 발견되었다. 이것은 창조물 스스로가 성스럽다는 뜻이 아니고, 하나님의 현존이 그곳에 있기에 성스럽다는 뜻이다. 이것은 구전과 문화에 의해 생생하게 대대로 내려온 기도에서 충분한 증거를 해 주고 있다.

거기에는 고대의 사상이 그 속에 담겨 있다. 그들은 태양이 떠오르면 불을 붙이고, 소의 젖을 짜는 등의 삶과 노래 불린 모든 것들이 삶의 일과이다. 이것은 그들이 다신교나 이교도들이라고 오해를 받아 좌절되고 그것들이 금지되었다 할지라도 생생하게 유지되어 그들의 기도 가운데 자연스럽게 파고들어 가 있었다.

켈틱 문화는 땅 주인들이 양 목장에서 이익을 보고 있을 때 사람들이 그 땅을 떠나면서 스코틀랜드에서 이리저리 흩어지게 되었다. 아일랜드의 기근과 가난으로 인해 사람들은 광범위한 이주를 하게 되었다. 구전은 사라질 위험에 처했다. 19세기에 이러한 풍요로움이 종말을 초래하고 있다는 것을 스코틀랜드의 알렉산더 카마이클과 아일랜드의 더글라스 하이드로 인해 인식되었다.

카마이클은 스코틀랜드 전역을 다니는 공무원이었다. 그는 만나는 모든 남자와 여자들의 신뢰를 얻은 게일어 변사였다. 그는 그에게 허락된 시와 기도문만 번역했다. 어떤 것들은 너무 개인적이거나 신성하다고 간주되었다. 그중 몇 가지는 대대로 전해 내려온 어떤 작가의 작품으로 간주된다. 카마이클의 카미나 가델리카의 처음 두 권 중의 첫 번째는 1899년에 출판되었다. 그의 수집된 원본에서 카마이클은 "이것은 오랫동안 전해 내려온 것과는 거리가 먼 작품이라고 썼다. 누가 생각하는 사람이고 그것의 줄기는 어디서 왔다고 누가 말할 수 있겠는가? 어떤 찬송가는 데리의 수도원 방이나 아이오나에서 작곡되었을 수도 있고 어떤 것은 콜라니스에 세워져 있는 돌이나 스톤헨지의 고인돌에서 읊어지던 것일 수 있다. 이러한 시들은 지식인들에 의해 작시되었지만 전해 내려온 것은 배운 사람에게서가 아니라 학식 없는 사람으로부터 전해져 왔다."[3]

성스러운 것은 문자로 적어지지 않는다는 전통 때문에 한 늙은 섬주민이 아름다운 자장가의 운문에 맞추어 전해진 것을 카마이클에게 주었다고 밝힌다.

다음 날 이른 아침, 그 남자는 자신의 작은 기도가 활자로 나타나지 말아야 한다는 약속을 카마이클로부터 받기 위해 26마일을 여행했다. "당신이 생각해 보라. 내가 내어 준 것을 생각하느라 한숨도 자지 못했다면 당신에게 즐거움을 준 것으로는 자랑스러울 수 있으나 그 책에 쓰여서 그것을 읽는 악의 눈길을 좋아하지는 않는다는 것을."[4] 카마이클은 원고를 바로 그 자리에서 태웠다.

지난 오랜 세대로부터 전해 내려온 시들과 기도문들이 이상해 보일 수도 있다. 그들이 가지고 내려온 신비한 표현들은 포스트모던 시대는 말할 것도 없고 현대에도 잘 맞지 않기 때문이다. 그것은 구두로 전해져야 했기에 어쩔 수 없이 번역과 읽히는 중에 많이 분실되었다. 아담 비틀슨은 카마이클의 작품 컬렉션에서 쓴 서문에서 고대 켈트족은 모호하고 막연하게 보일 수 있지만 결코 그렇지 않다고 설명했다. 그들이 크리스천이 되고 책을 쓰기 시작하면서, 그들은 복잡하고 정밀한 예술작품

---

3) Carmichael, Alexander, in *The Sun Dances, Prayers and Blessings from the Gaelic*, collected and translated by Alexander Carmichael, chosen and with an introduction by Adam Bittleson, Floris Books, 1977, pxiii.

4) Ibid.

을 만들어 냈다. 그들의 이야기식 시들은 명쾌함과 유머를 보여 준다.

이러한 차이가 명확하게 보이는 한 부분은 지금은 거의 잊혀진 마이클, 가브리엘, 라파엘, 우리엘 및 기타 존재들의 기원문 안에서 볼 수 있다. 그들은 구약과 신약, 외경에서 보이듯이 거룩한 메신저로 보인다. 비틀슨은 악에 대항해서 전쟁을 치르는 천사들의 천사장 미가엘의 축제를 19세기 중반까지 섬에서 가장 큰 행사의 하나로 묘사했다.

우리는 오늘날 영적인 존재의 사고에 대해, 기독교 이전의 이야기가 미신과 잠재적인 악으로 가득 차 있어 영적인 영역의 권능을 표현하는 신앙의 형태가 있는 문화를 거쳐 잃어 버렸다고 의심하기도 한다. 하지만 켈틱 사람들에게는 그러한 오해가 없었다. 그들은 그들 자신이 수많은 영적인 존재, 우주의 계층 구조의 부분, 우리의 연장 형제자매에 둘러싸여 있다고 믿고 있었다. 이러한 존재들은 깨어 있는 시간에 깊이 숨겨져서 곤히 잠자는 시간에 가까이 있는 것은 아니었다. 무엇보다도 모든 사람들은 각자의 수호천사가 있었다. 이것이 지금은 이상해 보일지 몰라도, 21세기 의식과 무의식의 통합적 필요에 대한 심리학적 이해는 이 사람들의 이러한 준비에 감사해야 할지도 모른다. 예를 들면 그들은 자신을 자기 전에 무의식적인 마음에 넘겨주는 기도를 했다. 실용적인 유익이 그들의 기도습관에 있었다.

천사장들을 제외할 때는 과거의 위대한 사람들은 사도들과 콜럼바와 신부를 의뢰했다. 콜럼바의 보호는 매우 중요하게 여겨져 그의 축제는 일 년에 한 번이 아닌 매주 목요일로 인정되었다. 이날은 좋은 일을 위한 길조의 날로 여겨졌다. 각 날들이 다른 특성이 있는 것으로 간주되었고 그것들에 맞게 진행되었다. 철을 사용하는 일은 금요일에 할 수 없었는데 왜냐하면 못이 십자가형에 쓰인 것과 연관되어 있기 때문이다.

보이지 않는 세계의 것들은 영적인 세계만이 아닌 보이는 세계에도 관계되어 드러났다. 가축들은 단지 기능적인 것만이 아닌 그들 자신의 권리를 가지고, 축복을 필요로 하는 것으로서 존재한다. 사람들이 보이지 않는 세계와 그것의 돕는 능력에 민감하다면 모든 것은 조화를 이루는 질서의 한 부분이 되어야 한다. 이 질서는 그리스도의 계시이며, 그가 계시기 전에는 혼돈이 있었고 그가 없이는 다시 어둠 속으로 떨어지는 위험이 있다는 것이다.

카마이클의 시에는 요한복음의 첫 부분을 암시하는 말씀으로 표현되어 있다.

> 하나님의 아들이 오시기 전에는
> 세상은 어둠의 늪지대였네.
> 별도 없고, 해도 없고, 달도 없는
> 육체도 없고, 마음도 없고, 형체도 없었네.
>
> 밝게 비춰진 평지들, 밝게 비춰진 언덕들
> 밝게 비춰진 모든 푸른 바다
> 모든 세계가 함께 밝게 비춰졌네.
> 하나님의 아들이 세상에 오셨을 때.[5)]

그리스도는 모든 것이 드러날 수 있는 거기에 계셨고 그분 안에 빛과 질서가 있었다. 그것은 오늘날 많은 사람들이 공명하고 있는 성육신적인 표현의 일종이다.

아이오나 공동체의 창시자

아이오나 공동체의 설립자 조지 맥클라우드에게 이 신학은 그분이 무

---

5) Adam Bittleson, pxix.

아이오나 공동체의 설립자 조지 맥클라우드 사진 앞에서 아이오나 공동체 총무이신 조앤나 목사님과 함께

엇을 말씀하셨고 무엇을 행했든지 그 전부의 행위의 근거가 되었다. 맥클라우드는 "모든 창조물 안에 당신께서 거기에 현존하십니다."[6]라고 그가 기록한 기도문 중의 하나에서 모든 피조물의 신성함에 대한 켈틱 이해를 나타냈다. 이것은 단지 생태학의 인식에 대한 것만이 아니라 정의와 평화, 영적 및 실제적인 방법 안에서 치유와 온전함에 대한 헌신에 관한 것이다. 아이오나 공동체는 1930년대의 침체기 속에서 자라났으나 이것은 아이오나에서 시작된 것이 아니라 매우 힘겨워 하는 실업자들의 가족들이 살고 있는 글라스고의 도심지의 거리와 주택가에서 시작되었다.

---

6) G. Macleod, "*The Whole Earth Shall Cry Glory,*" Wild Goose Publications, 1985, p. 13.

맥클라우드는 오래된 고반 교회에 있는 채색 유리 창문에 의해 얼마나 영향을 받았는지에 대해 종종 말했다. 그것은 돌로 인해 파손되었다. "높은 곳에서는 하나님께 영광이요"라고 한때 읽혔던 것이 오늘날에는 "가장 높은 곳에서는 하나님께 영광이요"라고 읽힌다. 그것은 그로서는 하나님의 영광이 드러나고 선포되는 곳이 실로 이러한 거리라는 상징이었다.

그는 그곳에서 사역할 때, 실직 중인 장인들과 훈련 중인 젊은 목회자들을 모았는데, 그들은 아이오나에 있는 수도원 건물을 재건하는 그의 비전을 이루어 가기 시작했다. 그는 예배와 일을 그들의 매일의 삶이 되게 했다.

성과 속은 분리할 수 없는 것으로 보였다. 아침과 저녁 예배는 그날의 틀을 만들었다. 아침 예배는 축도로 끝내지 않았는데 그것은 그날 하루의 모든 것이 하나님께 드리는 것과 관련되기 때문이었다. 그 재건은 1960년대 말에 완성되었다. 처음에 형성된 그 관례는 계속되었고 개발되었다. 1930년대부터 계속된 이 공동체는 계속 자라 왔고 켈틱 크리스천 전통에 깊이 뿌리내린 영적, 물질적인 모든 삶의 연결성에 의해 이끌린 정회원들과 준회원 및 세계 도처에 동역자들이 있었다.

아이오나 공동체의 예배서에서 "우리는 우리의 영혼 속에서나, 순간 속에서나 기도하거나 찬양하는 모든 것 안에서 경제적으로나, 문화의 장에서나 우리 주변 세계의 사회적 활동에서나, 정치적으로나, 우리의 이웃들 안에서나 온전히 우리에게 임재하시는 하나님께 온전히 드려지기를 원한다."[7]라고 서술되어 있다. 우리에게 있어서 교회 안에서나 밖에서 우리가 하는 모든 것은 다 예배와 연관이 된다. 우리는 모든 피조

---

7) *The Iona Abbey Worship Book*, Wild Goose Publications, Glasgow, UK., p. 11.

물 안에 있는 하나님의 영광이며, 모든 것들의 머리가 되신 예수님의 임재를 깊이 느끼는 것을 통해 켈틱 전통의 상속자들인 것이다.

아이오나 공동체의 사원 예배는 매일 아침과 저녁에 있으며 주간에는 정의와 평화를 위해 기도하고 모든 교회의 사역으로 보이는 치유를 위한 기도모임이 있다.

아이오나 공동체들의 신학은 특별히 존 벨의 찬송가와 윌드구스의 사역에서 분명하게 나타난다. 삶의 모든 관점에서 하나님의 함께하심과 매일의 사건 하나하나는 예배로 이어진다. 많은 사랑을 받는 노래인 '감동이 느껴지는 곳'의 첫 줄은 "우리가 움직이는 세계는 그리스도의 것이다."라고 선포하고 있다.

다른 절에서는 '우리가 가장 피하는 사람들, 낯선 이들, 혹은 애도하는 사람들, 한번도 직업을 갖지 못한 사람들, 혹은 자녀를 잃어버린 부모들과 남자에게 더럽혀진 여성'들을 느껴 보라고 우리를 부른다. 여기에서 다시 우리는 하나님의 형상은 결코 소멸되지 않으신다는 믿음을 볼 수 있다. 그 합창은 다음과 같이 진술한다.

> 잃어버린 자들을 그리스도께서 찾아오셨고
> 사랑받지 못한 자들을 품으셨으며
> 고통과 수치 속에 울고 있는 자들을
> 그리스도는 친구들과 함께 감동이 있는 곳으로 만드시네.[8]

피조물 안에서의 하나님에 대한 인식은 오랜 세기를 통해서 짜여져 왔다. 메리 얼은 "펠라기우스와 다른 켈틱 교사들은 피조물이 존재함은 하나님께서 그것을 창조하시고, 사랑하시고, 보존하시기 때문이라고

8) In John L. Bell and Grahame Maule, *Love from Below*, Volume 3, Wild Goose Songs, Wild Goose Publications, Glasgow, 1989.

말한다. 그렇지 않다면 피조물은 존재함이 멈추게 될 것이다. 모든 곳은 거룩하신 분 안에 있다. 모든 공간과 시간은 하나님의 사랑을 대면하기 위함이다."[9]라고 했다. 약 15세기경에 나이든 친구에게 쓴 편지에서 펠라기우스는 "우리는 모든 사랑이 하나님으로부터 온다고 믿어야 한다. 따라서 우리의 사랑이 동물과 각종 나무에게까지 향할 때 우리는 하나님의 충만한 사랑에 동참하는 것."[10]이라고 했다.

카미나 가델리카의 세대를 걸쳐 전해 내려와 기록된 기도문 중의 하나인 "거두는 축복"이라는 기도문에

하나님, 찬양받으실 당신, 당신은 나의 수확
각 산등성이, 평지와 들판
각 구부러진 낫, 모양 좋은 낫, 단단한 낫
각 이삭과 다발 안의 한 줌
각 이삭과 다발 안의 한 줌
각 염소, 양과 어린양
각 소와 말, 그리고 아기 돼지를 에워싸시니
당신을 둘러 있는 양 떼와 가축의 무리들
다정하게 품으시며 돌보시네
다정하게 품으시며 돌보시네.[11]

20세기의 아이오나 공동체의 설립자인 조지 맥클라우드는 같은 피조물의 감각이 표현된 "물질을 통해 스며 나오는 영원"이라는 기도문을 기록했다.

---

9) Mary C. Earle, *Celtic Christian Spirituality*, Skylight Paths Publishing, Woodstock, Vermont, 2011, p. 44.

10) Ibid., p. 45.

11) Adam Bittleson, p. 37.

아이오나 섬의 목장

우리는 우리의 집, 당신의 집으로 가서
다시 한 번 감사드리네
땅과 바다와 하늘의 색의 조화로움으로 인해
자연을 통해 스며 나오는 영원의 공기
시간 속에 적셔진 영원한 영광
우리는 당신을 찬양하네
눈부시게 빛나는 자연
자라나는 동물들, 익어 가는 곡물들, 노래하는 새들
그리고 모든 화려한 초록 식물들
우리는 당신을 찬송하네
순식간에 달아나 버리는 바다, 저항하는 파도
당신의 영이 수면 위에 운행하시니
정결한 영혼이 존재할 것이네
물의 흐름과 싸우는 것 역시 당신의 것이니
우리는 당신을 찬양하네
오 주님, 당신의 사역들은 얼마나 경이로운지

당신은 주권적으로 그것들을 창조하셨네.[12)]

모든 것들이 하나님의 사랑 안에 있다는 의식은 존재하심으로서 찬양받기에 합당하신 하나님과의 관계를 안다는 것이다. 많은 켈틱 기도문은 "나를 축복하소서."라는 신조를 담고 있다. 찬양하는 것은 삶의 모든 상황에서 하나님을 부르는 것이다. 찬양드리는 것은 역시 오랫동안 계속된 켈틱 전통의 부분인 천사의 임재를 요청하는 것이다.

카미나 가델리카에 있는 "씨앗의 봉헌" 기도에는 그 구절을 포함하고 있다.

나는 거침없는 걸음으로 올 것이며
나는 해와 같이 바른길을 갈 것이네
아홉 천사들과 아리엘의 이름으로
다정한 사도들과 가브리엘의 이름으로
아버지, 아들, 그리고 성령
자비로우신 실체와 성장을 주실
나의 영역인 모든 것에
기쁨의 날이 올 때까지.[13)]

오늘날 표현된 켈틱 크리스천 영성과 예배는 문명의 여러 다른 단계를 거쳐 그리고 수 세기를 거슬러 올라가 그 의미를 우리에게 전해 주고 있다.

오늘날 많은 사랑을 받고 있는 켈틱 형식의 기도문들은 종종 삼위일

---

12) George MacLeod, "The Eternal Seeping Through The Physical," in *The Whole Earth Shall Cry Glory*, Iona Prayers by George MacLeod, Wild Goose Publications, Glasgow, 1985, p. 11.

13) In Adam Bittleson, p. 35.

체적으로 형성된다. 우리가 보아 온 것처럼 이 삼위일체의 표현은 매우 오래된 것이다. 이것의 크리스천 표현은 특정한 것이며, 성령의 인식과 피조물 안에서 성육신하신 그리스도를 경외하는 켈틱 영성 안에서 쉽게 자리하고 있다. 우리의 깨어지기 쉬운 피조물과 그것이 인간 문명에 끼치는 충격에 대한 인식을 하는 현시대에서 켈틱 영성과 예배의 통전적인 본질은 사람들이 땅과 바다와 요소들과 밀접하게 연관되었던 그 어느 때보다 더 중요하다고 보아야 할 것이다.

문화적인 틀이 매우 달랐던 때로부터 세대들을 통해 오랫동안 전해 내려온 기도문들이지만 그것의 표현은 여전히 깊은 의미를 전해 주고 있다. 이것은 낭만적인 전통은 아니지만 인간의 삶에 뿌리를 두고 있어서 우리의 현재 상황에 재해석될 수 있다. 켈틱 교회 시대에 한때는 크리스천 삶의 중심부에 있었던 아이오나와 같은 장소들은 도처에서 사용되는 예배의 음악과 말씀, 또한 보내심을 받은 자와 순례자들, 크리스천 증인들의 근원의 장소가 되어 왔다. 기독교인의 삶에서의 켈틱 영성과 예배의 자리는 문화 전반에 걸쳐 서로 다른 교회 배경을 가진 사람들의 매일의 삶에서 지속적으로 중요하게 남을 것이다.

참고서적

John Bell and Graham Maule with The Wild Goose Worship Group. "*Love From Below*", *Volume 3 Wild Goose Songs*. Wild Goose Publications. The Iona Community. Glasgow, 1989.

Alexander Carmichael. *The Sun Dances. Prayers and Blessings from the Gaelic*. chosen and with an Introduction by Adam Bittleson. Floris Books. Edinbutgh, 1960.

Mary C. Earle. *Celtic Christian Spirituality. Essential Writings–*

Annotated and Explained. Skylight Paths Publishing. Woodstock. Vermont, 2011.

Duncan Hester. *The Real Christ. Why The Trinity Was Accepted, www.realchrist.info/4-1.html.*

Julianna Lees. *Celtic Religion*. lecture delivered at Montagrier. France, 2008.

George F. MacLeod. *The Whole Earth Shall Cry Glory*. Wild Goose Publications. The Iona Community. Glasgow, 1985.

J. Philip Newell. *The Book of Creation. An Introduction to Celtic Spirituality*. Canterbury Press. Norwich, 1999.

The Iona Community. *Iona Abbey Worship Book*. wild Goose Publications. The Iona Community. Glasgow, 2001.

4

Celtic Spirituality and Worship

Rev. Mary Pearson
(The Minister of The Uniting Church in Australia,
a mental health chaplain at Concord Centre for Mental
Health and associate member of Iona Community)

Celtic spirituality has an appeal to many people. Its attraction has reached far beyond the Celtic fringe countries of Ireland, Scotland, Wales, Cornwall, the Isle of Man, Brittany and Galicia, or even beyond those people who have some old familial link with those countries. People find within Celtic spirituality a connection with the natural world that has, perversely, also led to a tendency to separate this spirituality from its very earthed foundations. It is a tendency which can lead to a more romanticized connection to New Age ideas. This belies a long Christian tradition. However, in order to look seriously at Celtic Christian spirituality and worship, it is also important to recognize that the roots of the Celtic tradition go back far beyond the Christian era. The per-Christian story formed a spirituality whose influence can still be detected as their culture and practices were passed from generation to generation through changing times and developing faith.

The countries that are now described as the Celtic fringe are the remnant of an early culture whose origins go back to the eighth century BCE in Eastern Europe. Archaeological evidence shows that they migrated across Europe where they were known as "Galates" by the Greeks and "Gauls" by the Romans. They migrated in waves, mingling with the indigenous peoples. The first written mention of them dates from about 500 BCE but there are more later references, for instance by Julius Caesar in his "Gallic Wars". Theirs was an oral tradition, though they were certainly not illiterate. The power of the word was respected more than the written document.

The term "Celtic" does not indicate a uniform tradition but signals languages in a particular grouping. The term comes from the Greek "Keltoi" and is mentioned by Herodotus as being the term the peoples called themselves. They spoke Celtic languages and had cultural and spiritual links. As in all primitive religions, nature was worshipped in all its forms. The earliest Celts were pantheists. They worshipped the sun and moon, the sky and stars, rocks and trees, especially the oak and mistletoe and had names for many gods. They worshipped in the open air, in clearings in woods, by lakes, rivers and springs. There is some archaeological evidence of wooden a few wooden temples before the Roman invasion. Shrines and altars were built in the forests that covered much of Europe and there were holy wells.

Before the Roman occupation, there is much that remains unknown. However, there are elements of Celtic belief that reflect a commonality across religions well before Roman times and which have a resonance that is carried on into the present. One of these is the idea of incarnation. Ovid, in his Metamorphoses, published about 8CE, told of gods descending to earth and becoming mortal, and then going back to heaven. Trinitarian expressions were widespread in many religions. The Egyptians had three main gods : Osiris, Isis and Horus. Horus was again divided into three parts. Around 1,000 BCE the Hindu Vedas held that one god existed in three forms : Agni, Indra and Surya. Later these became Brahma, Vishnu and Siva. In Romano-British and Gallo-Romano religion there was the Deae Matres, or Matronae, three mother goddesses, representing strength, power and fertility. Barry Cunliffe observes "the prevalence of tripilism in Celtic religion…… 'he power of three' was frequently expressed in iconography".[1] There is a recurring motif, the triskele, a triple spiral, in

1) Barry Cunliffe, *The Ancient Celts*, London, Penguin, 1999, p. 17. quoted in "The Real Christ", Duncan Hester, www.realchrist.info/4-1.html.

Celtic art.

The Gauls were highly talented artistically, creating beautiful work in iron, gold, silver and other metals which decorated weapons and is shown in jewellery. A recurring detail is a triangular ornamental design, as well as interlaced scrolls and swirls which found its finest form later in the designs in the Book of Kells in the eight century CE. It is noteworthy that there are very few representations of people or gods. This may be because of a belief that only gods may create life, or that, just as they passed on sacred knowledge orally in traditions safe-guarded by the Druids, they would not make tangible representations of them.

The Druids held a very important role in Celtic society. Their origins are uncertain. Classical writers in the third century BCE speculated on this. The word "Druid" means "venerable men of divine origin". They held high status. Diogenes quotes his sources as saying that the Druids held three truths to be self-evident : the need to honour the gods, to do no evil and to be brave. There are similarities with Greek and Etruscan philosophies. Since Druidic teaching was passed on orally, they remained secret, as was the intention. They would spend years learning and passing on their knowledge in recitations and singing. They were the priests, the wise men, the judges, healers and astrologers, whose direction shaped daily living for the Celtic peoples. They had an internal

essential goodness. God's creation is ongoing and grace and mercy are always offered to make people more capable of reflecting God's life. The difference between the two men's teaching was shown in arguments over baptism : Augustine maintained that a baby that died unbaptized would not enter heaven. Pelagius said that even such a baby bore the image of God and would be welcomed by God.

Pelagius visited Rome and criticized the opulence he saw there in the church, insisting on the radical nature of Jesus' life and ministry. He was excommunicated and exiled from the Empire in 418. He had been shaped by the Celtic culture that he had come from, where women were educated, could own property, hold positions of influence and had a right to divorce. Far from seeing women as bearers of sin, he taught that Jesus had included women. In his Letters he expressed an incarnational theology and a deep sense of the compatibility of matter and spirit. His writings were not translated for centuries, and only then did his teachings that the whole creation is in and of God, and that God infinitely transcends that creation, gain understanding. What he taught was a reflection of Celtic Christianity in the fourth century.

About this time, the Romans withdrew from Britain and there followed two centuries during which the Celtic churches developed. It was monastic in structure, with no central organization and variation in practice. There was a loose federation of communities, each community answering to its mother house. Clergy could marry and women were included in leadership in the church. St. Bride of Kildare headed a group of monasteries. In many monasteries men and women practised their monastic life side by side. This was a time when Christianity spread. St. Patrick, St. Columba and St. Ninian were important figures who brought Celtic Christianity from Ireland to Scotland and England. Iona, Lindisfarne, Whithorn, and other places such as Lismore were very significant monastic settlements from which monks travelled by sea and by land, spreading their Christian faith.

In 597 Augustine of Canterbury launched a Roman mission to Britain and conflict between the two traditions became inevitable. Apart from underlying theologies, there were several difference of practice that had developed. One of these was the tonsure. There was unease in the Roman church about much that was seen to display pre-Christian influence especially druidic practices. One such thing was the Celtic tonsure which was the same as the druids. Other things showed elements of pre-Christian history, such as a Celtic practice of baptizing religious symbols. Holy sites and oak groves had been transformed into monasteries. For the Celtic church there was no conflict in these things. Indeed Columba referred to Christ as his druid. Christ was taught as being the fulfilment of everything true, including wisdom of the pre-

Christian tradition.

The conflict eventually came to a head at the Synod of Whitby in 664. Although there was argument about the date of Easter, it was the dispute about over-riding authority that was of greatest significance. The Celtic church argued from the basis of St. John, who was "loved by the Lord". The Roman church appealed to the authority of St. Peter, chosen by Jesus who had said "You are Peter, and on this rock I will build my church". The decision of the Synod, against the Celtic Church and for the Roman, would, over the centuries, change the shape of much of British Christianity. Celtic monasteries were replaced by Benedictine ones. "Holy" places became associated with churches rather than the earth, sea and sky. However for hundreds of years there were remained resistance to these changes. On Iona, the Celtic monastic community was not finally dispersed until the thirteenth century when the Benedictine Abbey was built. The intervening centuries after Synod of Whitby saw the writing of the illuminated manuscript, the Book of Kells, and many high-standing carved crosses, with their scriptural and creation imagery.

One voice stands out at this time, in the ninth century, that of John Scotus Eriugena. He taught that God is the "Life Force" within everything, so that "every visible and invisible creature can be called a theophany".[2] All life manifests something of God who is the essence of life. God has two modes of self-revelation : the Bible and creation. Through them the divine light is revealed.

Like many Celtic teachers before and after him, Eriugena was accused of pantheism. The tension between the two strands of theology, Roman and Celtic, is most acute in this area. For the Roman church, a background of Greek philosophy and Augustine's ideas of sinfulness led to a strongly dualistic understand of life. Physicality was necessarily sinful and always needed to be redeemed. In the Celtic tradition there is little that displays dualistic theology. The mystery of incarnation was accepted with no difficulty. It was natural for the divine presence to be found in the whole of creation. It did not mean that creation was, in itself divine, but that it held the presence of God.

This becomes abundantly clear in the prayers that were handed down from generation to generation that kept alive the oral tradition and culture. There is an ancient thread within them. They encompass every aspect of life and were spoken, chanted or sung through the activities of daily life, from the rising of sun and the kindling of the fire, the milking of the cow and all the activities of daily living. It was the embedded nature of these prayers that kept them alive even though they were discouraged or even banned as being pantheistic or

2) John Scotus Eriugena, in J. Philip Newell, *The Book of Creation, An Introduction to Celtic Spirituality*, Canterbury Press, 1999, pxxi.

pagan. Celtic culture became fragmented in Scotland as the people were cleared off the land when landlords saw profits in sheep farming. In Ireland famine and poverty led to widespread emigration. The oral tradition was in danger of being lost. In the nineteenth century, the danger this richness coming to an end was recognized by Alexander Carmichael in Scotland and by Douglas Hyde in Ireland. Carmichael was a civil servant whose job took him all over Scotland. He was a Gaelic speaker who earned the trust of the men and women he met. He transcribed only the poems and prayers of those who gave him permission to do so. Some were regarded as too private or sacred. Few of them are attributed to any author, having been passed down the generations. The first of Carmichael's two volumes of the Carmina Gadelica was published in 1899. On the origins of his collection Carmichael wrote "It is the product of far-away thinking come down the long stream of time. Who the thinkers and whence the stream, who can tell? Some of the hymns may have been composed within the cloistered cells of Derry and Iona, and some of the incantations among the cromlechs of Stonehenge and the standing stones of Callarnis. These poems were composed by the learned, but they have not come down through the learned but through the unlearned".[3)]

3) Carmichael, Alexander, in *The Sun Dances, Prayers and Blessings from the Gaelic*, collected and translated by Alexander Carmichael, chosen and with an introduction by Adam Bittleson, Floris Books, 1977, pxiii.

Something of the inherited feeling that what is sacred should not be written comes through in an account that Carmichael gave of being allowed by an aged islander to take down a beautiful "going to sleep" rune. Early the next morning the man travelled twenty six miles to get a promise from Carmichael that his little prayer would not be allowed to appear in print. "Think ye", said the man, "if I slept a wink last night for thinking of what I had given away. Proud I should be if it give pleasure to yourself, but I should not like cold eyes to read it in a book".[4] Carmichael burned the manuscript then and there.

The poems and prayers, coming as they do from generations long past, can seem strange. They carry expressions of a mystery that does not sit easily in modern or indeed post-modern times. Inevitably much is lost in translation and in the reading of words that were intended to be spoken. Adam Bittleson, in the introduction he wrote to his collection of Carmichael's work, explains that, although the ancient Celts seem vague and misty, they were anything but. When they became Christians and took up the writing of books, they produced complex and precise works of art. Their narrative poetry shows clarity and humour. It is our experiences that are different and create the difficulties.

4) Ibid.

One area where this difference is clearly seen is in the invocation of beings which are now largely forgotten, such as Michael, Gabriel, Raphael, Uriel and others. They are seen as messengers of the divine, as they appear in the Old and New Testaments and the Apocrypha. Bittleson describes how the festival of Michael, the leader of the angels in the battle against evil, was one of the great events of the year in the Islands until the mid-nineteenth century. We have lost today, or become suspicious of, ideas of spiritual beings, particularly in cultures where their pre-Christian story was one of faiths that expressed the power of the spiritual realm as being full of superstition and potential evil. For these Celtic people however, there was no such understanding. They knew themselves to be surrounded by multitudes of spiritual beings, part of the hierarchies of the universe, our elder brothers or sisters. These beings were not so deeply hidden in waking hours and closer still in sleep. Most particularly, everyone had their own guardian angel. While this may seem very strange to us now, our twenty first century psychological understandings of the need to integrate the conscious and the unconscious might appreciate the preparedness of these people as, for instance, they prepared themselves in prayer to hand over their unconscious mind before sleeping. There was a practical benefit to their prayerful habit.

Apart from these archangels, great people of the past were

also invoked : the apostles, Columba and Bride. Columba's protection was felt to be so important that his festival was recognized not just once a year but every Thursday. This day was regarded as propitious for good work. Each day was deemed to have a different character, and work was done accordingly. No work using iron should be done on a Friday because of its link to the nails of the crucifixion.

The beings of the invisible world were not only seen as being concerned with the spiritual world but also the physical world of work. Livestock was not just functional but were regarded as having their own rights and needing blessing. Everything should be part of a harmonious order if people were alert to the invisible world and its helping power. This order is the revelation of Christ, before whom there was chaos and without whom there is the danger of falling into darkness again. In a poem that Carmichael gathered, this is expressed in words that are reminiscent of the prologue to John's gospel :

A time ere came the Son of God
The earth was a black morass
Without star, without sun, without moon,
Without body, without heart, without form.
Illumined plains, illumined hills,
Illumined the whole green sea,
Illumined the whole globe together,

When the Son of God came to earth.[5]

Christ was there in what could be seen all around and in him was light and order.

It is, perhaps, this kind of incarnational expression that has resonated with so many people today. For George MacLeod, the founder of The Iona Community, this theology was integral to what he said and did. In one of his prayers he wrote "In all created things thou art there".[6] MacLeod demonstrated a Celtic understanding of the sacredness of all created life. This was not only about an ecological awareness but about a commitment to justice and peacemaking, to bringing healing and wholeness in practical ways as well as spiritual. The Iona Community grew out of the Depression years of the 1930s, not originating in Iona but on the streets and in the tenements of downtown Glasgow where there were many struggling families of unemployed workers. MacLeod often told of how affected he was by the stained glass window in Govan Old church. It had been damaged by a stone. What had once read "Glory to God in the highest" now read "Glory to God in the Highest". It was symbolic for him that it was indeed in the high street that God's glory was to be found and proclaimed. From his time in

5) Adam Bittleson, Ibid., pxix.

6) G. Macleod, "*The Whole Earth Shall Cry Glory,*" Wild Goose Publications, 1985, p. 13.

ministry there he gathered unemployed craftsmen and young ministers in training and they began to carry out his vision of rebuilding the monastic buildings on Iona. He shaped their daily living as an integration of work and worship. The sacred and the secular were seen as being inseparable. Morning and evening worship framed the day. The morning worship did not end with a benediction as it was regarded as the bringing to God all that the day would hold. The rebuilding was only completed towards the end of the 1960s, and the practise that were formed at the beginning have been maintained and developed. From the 1930s onwards the community has continued to grow and has Members, Associates and Friends across the world, attracted by the connectedness of the whole of life, physical and spiritual that is deeply rooted in the Celtic Christian tradition.

The Iona Abbey Worship Book of the Iona Community states "We desire to be fully present to God, who is fully present to us, whether in our neighbour or in the political and social activity of the world around us, whether in the field of culture or of economics, and whether in prayer or praise together or in the very centre of and soul of our being…… We are committed to the belief that worship is everything we do, both inside and outside the church…… We are inheritors of the Celtic tradition, with its deep sense of Jesus as the head of all, and of God's glory in all of creation".[7] The Iona Community's

Abbey worship includes daily morning and evening worship and weekly prayers for justice and peace, a service of prayers for healing which is seen as a ministry of the whole church and not something separated off, and an Act of Commitment service. In addition the worship book includes a Creation liturgy and a Celtic Evening liturgy amongst others. The Iona Communities theology is also clearly expressed in the work of its Wild Goose Worship Group and the hymns of John Bell in particular. In these, the involvement of God in every aspect of life is expressed and everyday concerns brought into worship. A much-loved song is "A Touching Place". The first line proclaims "Christ's is the world in which we move".

Other verses call us to "Feel for the people we most avoid, strange or bereaved or never employed"; or for "the parents who've lost their child" and "women whom men have defiled". Here again we see that belief that the image of God is never extinguished, for the chorus states that

> "To the lost Christ shows his face, To the unloved he gives his embrace; To those who cry in pain or disgrace, Christ makes, with his friends, a touching place."[8]

7) The Iona Abbey Worship Book, Wild Goose Publications, Glasgow, UK., p. 11.

8) In John L. Bell and Grahame Maule, *Love from Below*, Volume 3, Wild Goose Songs, Wild Goose Publications, Glasgow, 1989.

The thread of awareness of God in creation weaves its way through the centuries. As Mary Earle says "Pelagius and other Celtic teachers were clear that creation exists because God creates it, loves it, and holds it in being. Were that not the case, the creation would cease to be. Every place is in the Holy One. Every space and time is an occasion for encountering God's love".[9] About the fifth century, in a letter to an elderly friend, Pelagius wrote "We should remember that all love comes from God ; so when our love is directed towards an animal or even a tree, we are participating in the fullness of God's love".[10] In the Carmina Gadelic, one of the prayers that was recorded that had been handed down over generations is a Reaping Blessing :

God, bless Thou Thyself my reaping,
Each ridge, and plain, and field,
Each sickle curved, shapely, hard,
Each ear and handful in the sheaf,
Each ear and handful in the sheaf.

Encompass each goat, sheep and lamb,
Each cow and horse, and store,
Surround Thou the flocks and herds,

9) Mary C. Earle, *Celtic Christian Spirituality*, Skylight Paths Publishing, Woodstock, Vermont, 2011, p. 44.
10) Ibid., p. 45.

And tend them to a kindly fold,
Tend them to a kindly fold.[11]

In the twentieth century George Macleod, the founder of The Iona Community wrote a prayer called "The Eternal Seeping through the Physical", in which the same creation sense is expressed :

We come into Thy house, our home,
Once more to give thanks :
for earth and sea and sky in harmony of colour,
The air of the eternal seeping through the physical,
The everlasting glory dipping into time.
We praise Thee.

For nature resplendent :
growing beasts, mergent crops, singing birds,
And all the gayness of the green.
We bless Thee.

For swift running tides, resistant waves,
Thy Spirit on the waters,
The spirit of the inerrant will,
Striving with the currents that are also Thine.

---

11) Adam Bittleson, p. 37.

We bless Thee.
O Lord : how marvellous are Thy works.
In majesty Thou created them.[12)]

The sense that all things are held in God's love carries an awareness of relationship with God whose being is blessing. Many Celtic prayers have a formula "Bless to me". Blessings are invoked in every aspect of life. The blessings also call on the angelic presences that were long part of the Celtic tradition. A prayer in the Carmina Gadelica for "The Consecration of The Seed" contains the verse

I will come round my step,
I will go rightways with the sun,
In the name of Ariel and the angels nine,
In the name of Gabriel and the Apostles kind.
Father, Son and Spirit Holy,
Be giving growth and kindly substance
To every thing that is my ground,
Till the day of gladness shall come.[13)]

Celtic Christian spirituality and worship as it is expressed

12) George MacLeod, "The Eternal Seeping Through The Physical," in *The Whole Earth Shall Cry Glory*, Iona Prayers by George MacLeod," Wild Goose Publications, Glasgow, 1985, p. 11.
13) In Adam Bittleson, p. 35.

today carries within it clear resonances that can be traced back over many centuries and through many different stages of civilization. The Celtic-style prayers that are so much loved today are often Trinitarian in form. As we have seen, this Trinitarian expression is very ancient. Its Christian expression is particular and sits easily within the Celtic spirituality that reverences the incarnate Christ in creation and the awareness of the Spirit. In our present times where there is an awareness of the fragility of the creation and the impact on it of human civilization, the holistic nature of Celtic spirituality and worship is no less relevant than it was in days when people were much more closely associated with land and sea and the elements. The prayers that were passed down through the generations come from times when the cultural framework was very different, but their expression still carries deep meaning. This is not a romantic tradition but one that is rooted in human living and as such can be reinterpreted for our contemporary situations. Places like Iona that were once centres of Christian life in the days of the Celtic church have become, once more, places of Christian witness, centres both of pilgrimage and also of sending out, and the words and music of worship that have their origins there are used around the world. The place of Celtic spirituality and worship in Christian life continues to be significant in the daily lives of people from different Church backgrounds and across cultures.

Bibliography

John Bell and Graham Maule with The Wild Goose Worship Group. *"Love From Below." Volume 3 Wild Goose Songs*. Wild Goose Publications. The Iona Community. Glasgow, 1989.

Alexander Carmichael. *The Sun Dances. Prayers and Blessings from the Gaelic*. chosen and with an Introduction by Adam Bittleson. Floris Books. Edinbutgh, 1960.

Mary C. Earle. *Celtic Christian Spirituality. Essential Writings-Annotated and Explained*. Skylight Paths Publishing. Woodstock. Vermont, 2011.

Duncan Hester. *The Real Christ. Why The Trinity Was Accepted, www.realchrist.info/4-1.html.*

Julianna Lees. *Celtic Religion*. lecture delivered at Montagrier. France, 2008.

George F. MacLeod. *The Whole Earth Shall Cry Glory*. Wild Goose Publications. The Iona Community. Glasgow, 1985.

J. Philip Newell. *The Book of Creation, An Introduction to Celtic Spirituality*. Canterbury Press. Norwich, 1999.

The Iona Community. *Iona Abbey Worship Book*. wild Goose Publications. The Iona Community. Glasgow, 2001.

5

켈틱 기독교 영성과 현대교회

이상택 목사/박사

1. 켈틱 기독교의 확장과 선교의 시작

켈틱(Celtic)이라는 말은 16~17세기의 언어학자들에 의하여 먼저 사용되었다. 켈틱 문화권에 속하는 옛 프랑스의 원주민들(Gaul)을 비롯하여 5~8세기에 걸쳐 켈틱 문화권은 아일랜드, 스코틀랜드, 잉글랜드(옛 영국 왕국들, 혹은 브리튼), 그리고 웨일스 등을 모두 포함하고 있다. 이들의 언어의 뿌리를 연구한 학자들이 켈틱 언어라는 말을 사용하였다.[1]

영국은 앵글로색슨의 문화권이었지만 켈틱 문화의 영향도 받았다. 학자들은 브리티시(British, UK) 문화를 앵글로 켈틱 문화(Anglo-Celtic)로 부르기를 좋아한다. 이것은 스코틀랜드, 아일랜드 웨일스의

1) Oliver Davies, *Celtic spirituality* : Paulist Press, New York 1999, p. 4.

켈틱 문화와 영국(England)의 앵글로 문화를 포함한 말이다.

켈틱 문화권에 있는 국가들은 4~11세기까지 로마교황청의 지배가 이뤄지기 이전부터 이미 기독교가 자리 잡고 활발한 선교 활동이 이루어지고 있었다. 로마교황청의 지배하에 통합되기 이전 켈틱 세계에 자리 잡고 있던 기독교를 현대 역사학자들은 켈틱 기독교회(Celtic Christianity) 혹은 켈틱 교회라고 부른다.[2)]

교회사에서 기독교회를 지역별로 구분할 때 동로마 지역인 지금의 터키 지역 이스탄불을 중심으로 발전하였던 교회를 동방교회, 서로마제국을 중심으로 한 유럽제국에 자리 잡고 성장했던 교회를 라틴 서방 기독교, 그리고 켈틱 지역이었던 앵글로 켈틱 문화권에서 성장한 기독교회를 켈틱 기독교회라고 구분한다.

한국의 경우는 주로 서방 라틴 교회에 익숙하며 동방교회는 동유럽 공산권에 있어 우리와 접촉이 적었으므로 자연히 낯선 인상을 주었으며, 영국 문화는 영국성공회 정도의 교단 개념으로 이해하여 켈틱 교회가 많이 연구되지 못하였다. 그러나 이제는 교회사의 흐름을 다양하게 연구할 필요가 있다.

영국 교회사가 비드(AD 673-735)가 쓴 그의 책(*History of England Church and People*, 1권)에서 영국의 첫 순교자는 2세기 말경 혹은 AD 304년경 알반(St. Alban)으로 기록되어 있다.[3)] 현재 영국의 세인트 올번스 도시에는 그를 위한 순교기념교회가 있다. 영국에 기독교가 들어왔다는 공식적인 기록이 될 것이다. 이때는 로마가 아직도 기독교회를 박해하고 있을 때였다.

---

2) Ibid., p. 5.

3) See Bede(AD 673-735), *History of England Church and People*(Eeccle-siastical History of the English Nation, Book) introduction by Vida D. Scudder, London : Dutton 21910.

역사학자 라토레테(Kenneth Latourette)는 그의 역사책(*A history of the expansion*, 1권)에서 프랑스(France)의 성자 마틴(Martine of Tours)이 켈틱(Celtic) 세계에 선교의 영향을 주었으며, 그의 영향을 받은 니니안(St. Ninian)은 5세기경(AD 397?) 프랑스 고울(Goal)로부터 와서 남부 스코틀랜드(Southrn Scotland), 휘톤(Whithon)의 처음 선교사로 픽트 원주민들에게 선교를 하였다고 한다.[4)]

본격적으로 켈틱 세계에 복음을 전한 대표적인 교부로는 아일랜드의 패트릭(Partick) 성자와 스코틀랜드의 콜럼바(Columba) 성자이다. 이들에 의하여 두 나라가 기독교 국가가 되는 기틀을 마련하였다. 이들은 로마교황청이 스코틀랜드와 아일랜드에 천주교회를 세워 장악하기 이전 벌써 수도원을 세워 선교에 힘써 국가들을 기독교화하는 데 성공을 거둔 교부들이었다.

요약한다면 켈틱 세계, 특별히 잉글랜드, 아일랜드, 웨일스, 콘웰(Cornwall), 브르타뉴(Brittany), 그리고 스코틀랜드에는 고대 로마 세력이 거쳐 가면서 기독교의 접촉이 있었고, 프랑스 고울 지역으로부터 복음을 전한 이들이 있었다. 켈틱 세계에 특히 아일랜드에는 패트릭 성자와 스코틀랜드에는 니니안 선교사, 그리고 콜럼바에 의하여 켈틱 교회가 확장되고 있었다. 로마교황청의 선교가 켈틱 세계에 이뤄지기 이전 이미 기독교회가 아일랜드, 영국, 스코틀랜드에 확장되고 있었다. 처음 로마교황청이 6세기에 캔터베리에 선교 기지를 세우고 잉글랜드에 선교를 시작하였지만 11세기까지 켈틱 세계에는 기독교회가 확장되고 있었다.

다음 장에서 패트릭과 콜럼바에 대하여 구체적으로 다루기로 한다.

---

4) Kenneth Latourette, *A History of the Expansion of Christianity* Vol. I. Eyre and Spottiswoode Lond, 1938, pp. 201-202ff.

2. 아일랜드와 패트릭

아일랜드의 패트릭(Patrick, 387-460)의 생애는 대부분 그가 남기고 세상을 떠난 「고백서」(*confessio*)와 편지들을 통하여 알려져 있다.[5)] 패트릭은 로마 영국계의 관리직을 맡고 있는 아버지 칼푸르니우스(Calpurnius)의 아들로 태어났다. 그가 태어난 지역은 옛 로마제국의 식민지였던 스코틀랜드와 브리튼이 인접한 지역으로 추산된다. 거기에는 로마의 영향을 받아 기독교인들이 있었다. 패트릭의 부모들은 경건한 기독교인들로 알려져 있다. 5세기경 로마 세력이 브리튼에서 물러가자 아일랜드의 해적들이 침입하여 약탈하였다. 패트릭의 「고백서」에 의하면 그가 16살 때에 아일랜드 해적들에게 사로잡혀 아일랜드에 노예로 팔리게 되었다. 그곳에서 6년을 지내며 돼지 치는 일과 양 치는 일을 하였다. 이 기간 동안 그는 하루에 100차례 이상을 기도하였다고 기록하고 있다. 기도 중에 천사의 계시를 듣게 되었고 환상에서 본 대로 200마일을 걸어 브리튼으로 떠나는 상선을 발견하고 선장에게 간청한 결과 상선에 탈 수 있도록 허락을 받아 탈출에 성공하게 된다.

패트릭은 프랑스 남단 레렝(Lerins) 섬에 있는 한 수도원에서 생활을 하다가 고향으로 돌아오게 된다.

패트릭이 고향으로 돌아온 후 어느 날 밤 꿈속에서 패트릭은 아일랜드 사람이 "우리에게 건너와서 우리를 도우라."는 환상과 음성을 듣게 되었다. 그는 오랫동안 번민 중에 아일랜드로 다시 돌아가 선교하겠다는 마음을 굳히고 준비를 하게 된다.

패트릭은 선교 준비를 위하여 14년 동안을 오세르(Auxerre) 지역으

5) 패트릭 생애는 다음 책에서 요약되었다. J. M. Holmes, *the Real Saint Patreck*, Irish Hill Publication, 2006, pp. 61-84, "the confession of St. Patrick."

로 가서(지금의 프랑스 지역) 학업과 신앙 훈련을 받았다. 프랑스는 당시 학문이 발달하였으며 기독교회가 상당히 자리를 잡고 있을 때였다. 오세르에서 그는 417년경에 사제로 서품을 받고 43세에 아일랜드의 선교사로 떠나게 되었다. 아일랜드에는 팔라디우스(bishop Palladius 408-431)라는 선교사가 지금의 아일랜드의 미드 주 작은 마을 Clonard에서 복음을 전하였다. 이곳은 후에 핀니안이 처음 수도원을 세우고 목회한 곳으로도 잘 알려진 지역이다.

패트릭은 팔라디우스가 죽은 지 1년 후인 AD 432년경에 아일랜드 선교를 시작하였다. 그가 몇몇의 동료들과 도착한 지역은 다운(Down)이라는 지역이었다. 그 지방의 부호였던 디크(Dichu)가 처음 세례를 받고 그의 헛간을 내주어 예배 처소로 사용하게 되었다. 이곳이 지금 알려진 솔(Saul) 지역으로 켈틱 선교의 중심 지역이 되었다. 아일랜드의 벨파스트(Belfast) 지역으로부터 멀지 않으며 아직도 기념교회가 남아 있다.

그는 옛 주인을 찾아 용서를 구하는 일도 하였다(일설에는 그가 온다는 소식을 듣고 자살했다는 말도 있음). 그의 선교 대상은 드루이드(Druids) 이교도들이었다. 당시에 왕들과 귀족들은 모두가 드루이드 이교도들이었다. 패트릭은 이들을 회개시키기 위하여 그들의 언어와 문화를 배워 과감하게 접촉하였다. 패트릭의 선교에는 많은 기적 이야기가 있다. 이교들과 대적하는 일에 특별한 성령의 권능이 요청되었을 것이다.

그는 복음을 모르는 드루이드 이교도들에게 개척선교(frontier missions)를 성공적으로 해 낸 선교사였다. 현대 선교 전략 언어로 표현한다면 미전도 선교 전략을 세우고 드루이드 이교도들에게 선교를 하고 있었던 것이다.[6)]

6) 박사과정에 있는 학생들과 함께 벨파스트(Belfast) 다운패트릭(Downpatrick)에

1) 이교들인 드루이드족들에게 복음을 전하다

아일랜드에서 복음을 전하기 위하여 패트릭이 보여 준 선교는 복음을 한번도 들어 본 적이 없는 이교도 드루이드들이었다. 그는 이교도들의 문화를 파괴하는 것 대신 수용과 이해를 하였다. 이런 선교의 입장은 프랑스 교회에서 파송되었던 팔라디우스의 선교 입장과는 다른 것일 수 있다. 당시 로마교회의 영향권에 있던 유럽의 선교 경향은 이교도들과 이교 문화를 악의 문화로 보고 문화 파괴 정책을 시도하였던 때이다.

8세기 이후이긴 하지만 신성로마제국(Holy Roman Empire)의 아버지라 불리는 샤를마뉴(Charlemagne 742-814) 황제는 서유럽을 대부분 정복하여 옛 로마제국을 회복한 업적을 남겼는데, 그는 영국 이교도들이 복음을 받아들이지 않는다 하여 수천 명의 목을 베었다고 전해진다. 어거스틴의 두 왕국설을 선교의 정책으로 받아들인 그레고리 대제 교황(540-604)은 이교도들의 국가에 기독교 왕국을 세우는 것이 그의 지상 과제라고 하였고 이것이 역사적인 분위기였다. 유럽의 기독교회가 이교도의 문화를 이해하기는 어려운 분위기였다. 이런 태도는 유럽 교회의 전통이 되어 제국주의적 문화 우월감을 가지고 선교했던 19세기 말의 유럽 교회의 전통이 되었다.

패트릭이 드루이드족들에게 한 선교는 기독교의 토착화 시도라고 할 수 있다. 토착화는 'Inculturation'이라는 말로 그 지방의 문화에 들어간다는 의미를 가진 말이다. 패트릭의 선교는 드루이드족이 가지고 있던 문화에 적응하여 그들에 맞는 기독교로 성장시키는 것이다. 그가 한 것은 로마 기독교 혹은 서방 유럽 기독교를 아일랜드에 세우는 것이 아니었다. 기독교 토착화의 시도라고 할 수 있다. 그가 한 토착화는 문화

있는 패트릭 센터를 방문하였을 때 그곳 담당 소장 Tim Campbell 박사는 우리를 안내해 주었고, 지금의 미전도종족 선교와 같은 방식이었다고 말해 주었다.

혼합주의가 아니었다. 기독교의 보편성을 드루이드족이 가지고 있는 문화에 세우려는 작업이었다. 문화의 정죄 없이 그리고 그 문화에 혼합되지 않으면서 그 문화에 맞는 기독교를 세우는 토착화 작업이 패트릭의 선교였다.

패트릭이 드루이드족에게 한 전도에서 몇 가지의 토착화의 예들을 발견할 수 있다. 바로 켈틱 기독교 십자가의 경우다. 켈틱 십자가는 라틴 십자가에 원(circle)을 그려 넣었다.

켈틱 십자가에 있는 원은 이교도들이 믿었던 태양의 신과 태양의 신을 상징하는 전쟁의 수레바퀴를 원으로 상징하여 십자가 안에 그려 넣은 것이다. 그러나 그 원은 빛 되신 그리스도, 그리고 전능하신 하나님, 구약성경 여호수아에서 보여 준 전쟁에 능하신 하나님, 요한복음의 사랑의 영원성을 원으로 상징하여 표현하였다. 드루이드족에게 태양신을 상징하였던 수레바퀴를 십자가에 원으로 그려 넣은 것은 토착화의 현상이다.

고대 드루이드족들의 수레바퀴와 수레와 태양신의 문장, 그리고 드루이드 돌비석에 기록된 십자가 상징들. 이런 문장들이 후에 십자가에 원이 첨부되어 켈틱 십자가로 도안되었다. 고대 아일랜드 수도원에서 자주 볼 수 있는 켈틱 십자가이다.

켈틱 기독교는 아일랜드인들이 가지고 있던 많은 문장, 매듭예술에도 나타나 있다. 켈틱 수도사들은 기독교의 이미지들과 삼위일체의 신관을 표현하는 일에 아일랜드의 문화적 문장을 사용하였다. 켈틱 기독교는 켈틱 예술과 음악을 개발하여 켈틱 르네상스를 이루었다. 켈틱 교회가 복사한 성경에는 켈틱 문화의 문장과 매듭으로 표현된 화려한 그림들이 첨부되어 쉽게 성경을 접할 수 있도록 복사하였다. 「켈스의 복음서」(*Gospel of Kells*)로 알려진 4복음서는 켈틱 그림을 첨부하여 인쇄된 대표적인 성경책이다. 켈틱 성경책에 그려 넣은 예수상, 성모마리아는 드루이드족들이 입고 있던 의상과 그들에게 익숙한 모습들을 가지고 있다. 이것이 바로 성서의 토착화이다. 드루이드들에게는 철자법이 없었다. 패트릭은 그들의 언어를 이해하였고 그들의 언어를 처음으로 라틴식 알파벳으로 표기하도록 교육하는 데도 공헌하였다.

켈틱 매듭문화가 삼위일체, 사랑, 화해 십자가 등을 설명하는 데 상징으로 사용되었다.

사상 면에서 드루이드 부족들의 종교는 범신론적 종교관을 가지고 있어 신과 자연이 조화되어 있었다. 이런 부족들의 신앙이 자연스럽게 기독교에 흡수되었다. 시편 기자들은 창조주 하나님의 영광과 계시를 자연의 현상을 통하여 시적으로 표현하고 있다. 즉, 태양, 달, 별, 바람, 들의 꽃, 나무, 바다와 산, 자연의 변화, 그리고 동물들과 나는 새를 통하여 하나님의 영광을 표현하고 있어 자연과 하나님의 계시 표현이 잘 조화되어 있다. 산상수훈에서 예수님은 자연을 예로 들어 인간을 향한 하나님의 돌보심과 사랑을 가르치셨다. 드루이드족들의 범신론적 사고는 기독교와 접촉하면서 기독교에서 그들의 신앙이 완성되었다.

이런 종교적인 완성을 20세기 초 인도의 선교신학자였던 파커(J. N. Farquhar, 1861-1928)는 그의 저서 *Crown of Hinduism*에서 연구하였다. 종교는 성장 과정을 거치게 된다. 그리스도는 종교의 완성자가 되신다고 하였다. 원시종교는 열등한 것이 아니고 고등종교를 향하여 완성으로 진화는 것으로 이해하였다.

종교의 완성을 위하여 그리스도는 문화와 종교를 파괴하는 것이 아니라 오히려 성취자가 되신다고 하였다(Not to Destroy but to fulfil).[7]

켈틱 문화권에서 성장한 기독교회가 자연과 신앙의 조화가 두드러지게 표현되어 있는 것은 켈틱 기독교의 토착화 현상에서 온 것이다. 로마 기독교가 그리스 문화에 토착하면서 철학적이며 지성적으로 발전한 것과 대조적일 것이다. 20세기에 들어와 로마교황청이 제국적인 신앙 태도에서 토착화 신앙을 제3세계에 용인한 것은 제2차 바티칸공의회 이후였다.

아일랜드 선교는 이런 점에서 창의적이며 성공적인 것이었다. 선교사역을 하는 동안 약 10만 명의 개종자와 함께 200여 개의 수도원교회가 각처에 세워졌다고 전해진다.

패트릭은 아일랜드의 국가적 성자로 추앙되고 있다. 그가 죽은 날을 기념하는 3월 17일은 패트릭 성자축제일로(St. Patrick's Day) 아일랜드 최고의 명절이다. 이날에는 초록색을 가진 모자, 스카프, 옷, 신발

---

7) 특별히 Eric J. Sharpe의 책 *Not to Destroy But to fulfil*, Uppsala 1965는 파커의 선교 사상을 연구한 좋은 자료가 될 것이다. See, pp. 94ff.

성서 번역에 전념하는 콜럼바 수도사

켈틱 성경(Book of Kells Bible)

을 신고 거리에서 축제를 한다. 그 이유는 패트릭 성자가 아일랜드에서 흔히 볼 수 있는 세잎 클로버처럼 생긴 토끼풀을 가지고 드루이드족들에게 삼위일체 신관을 가르쳤기 때문이다. 이에 유래되어 초록색과 삼록이 국가의 나라꽃이 되었다. 이날에는 책을 선물하며 그곳에 말린 네잎 클로버를 선물하기도 한다. 패트릭은 문화 수용을 통한 아일랜드 토착화 기독교문화의 창조를 가져온 첫 번째 선교사였다.

2) 패트릭의 선교는 독자성을 가지고 출발하였다

패트릭은 로마교황청이나 프랑스에서 한때 훈련을 받았던 교회들과 관계가 있었던 것은 아니었다. 그의 선교는 자비량 선교였고 지역마다 수도원교회를 세우고 자급자족으로 운영하였다. 세워진 수도원은 자체적으로 운영되었다. 본부의 지시를 받는 로마가톨릭교회의 주교제도와는 달리 자체 운영제도를 가지고 있었다. 이런 제도는 후에 로마가톨릭이 켈틱 교회를 흡수하는 과정에서 로마교황청이 볼 때 거침돌이 되었다.

지금 현대 선교의 토착화 선교 정책 이해는 패트릭의 선교 활동에서 쉽게 이해될 수 있다. 19세기 유럽과 미국 선교가 시도했던 세 가지의 선교 정책이 있었다. 즉, '자립'(self-supporting)하도록 원주민교회를 도우며, '자치'(self-governing)적으로 교회를 운영하도록 지도자들을 양육하며, '자비전도'(self-propagating)에 힘쓰도록 하여 교회의 성장을 돕는 정책이다. 이런 선교 정책은 한국교회사에서도 알려진 선교 정책이다. 켈틱 교회는 이와 같은 형태로 수도원이 운영되고 있었다.[8] 켈틱 수도원은 독자성을 가지고 있으면서도 서로 간의 깊은 유대를 가지고 있어 연합체를 이루고 있었다. 그 연합성은 명령 체제가 아니라 그리스도 안에서의 일치성을 가지고 있어 그리스도의 선교 사명을 세상나라에 함께 세워 간다는 협력관계였다. 모교회와 지교회와의 관계가 아닌, 총회와 그 총회의 지시를 받는 기구적 교회가 아닌 서로의 은사와 역할을 가지고 그리스도의 제자직을 수행하는 공동체의 성격을 지닌 교회였다. 이런 공동체적 성격을 가진 켈틱 교회는 적어도 11세기 로마교황청의 기구적 교회로 접수되기까지 계속되었다.

3) 켈틱 교회는 예배공동체로서의 수도원이었다

켈틱 교회는 교구 제도의 예배 기능과 수도원의 경건 영성을 함께 가진 교회였다.

4~11세기 사이에 켈틱 교회는 교구교회보다는 수도원(monastery)이라 불린다. 패트릭이 세운 수도원은 이곳에서 예배와 목회적 돌봄, 기독교교육이 동시에 이루어졌다.

8) Ian Bradely, *Colonies of Heaven* ; Celtic Models for today's church, Darton, Lonfman, Todd, 2000, pp. 23f.

켈틱 교회는 수도원이 갖는 높은 수준의 경건훈련과 헌신, 기도, 개인 경건이 강조되었다.

켈틱-앵글로 문화에서 나온 개인 경건주의는 켈틱 영성에 그 뿌리를 두고 있다. 그것은 마치 한국교회의 영성을 연구하는 학자들이 한국문화가 갖는 불교와 유교, 그리고 샤머니즘에 대한 이해 없이 한국 기독교의 영성을 이해할 수 없다는 생각과 같다.

사람들은 자발적으로 수도원에 찾아가 경건의 규칙에 서약하고 그리스도의 권위에 복종하며 살기를 원하였다. 서약의 정도는 사람마다 달랐다. 평생을 수도사로 헌신하는 것에서부터 일상생활에서 행하는 경건규칙에 이르기까지 서약은 다양하였다. 그 규칙에는 매일 기도처에 나와서 수도사와 이웃을 위해 기도하는 서약도 있었다. 경건의 규칙은 수도사들에게 한정되는 것이 아니라 그 마을의 공동체 안에 있는 모든 성도들이 켈틱 교회 수도원의 일원이 되어 있었다. 오늘날의 교인과 같은 것이었다.

그들의 경건훈련은 수도사가 되어야 하는 것이 아니라 교인은 곧 수도사들처럼 예수님의 제자도를 따라 살아가야 한다는 것이다. 패트릭의 수도원은 특수한 수도원을 일반화시킨 것이 켈틱 수도교회의 특성이다. 이런 수도원이 아일랜드에 자리를 잡았고, 아일랜드를 통하여 스코틀랜드와 영국에 전달되었다. 패트릭의 「고백서」(*confession*)에는 다음과 같이 그의 겸손한 마지막 기록이 있다. "나는 죄인이요, 나는 가장 무식한 사람이다. 내가 기도하기는 아일랜드에서 쓴 이 글이 사람들에게 읽혀진다면 내가 한 일은 오로지 하나님의 은혜로 된 것이라는 것을 믿기를 간구한다. 이것이 내가 죽기 전에 하고 싶은 고백(Confession)이다."[9]

9) J. M. Holmes, *the Real Saint Patreck*, Irish Hill Publication, 2006, pp. 61-84. "the confession of St. Patrick."

라고 하였다.

그는 30년 동안 아일랜드에서 선교하였다. 그의 선교 결과로 아일랜드를 기독교 국가로 만드는 반석을 놓았다. 그의 무덤이 벨파스트 도시 다운패트릭(Down Patrick) 작은 도시에 있다. 그 옆에는 켈틱 전통을 유지하는 에피스코팔 교회당이 있다. 그 교회당 뜰에는 7~8세기경에 세워졌다는 켈틱 돌 십자가가 인상적이다. 패트릭은 수도원을 통하여 선교와 교육과 많은 학자들과 수도사, 전도자들을 배출하였다. 패트릭과 아일랜드의 수도사들은 아일랜드뿐 아니라 켈틱 세계와 서유럽에 그들의 선교를 확장하였다.

켈틱 기독교의 공헌을 역사학자 라토레토(Latourette) 교수는 그의 역사책 2권에서 "이들에 의하여 7세기 서유럽의 선교 중심지는 아일랜드였다."고 했다.[10] 아일랜드에 세워진 수도원을 중심으로 켈틱 기독교 문명이 서유럽에 발전한 것이다. 아일랜드에 세워진 수도원을 중심으로 선교사들과 학자들이 서유럽(Western Eroup)으로 건너가 각지로 걸어 다니며 전도와 교육을 하였다.

4) 켈틱 교회 안에 세 가지 순교[11]

Red Martyrdom(적색 순교)은 그리스도를 위하여 피를 흘리는 순교자들을 말한다. White Martyrdom(하얀 순교)은 주님을 위하여 동정을 지키며 거룩한 삶을 산 독신 수도사들을 뜻하였다. Green Martyrdom(푸른 선교-순회 선교자들의 삶)은 그리스도의 복음을 위해 모든 것을 참고 견디며 선교하는 자들로 '청색 순교자'라 불렀다. 이들은 자신들의 안정성을 포기하고 복음을 위하여 낯선 땅으로 나아간 사람들이었다.

---

10) Kenneth Scott Latourette, *A History of the Expansion of Christianity*, the thousand years of uncertainty ; AD 500-AD 1500, London 1938, p. 36.
11) John Ryan, Irish Monasticism, Dublin : 1992, pp. 196-198.

콜럼바의 수도 규칙에서는 적색 순교와 하얀 순교 두 가지로 구분하기도 한다(이 책의 콜럼바 규칙 참조).

그들은 배움에 대한 사랑, 학문 연구에 대한 존경, 지혜에 대한 갈망을 격려하였다. 또한 영적 탐구, 여행 및 순례 등을 통한 배움도 강조하였다. 순례 여행은 켈틱 영성의 주요 구성 요소 중 하나이다. 고난에도 불구하고 그리스도께로 향한 영적 여정은 축복을 가져다주고, 하나님과의 친밀감을 키우며, 육체와 영혼의 치유를 준다고 믿었다.

Kenneth White(1936, a Scottish poet, academic and writer)는 말하기를 켈틱의 수도사는 한 손에는 성경을 다른 한 손에는 램프를 들고 있는 자라고 평한 적이 있다. 영성과 지성을 동시에 가르치는 자들이라는 뜻이다.

초기 켈틱 수도사들을 'Peregrinario Pro Christ'(Pilgrims for Christ), 그리스도를 위한 순례자들이라고 하였다. 역사학자 라토레토도 그의 책에서 아일랜드의 선교사들을 가리켜 페레그리니, 혹은 나그네(Peregrini or Peregrini)라고 불렀다.[12] '페레그리니'라는 말은 걸어 다니는 사람들이라는 뜻도 있지만 'Exile', 즉 자기 나라를 떠나 다른 나라로 이주한 유랑자들(Exiles)이라는 뜻도 가진다. 이들은 복음을 위하여 고향과 조국을 떠나 외국에서 유랑하며 복음을 전하는 나그네들이었다. 이들은 베드로전서에 '나그네와 행인 같은 너희들'(벧전 2 : 11)이라고 기록된 말씀을 실천하기를 원하였다. 이들은 새로운 것을 추구하기 위하여 자신의 안정성을 포기하고 국경이나 지역의 한계를 넘어선 사람들을 뜻하였다.[13] 이들은 복음을 세상에 확장하기 위하여 끊임없이 위험을 무릅

---

12) Ibid., pp. 38-40.

13) Elizabeth Culling, *What is Celtic Christianity*, Grove Books LTD, Cambrudge 1993, p. 20. see Tomas Fiaich *An Introduction to Celtic Christianity* ; *Irish Monks on the Continent*, Edited James P. Mackey,

쓰고 국경을 넘어갔으며, 낯선 지역으로 가 사람을 만나고, 문화를 접촉하며, 학문을 연구하며, 복음을 전하였다. 그리고 많은 이들이 순교하였다.

그들은 바울 사도와 다른 사도들처럼 모두 '유랑자-페레그리니'들이다. 사도행전에 이들은 천하를 어지럽게 하는 자들(행 17 : 6), 예수님을 전염시키는 자들이었다. 이들에 의하여 주의 말씀이 힘이 있어 흥왕하여 세력을 얻었다(행 19 : 20). 그들은 순교하였다.

켈틱 기독교에서는 켈틱 수도자들(peregrinations)을 녹색 순교자들(Green martyrdom)이라고 하였다. 녹색 순교자는 피 흘린 순교자들과 구분하여 가족과 땅과 친구들과 자신의 안정성을 포기하고 그리스도를 위하여 국경을 넘어간 사람들에게 붙여 준 용어이다. 그들은 자신의 안정을 포기하고 스스로 복음에 헌신하기 위하여 이방 땅으로 갔다. 아무런 보장도 없이 켈틱 선교사들은 조국을 떠나 유럽의 변두리로 나아갔다. 그들은 선교사로, 학자로, 혹은 상인으로, 평신도로, 혹은 노예로 국경을 넘어갔다.

켈틱 기독교인들의 나그네 정신은 한국 이민자들, 한인 디아스포라의 Prototype(원형 혹은 기본형)이 될 수 있다. 한국 이민자들은 지금까지 살아왔던 익숙하고 정든 조국을 떠나 낯선 땅을 향하여 이주하여 나아갔다. 이들의 삶에서 한국 이민자들의 삶과 연결하여 아래와 같이 성찰할 수 있다.

첫째는 켈틱 기독교인들은 바이킹들의 공격과 핍박에 의하여 서유럽으로 흩어져 기독교 디아스포라가 되었다. 이들이 잡혀가 현지에서 이방 사람들과 결혼을 하여 가정을 이루었으며, 현지에서 어떤 이들은 농업과 기술을 가르쳤고 수도원을 세워 복음 사역에 종사하였으며, 노예

T. & T. clark, Edinburgh, Scotland, pp. 101-139.

로 잡혀가 흩어진 실향민이 되었지만 스칸디나비아 복음 전달의 중요한 역할을 하였다. 선교의 구심체가 되었다.

한인 이민자들은 역사적으로 일제의 식민지, 정치적인 어려운 상황에서 혹은 전쟁으로 인하여 각 세계로 흩어져 디아스포라가 되었다. 디아스포라로서의 한인 이민자들은 세계 각처에서 정착하여 선교의 구심체가 될 수 있다. 한인 이민자들의 특징은 그들이 선교의 정열을 가지고 있다는 것이다. 그들이 자신의 안정성을 포기하고 외국으로 나갈 때 그들은 선교의 정열을 가지고 있었으며, 가는 곳마다 교회를 세워 선민의 삶을 살았다.

둘째는 켈틱 기독교인들은 자신들의 안정을 포기하고 낯선 땅으로 넘어가 새로운 것을 추구하고 탐사하였다. 녹색 순교자로 불리는 켈틱의 나그네들은 자신들의 안정성을 포기하고 그리스도를 위하여 나그네 된 자들이었다. 이들은 새것을 탐구하는 자들이었다. 패트릭은 16세에 종으로 잡혀가 6년간 모진 고통을 겪었던 아일랜드로 다시 선교의 길을 떠났으며, 콜럼바는 자신의 안정된 지역을 떠나 픽트 원주민들을 선교하기 위하여 작은 섬 아이오나를 택하여 수도원을 세웠다.

패트릭이 아일랜드로 갈 것을 결심하였을 때 어머니와 그의 동료들은 위험을 예견하며 떠나지 말 것을 권고하며 이곳에 남아 자국인들을 위해 더 큰 선교의 역할을 할 수 있다고 권면하였다. 패트릭은 녹색 순교자의 정신으로 자신의 안정성을 포기하고 길을 떠난다. 그리고 드루이드 선교에 성공하여 오늘의 아일랜드에 기독교 국가를 세웠다. 콜럼바는 전쟁으로 500여 명이 생명을 잃었다는 스코틀랜드의 전쟁소식을 듣고 평화와 정의의 사도가 되기를 희망하였다. 12명의 동료들과 함께 안정된 수도사원을 버리고 녹색 순교자의 길을 선택하였다. 선교의 주인되는 그리스도가 결정하는 그분의 선교의 비전에, 그분의 종으로 헌신한 것이다. 진정한 종은 주인의 결정에 순종하는 모습을 가진다. 그들이 건너간 땅에서 수도사들은 적극적으로 그들의 문화를 수용하면서 기독교 문화를 창조하였다.

선교 나그네의 모습에서 한인교회가 디아스포라로서 어떤 모습을 찾을 수 있을 것이다. 호주에서의 한인교회는 30년이 넘도록 한인 자체 선교에 주력하여 한인 목회에(Micro-Korean level Ministry) 정성을 들여 왔다. 이런 한인교회는 포스트모던 시대와 접하여 있는 호주 사회에 대한 이해가 부족했고, 오랜 기독교의 전통을 가지고 있으며 동시에 새로운 시대에 대처하고 있는 호주교회와의 협력을 사실상 부담으로 안고 있다.

한인교회가 호주교회에 많은 도전을 주고 있다 할지라도 수적인 힘만을 자랑할 수 있는 것은 아니다. 제도권 교회들과 적극적인 교류를 통하여 동족 선교를 넘어 호주가 고민하는 사회정의와 다문화 정책에 함께 고민하며 동족 목회를 넘어 경계선을 넘어가는 녹색 순교자의 길을 선택하여야 한다.

셋째는 켈틱 기독교인들은 어디를 가든 그곳에서 노동을 통하여 삶을 정착하였다.

콜럼바가 아이오나에서 선교를 시작할 때에 12명의 동료와 함께했다. 그들은 아일랜드의 수도원에서 훈련받은 수도사들이었다. 당시 수도사들은 선교를 위해 목축 기술, 농사 재배법, 바다를 건너는 해양 기술, 집을 짓거나 목수 일을 할 수 있는 기술, 학문, 예술, 음악, 그림, 그리고 의류 기술 등을 익혀 선교지로 나가 수도원이 정착될 수 있게 하였고, 주민들에게 농사법도 가르쳐 주면서 생존하고 수도원의 주민들과도 공존 공생할 수 있도록 하였다.

켈틱 수도사들은 기도와 노동, 영성과 노동을 구분하지 않았다. 그들은 이 둘을 모두 하나님의 소명(calling)으로 받아들였다. 영성생활에 대한 헌신과 같이 노동도 곧 하나님이 주신 사명이라고 생각했다. 이와 같은 켈틱 수도사들의 생활은 영국의 청교도운동의 원시적 형태일 수 있다. 칼뱅주의에서 시작한 영국의 청교도운동은 노동을 하나님의 부름으로 이해하고 있어 경제 활동을 결코 죄악시하지 않았다.

성직만이 하나님의 소명이 아니라 일상적인 세속적인 일까지 모두 신의 부름이며, 절대적인 하나님에 대한 순종이며, 하나님의 영광을 위하여 하나님이 인간에게 부여한 책임이다. 후에 막스 베버(Max Weber, 1864-1920)의 이미 고전이 된 유명한 책 「프로테스탄트 윤리와 자본주의 정신」(*The protestant Ethnic and the Spirit of Capitalism*)에서 칼뱅주의 분석을 통하여 세속 직업도 소명으로 받아들인 믿음이 자본주의 정신이 되었다고 파악하였다.[14] 이런 노동의 소명의식과 창조의 선함(goodness)에서 노동도 거룩한 소명으로 보는 신앙은 이미 켈틱 기독교회가 가지고 있었다. 수도사들에 의하여 농업과 목축업의 기술이 보급되고, 수도원의 자급자족과 자치 운영은 노동을 기도로 자연스럽게 받아들였다. 콜럼바의 가르침에는 "땀이 나도록 노동하고 눈물이 나도록 노동하라."라는 말이 있다. 이것이 수도사들의 삶의 질이 된다고 가르쳤다.[15]

3. 스코틀랜드 켈틱 기독교와 콜럼바

켈틱 기독교에서 빼놓을 수 없는 또 하나의 중심 지역은 스코틀랜드의 성지인 아이오나(Iona) 선교 지역과 선교사 콜럼바(Columnba, 521-597)이다.

콜럼바는 'Colum Cille'(교회의 비둘기)라는 이름으로도 알려졌다.

14) Max Weber, *the Proestant Ethnic and the Spirit of Capitalism*(1905), tran., by Stephen Kalberg, Roxbury Publishing Company, 2002.

15) Refernce, St. Columba the Rule of Monastery.

그가 처음 세운 수도원은 스코틀랜드의 작은 섬 아이오나(Iona)에 세워졌다. 켈틱 선교사들은 그들의 수도원을 섬이나 시골마을에 세웠다. 로마 천주교회가 도시를 따라 세우는 선교 정책과는 다른 점이었다.

지금도 아이오나 수도원에 가는 순례의 여정은 매우 인상적이다. 스코틀랜드의 그라스고(Glasgow)에 비행기로 도착하여 차를 타고 산길과 평야를 지나 또 강을 따라 3시간을 차로 달려 오반에 도착하게 된다. 다음 날 아침 다시 오반에서 '멀'(Mull) 섬으로 가는 배를 타고 도착 후 다시 버스를 타고 1시간가량을 지나 멀 섬의 끝부분에 도착한다. 멀 섬과 마주 보이는 작은 섬 아이오나에 연락선이 운행되고 있었다. 지금도 외지고 낯선 섬인데 5세기경 콜럼바는 얼마나 낯설고 외로운 지역이었을까 마음이 숙연해졌다. 일 년에도 수천 명의 순례자들이 이 섬을 찾는 것은 콜럼바의 영성을 접하고 싶은 소원 때문이다. 그러나 이 섬에는 아픈 사연도 있다. AD 806년에 바이킹들이 침입하여 86명 이상의 수도사들이 순교를 하였다. 이 때문에 배가 아이오나에 도착하는 첫 입구 백사장을 순교자 해변(Martyr Beach)이라고 부른다.

아이오나 수도원

바다와 섬과 돌과 자연과 바람이 함께 어울려 신비로운 고요함을 드러내는 이 섬은 걸어서 30분이면 끝에서 다른 끝에 도착하는 작은 섬이었다.

이곳이 처음 콜럼바가 AD 536년에 수도원을 세우고 스코틀랜드를 본격적으로 선교하기 시작한 곳이다. 스코틀랜드의 왕은 이곳에 콜럼바가 머물도록 허락하였다. 그러나 이곳에 세운 수도원은 스코틀랜드와 북부 영국의 옛 왕국인 노섬브리아(Northumbria)에 켈틱 기독교를 전파하는 중심지가 되었다.

이곳은 스코틀랜드에서 유명한 곳이 되어 스코틀랜드 부족의 왕들은 이곳에 묻히는 것이 소원이었다. 수도원 옆에는 작은 묘지들이 있었다. 이곳에 스코티시(Scottish) 48명의 왕들(부족장의 수준)의 무덤이 안치되어 있다고 전해지고 있다.

콜럼바의 이야기는 그의 제자 아담난(Adamnan)이 기록한 콜럼바의 전기에 의하여 알려졌다. 이안 핀레이(Ian Finlay)가 아담난의 전기를 기초로 쓴 콜럼바의 생애에 의하면 콜럼바는 아일랜드 사람이다.[16] 그는 아일랜드 북부에 있는 도네갈(donege) 주의 귀족 출신의 가정에서 AD 521년에 태어났다. 그는 소년 시절에 모빌(Moville)에 있는 수도원에서 교육을 받았다(이 수도원의 원장 이름도 크로나드의 피니안〈Finnian of Clonard〉과 같은 이름

Finnian의 3천 제자 Clonard, County Meath, Ireland 기념교회당의 Stain Class

16) Ian Finlay, Columba, London Victor gollancz LTD 1979.

을 가짐). 후에 다시 크로나드 수도원으로 옮겨 가게 된다. 당시에 명성 높은 크로나드의 피니안이 원장으로 있었다.

아일랜드의 성자 피니안은 당대에 유명한 학자요, 수도원 원장이었다. 그 수하에는 3,000명의 학생들이 있었다고 전해진다.[17]

콜럼바는 성경을 복사하는 일을 도우며 훈련을 받았다. 후에 그의 선교 센터인 아이오나에서 그는 쪽복음 300권을 복사하여 선교에 사용하였으며, 복음의 복사본은 아직도 남아 있어 영국의 국보로 보존되고 있다. 그곳에서 콜럼바는 장로(사제) 안수를 받았으며 다른 수도사들이 하였던 것처럼 걸어 다니며 복음을 전하고 수도원을 세웠다. 콜럼바는 학식과 지성이 뛰어난 수도사로 인정받았다. 그가 스코틀랜드를 선교하기로 결심하게 된 동기는 패트릭처럼 신비체험은 아니었다.

스코틀랜드의 픽트족들에 대한 선교 열정과 아일랜드에서 수도원 건립의 경험이 스코틀랜드의 선교를 결심하게 하였다. 핀레이(Finlay)가 쓴 전기에서는 크로나드의 피니안이 콜럼바와 12수도사들을 파송하였다고 한다.[18] 그는 선교의 열정이 있었기 때문에 선교사로(missionary) 파송된 것이다. 다른 전설에 의하면 당시에 아일랜드와 스코틀랜드 국경에서 전쟁이 있었다. 그 전쟁에서 남편을 잃고 피난 온 부인에게 전쟁에서 5천 명의 병사들이 목숨을 잃었다는 비참한 소식을 듣고 마음이 크게 감동되어 5천 명의 영혼을 구원하기 위해 전도여행을 떠날 것을 결심하였다고 전해진다.

영혼 구원의 열정과 사회적인 현상이 복음 전도의 동기 유발이 된 것이다. 그가 칼에게 축복하였다는 기록이 있다. 그는 “사람과 동물을 위하여 평화로 쓰이도록 하거라.”라고 축복하였다. 그렇게 무사들이 찬

---

17) Ibid., p. 62.
18) Ibid., p. 66.

칼을 향하여 축복하였다. 그의 이름은 '교회의 비둘기'라는 의미를 지니고 있다. 그는 평화의 사도였다.

콜럼바는 스코틀랜드의 동북부에 자리 잡은 픽트(Picts)족에게 복음을 전하는 데 여생을 보냈다. 남부는 이미 프랑스에서 온 니니안(Ninian, 4세기로 추산)에 의하여 전도가 되고 있었다. 북부의 픽트족의 왕 부르드(Bridei of Fortriu)가 기독교로 개종하므로 선교의 문이 열리게 되었다. 콜럼바는 아이오나 섬으로부터 배를 타고 스코틀랜드 육지에 도착하여 그람피안(Grampian) 산맥 북부 지역의 픽트족들에게 복음을 전하기 위해 산과 들을 걸어 마을과 마을을 찾아다니며 그의 여생 30여 년을 헌신하였다. 켈틱 선교사들은 걸어 다니며 선교하는 사람들이었다. 지금의 축호전도와 같은 형식의 선교였다.

콜럼바의 이미지는 연구기도, 집필, 금식, 그리고 영적 파수꾼이었다.[19] 그는 전도자였으며, 그가 남긴 수십 편의 기도와 기도시는 켈틱 기독교의 영성을 담고 있으며, 그는 스코틀랜드의 영의 아버지 교부로 칭송받게 되었다.

스코틀랜드 켈틱 선교사들 역시 '페레그리니'(peregrini), 즉 '걸어 다니는 사람들'이라고 말하였다.[20]

콜럼바는 아이오나에서 수도사들을 양육하여 영국에까지 선교하였다. 영국 노섬브리아 왕국(Northumbria)에 처음 수도원을 세운 수도사 아이단(Aidan, 596-651)은 아이오나 수도원에서 콜럼바의 교육을 받은 수도사였다. 그는 영국 노섬브리아 왕국에 가서 선교하였다. 노섬브리아의 왕(King of Northumbria) 오스월드(Oswald, 604-642)가 왕자로 있을 때 내란이 있어 아이오나에 몇 년간 은신하여 있었다. 그 후

19) Latauett, op. cit, p. 53.
20) Latourette, op. cit, p. 39.

에 귀국하여 노섬브리아의 왕이 되었다. 그는 아이오나에 있던 기억을 잊지 못하여 아이오나와 똑같은 수도원을 세우기를 원하였다. 린디스판(Lindisfarne 지금의 Holy Land, England)에 아이오나와 같은 수도원을 세우고 아이오나로부터 선교사를 초청하여 복음을 전하게 한다. 그때 아이오나로부터 온 수도사가 아이단이다. 왕은 아이단에게 선물로 좋은 말을 한 필 내주고 타고 다니며 전도하라고 하였다. 아이단은 그 말을 팔아 노예를 구하는 비용으로 사용하였다. 그리고 자신은 걸어 다니며 복음을 전하였다. 아이오나 콜럼바의 선교생활을 모방한 전도자의 모습이다.

1) 아이오나에서 콜럼바의 선교는 나가서 전하고 돌아와서 충전하는 'forward-backward' 선교전략이었다

아이오나 수도원은 수도사들을 훈련하는 센터의 역할을 하였다. 거기에서 영성과 지성으로 잘 짜여진 교육 프로그램에 의하여 훈련받은 수도사들이 각 지역으로 나아가 전도하며 교회를 세웠다. 그리고 다시 되돌아와서 충전하였다. 콜럼바 자신도 뭍으로 나가 몇 개월씩 전도하고 되돌아와서 다시 영적으로 충전하는 시간을 가졌다. 전하고 돌아와서 다시 충전하는 훈련을 반복한 것이다. 그는 돌아와서 명상과 기도와 연구와 내적 충전을 위하여 시간을 가졌다.

수도사는 수도원에 머물러 있는 자가 아니라 끊임없이 선교여행을 떠나고 미지의 세계를 향하여 도전하는 자들이었다. 순례는 곧 지식을 터득하는 길이라고 하였다. 켈틱 수도사들은 앵글로 켈틱인들이 미래를 향해 끊임없이 도전하는 자세를 갖도록 하였다. 미래를 향한 탐구는 해가 지지 않는 대영제국을 만드는 데 영향을 준 것이다. 이것은 켈틱 기독교의 유산이기도 하다.

2) 켈틱 교회는 기도 목회 사역을 중요시하였다. 켈틱 교회에는 24시간 연속하여 기도하는 기도장소가 있었다

수도사들이 선교를 떠나면 그들이 돌아오기까지 연속적으로 선교수도사들이 임무를 마치고 돌아오도록 기도하였다. 그들이 긴 선교순례의 여정을 마치고 돌아오는 날 수도원에는 축제가 시작된다. 그들의 선교적 간증과 보고, 그리고 온 마을의 성도들이 모여 환영 잔치를 베풀었다고 전해진다. 이런 점에서 켈틱 공동체는 사랑과 기도와 격려의 공동체였다. 그 수도사들에게 얼마나 위로가 되고 또 힘이 되었겠는가? 뒤에서 기도하는 후원자들이 있고, 돌아가면 환영해 줄 공동체가 있고, 위로받을 곳이 있었다.

평일에는 기도처소에서 낮에 다섯 번 모여 기도하고 밤에는 세 번 모여 기도하였다. 시편을 낭송하며 찬양, 기도, 말씀을 묵상하였다. 수도사들에게는 수행하여야 할 높은 수도 규칙이 주어졌다. 수도사가 된다는 것은 순교자가 된다는 것을 뜻하였다. 콜럼바 수도사들의 일상 규칙 중에는 이런 가르침이 있다. "배고프기 전에는 음식을 먹지 마라. 잠을 극복하고 독서하라. 업무와 관련된 것 외에는 말하지 마라. 눈물을 흘리기까지 무릎을 꿇고 기도하라. 땀이 흠뻑 젖도록 노동하라."[21]

수도생활은 엄격하였지만 개인과 공동생활은 활동과 명상, 예배와 목회적 돌봄, 그리고 연구와 가르침이라는 균형 잡힌 생활의 조화와 리듬이 있었다. 이안 브레들리(Ian Bredley)는 이러한 켈틱 교회 수도원을 평가하기를 "세상에 뿌리를 박고 있으면서도 하늘나라의 가치를 소유하고 있는 영적 공동체이며 세상에 하늘나라의 가치를 실천하는 공동체요, 아직 오지 않은 하늘나라를 이 땅에 앞서 보여 주는 하늘공동체였다."고 하였다. 수도사들에게 하늘나라는 저 너머의 세계로 제한된 것이 아니

---

21) Ian Bradley, *Colonies of Heaven*, requote, p. 17. 이 말은 콜럼바의 수도사의 규율로 알려졌다.

다. 이 땅에 하늘나라를 세우는 거룩한 사명이 켈틱 수도원의 사명이라고 믿고 실천한 것이다. 역사의 현장에 하늘나라는 발견되고 또 실천되어야만 한다. 브레들리가 사용한 '하늘공동체'(Coloney of Heaven)는 하늘나라의 현존을 역사의 현장에서 경험하도록 수도원이 참여함을 뜻하는 것이다. 수도원과 수도사들은 이 땅에 하늘공동체가 세워지도록 헌신하는 자들이었고 또 이 거룩한 사명을 위하여 붉은 순교와 흰 순교에 참여하는 자들이었다.

수도원의 공동체는 서로 간의 형제자매가 되기를 원하였으며, 친구가 되기를 원하였다. 이를 가리켜 그들은 '영혼의 친구'(soul friend)라고 불렀다. 지금의 멘토(mento) 제도와 비슷한 역할이었다. 서로가 친구가 되어 돌봐 주었다. 영혼의 친구가 없는 것은 가장 불행한 사람으로 생각되었다. 수도원공동체는 항상 화해, 평화, 정의로운 삶을 중요시하였다.

콜럼바의 수도원은 영적, 지적, 육체적 복지뿐 아니라 문화와 전통에도 많은 관심을 기울였다. 그는 아일랜드에서 교육받은 패트릭의 전통을 가지고 있었기 때문이다. 켈틱의 문화, 전통 시, 노래, 전래적인 이야기의 기록 등을 전달하고 보관하여 연구·발전시킨 것은 수도원의 공헌 중에 하나이다. 아일랜드와 스코틀랜드가 로마와 스칸디나비아의 공격, 그리고 앵글로의 지배하에 있으면서도 켈틱 문화전통을 유지하게 한 것은 교회의 역할이 컸다. 콜럼바는 사제이면서도 시인이었다. 그는 많은 기도문과 노래와 글을 남겼다. 이것은 스코틀랜드 문학의 발전에 큰 공헌을 하였다.

지금도 스코틀랜드의 그라스고(Glasgow)에 본부를 두고, 아이오나섬에 훈련장소를 둔 아이오나 신앙공동체는 켈틱 공동체가 가지고 있던 영성을 현대적으로 해석하며, 그 영성을 실천하는 선교공동체로 유명하다. 해마다 많은 사람들이 정의, 평화, 자연의 돌봄, 화해, 섬김과 기도와 명상 선교에 기초한 아이오나 공동체를 방문하고 교육 프로그램에 참여하여 켈틱 신앙공동체의 정신을 배우고 간다. 현대적인 아이오나 공동체는 1938년에 조지 맥클라우드(George MacLeod) 영국교회 감독에 의하여 창설되었다.

현대교회는 신앙공동체의 가치를 재발견하기를 원하고 있다. 이런 점에서 켈틱 교회는 아직도 현대교회에 신선한 신앙공동체의 모델을 제시하는 교회의 특성을 지니고 있다고 할 수 있다. 현대 도시화 사회에서 현대교회는 공동체의 중요성을 재발견하기를 원하고 있다. 교회가 속하여 있는 마을공동체의 일원이 되어 선교하기를 원하고 있다. 현대교회는 수준 높은 제자도의 영성을 세상 나라에 보여 주기를 원하고 있다. 이런 점에서 콜럼바 수도원교회 모델은 현대교회에서 재발견되어야 할 가치 있는 교회 모습이 될 수 있다. 켈틱 기독교회와 현대교회는 역사상의 긴 시간과 공간을 넘어 상호관계성을 가지게 한다.

3) 켈틱 교회와 환대(hospitality) : 공공신학 그리고 다문화신학의 접근 가능성

이안 브레들리가 쓴 *Columba : Prilgrim and Penitent*에서 콜럼바가 세운 수도원은 수도원교회였다고 특징을 정리하였다.[22] 콜럼바의 교회 수도원은 다른 사람들을 섬기고 환대(hospitality)하는 신앙공동체였다. 앞에서 지적하였듯이 그의 다른 책 *Colonies of Heaven*에서 이안 브레들리는 이러한 섬기는 교회공동체를 가리켜 '하늘 모델 공동체'(colonies of heaven)라고 불렀다.[23]

이안 브레들리는 현대교회가 커뮤니티 교회가 되어야 한다고 말한다.

22) Ian Bradley, *Columba : Pilgrim and Penitent*, Wild goose Publications, 1996, p. 67.
23) Ian Bradley, *Colonies of Heaven*, p. 19.

그래서 새롭게 세워지는 교회의 역할은 예배와 영성훈련과 인간의 필요를 도와주는 신앙 공동체가 되어야 한다.

이미 켈틱 교회들은 이러한 전인적 모델을 갖춘 교회를 운영하고 있었다. 마을에서 켈틱 수도원은 교회로서의 예배와 선교의 중심 역할을 하였다. 이안 브레들리의 연구에 의하면 이 수도원에는 수양관이 있어 그곳에서 기도와 영적 치유가 이뤄졌다. 병원이 있어 마을사람들을 치료하였다. 교회가 숙박시설을 갖추고 있어 그곳에서 여행자들이 머물다 갈 수 있었다. 공예제작소를 운영하여 기술을 가르쳤고, 학교와 대학도 운영하였다. 교회가 예배, 영성훈련, 그리고 복지시설 세 가지의 구조를 갖고 있었던 곳이 켈틱 수도원교회였다. 교회는 마을의 중심이 되었다.

켈틱 교회가 중요시했던 것 중에 하나는 환대(hospitality)하는 장소였다. 손님이 머물다 가는 곳을 'hospitium'이라고 불렀다.[24] 이 말은 후에 환대, 즉 'hospitality'라는 말이 되었다. 수도원에서 가장 좋은 곳에 숙소가 있어(house of hospitality) 나그네들이 머물 수 있었고 좋은 식사를 나그네들에게 대접하였다.

기록에 의하면 콜럼바가 데리 지역에 세운 교회는 매일 천여 명의 배고픈 사람들에게 음식을 제공하였다고 한다.[25] 집사장은 매일 버터를 만들며 한 덩어리는 수도사들을 위하여, 한 덩어리는 그리스도, 즉 가난한 이들을 위하여, 그리고 세 번째가 자신을 위한 것이었다고 한다.

켈틱 신자였던 여 집사가 있었다. 어느 겨울날이었다. 눈 내리는 저녁이었다. 병든 한 낯선 사람이 찾아왔다. 그를 반겨 몸을 따뜻하게 녹여 주었고 돌봐 주었다. 그를 위하여 식사를 준비했는데 와서 보니 눈

24) Ibid., p. 12.
25) Ibid.

위에 발자국을 남기지 않은 채 사라진 것을 발견하였다. 부엌에는 새롭게 구운 세 개의 빵이 아직도 따끈한 상태로 식탁 위에 있었다. 그는 하나님이 보낸 천사를 환대한 것이었다. 그녀의 친절이 얼마나 큰 것인지 하나님이 천사를 보내어 확인하고 격려하신 것이다. 나그네를 대접하는 것은 그들에게는 천사 혹은 그리스도를 접대하는 심정으로 환대한 것이었다.

이러한 전통은 지금도 계속되고 있다. 현재 호주 시드니 애쉬필드에 가면 애쉬필드 Uniting Church가 운영하는 엑소더스(Exodus) 급식소가 있다. 이곳에서 점심을 대접받고 가는 외로운 사람들의 수가 하루에도 300명이 넘는다. 그들에게 접대하는 음식이 결코 소홀하지 않은 좋은 음식인 것을 보고 놀란 적이 있다. 환대는 최선을 다하는 마음으로 하는 것을 뜻한다.

위에서 살펴본 바와 같이 환대는 켈틱 수도원의 생활에서는 중요한 목회사역이었다. 초기 중세기의 아일랜드, 스코틀랜드, 잉글랜드와 웨일스에 있는 수도원들은 한결같이 환대의 목회(ministry of Hospitality)를 하였다.[26)]

수도원은 손님을 환대하는 삶의 태도를 통해 인간을 환대하는 그리스도를 만나도록 도와주었다.[27)] 가난한 사람들과 순례자들을 맞아들여 그들의 필요를 채워 주었으며, 그들이 수도원의 영적 생활, 기도, 예배, 명상, 침묵 등의 영적인 생활에 참여하도록 도와주므로 영적으로 그리스도의 환대를 받을 수 있도록 도와주었다. 켈틱의 환대는 단순한 급식

---

26) Ian Bradley, *Colonies of Heavens*, p. 12.

27) See, Lucien Richard, *Living the hospitality of God*, New York, Mahway, N. J. Paulist Press, 2000. Kevin D. O. Gorman and Alison I. Marison, Monastic Hospitality ; from philosophy to practical theology, International hospitality and Tourism virtual conference, 2007.

소의 역할이 아니라 공동체의 일원, 즉 한 가족이 되도록 환영하는 하늘나라의 전조(sign)였다. 수도원은 하나님에게 그들의 삶을 헌신하는 장소였지만 공동체와 하나님과 함께 만날 수 있도록 관계 역할을 이어 주는 곳이었다. 수도원이 영적 공동체로 폐쇄되어 있지 않았다.

켈틱 기독교의 수도승들은 그 이웃과 타자 안에서 그리스도를 만났다. 즉, 손님들은 수도승들 안에서 자기들을 환대하시는 그리스도를 만나며, 수도승들은 손님을 환대하므로 그들 속에서 그리스도를 발견하였던 것이다. 수도원을 찾아오는 이들은 수도승들과 함께하는 공동기도에 참여하도록 함으로써 그들을 환대하시는 그리스도를 경험하였으며, 그리스도 안에서 사랑을 함께 나눠야 할 형제자매 됨을 배워 갔다.

낯선 이들이 하나님의 백성으로 환대받을 수 있도록 그들의 삶을 도와주었으며, 낯선 이들이 이 세상에서 환대받으며 살아갈 수 있도록 공익(Common Good)을 증대시키도록 공적 행위에 참여하였다. 수도원은 낯선 이들을 환대하여 그들이 영적으로, 정신적, 신체적으로 생활하도록 영적인 생활, 교육적, 복지 프로그램을 개발하여 돌봐 주었다.

현대신학 중에서 공공신학은 환대를 중요시한다. 사회에 소외된 사람들을 예수님은 환대하셨으며 그들의 친구가 되셨다. 환대신학은 성경에 많은 근거를 가지고 있다. 구약에서 하나님은 이스라엘 민족들에게 분부하셨다. “너는 이방 나그네를 압제하지 말라 너희가 애굽 땅에서 나그네 되었었은즉 나그네의 사정을 아느니라”(출 23 : 9). 아브라함이 나그네를 환대한 것이 축복의 결과를 가져오게 했다(창 18 : 1-15). 신약에서 예수님은 소외자들을 환대하셨다(마 11 : 28). 누가복음에서는 선한 사마리아 사람이 보여 준 환대(눅 10 : 25-37), 세리 삭개오의 환대(19 : 1-10), 엠마오 도상에서 만난 낯선 사람의 환대가 부활의 주님을 만나는 계기가 되었다(눅 24 : 26-35). 베드로전서는 크리스천들을 영원한 천성을 향하여 가는 나그네로 보았다(벧전 2 : 11-12).

성경에서 그 나그네는 모두 택한 하나님의 백성으로 존귀한 환대를 받는다. 교회공동체는 폐쇄된 공동체가 아니다. 이웃을 환대하고 낯선 이들이 이 세상에서 환대받도록 도와주는 공동체로 열려 있어야 한다. 마태복음에서 주님은 "내가 나그네 되었을(stranger) 때 너희는 나를 맞아 주었다."라고 말씀하고 계신다(마 25 : 31-46).

환대와 문화, 환대와 다문화주의에 관해서도 켈틱 기독교회에서 배울 것이 있다. 켈틱 기독교회는 이교도 문화 세계에 복음을 전할 때 그 문화를 죄의 문화로 정죄하지 않았다. 그 문화와 적극적으로 만나고, 이해하고, 그 문화와 함께하는 사람들을 환대한 것이다.

환대는 인간 존재의 성장을 돕는 길이 된다. 문화의 우열에서 환대의 가치가 이해되는 것이 아니라 인간의 가치와 존엄성이 환대의 기준이 된다. 그래서 환대는 나그네, 낯선 사람들, 소외자들, 그리고 그 문화와 함께 그 문화의 사람을 인간으로 환영한다. 환대의 철학은 단순히 환영으로 머무는 것이 아니다. 인간 존재의 성장을 돕는 것이 환대이다(Hospitality helps growth of human being). 주님께서 가르친 것같이 배고픈 자에게는 먹을 것을 주며, 목마른 자에게는 마실 것을 주며, 헐벗은 자에게는 입을 것을 줌으로 인간 됨을 경험하게 한다. 문화가 인간을 비인간화한다면 그 비인간화되는 문화의 요소가 개혁되게 함으로 인간 됨을 경험하게 한다.

법이 인간을 비인간화한다면 그 법의 개선을 통해 인간 됨을 경험하도록 돕는다. 사회가 인간을 비인간화한다면 사회정의를 세우는 일을 통하여 환대는 인간을 돕는다. 종교가 인간을 비인간화한다면 환대는 그 종교에 대하여 인간의 존엄성이 회복되도록 종교의 마력화에서 인간의 가치를 재발견하도록 돕는 것이다. 환대는 사회에서 인간이 인간답게 살아가도록 법적 공간을 끊임없이 개선하고 만들어 가도록 노력하게 한다. 이 나라 저 나라를 찾아 이동하는 노동인구, 전쟁의 피난민들과 난민들, 그리고 불법 체류자들은 현대사회의 현상들이다. 이들을 환대할 수 있는 법적인 장치도 만들어져야 한다. 이 낯선 이들은 개인의 차원을 넘어 국가 차원에서 법적으로 환대할 수 있는 제도가 필요한 것이다.

켈틱 수도원은 함께 일하고, 함께 먹고, 함께 예배하며, 함께 생활하였다. 이런 생활에서 그리스도가 가르쳐 주신 섬김의 도리를 수행하는 것이었다. 이런 생활원칙은 다문화 사회에서도 적용될 수 있다. 다문화 사회는 문화의 가치를 존중하며 공익을 함께 나눌 수 있는 여건이 만들어진 사회이다. 인간의 재능과 기술교육을 통하여 낯선 사회에 적응하도록 돌봐 주며, 함께 먹고 함께 살 수 있는 경제정의가 이뤄지도록 이민자들에게 배려를 만들어 주는 공익 사회로 발전해야 환대가 이뤄지는 다문화 사회가 된다.

환대(hospitality)신학의 목표는 타자의 모습에서 인간 됨을 재확인하며, 인간이 되도록 도와주는 인간화의 원칙을 가진다. 20세기에 본회퍼가 쓴 「신도의 공동생활」은 곧 수도생활의 환대의 영성이 반영된 신학이며, 그리스도를 통한 인간화의 관심을 가진 환대를 실천하는(doing) 신학적 성찰이다.[28]

4) 환대를 자연에게까지 확장하라 : 생태신학의 접근 가능

콜럼바의 영성에는 자연을 사랑하며, 돌보고, 또 자연을 통한 하나님의 계시를 찬양하는 시편적인 영성을 가지고 있다.

콜럼바는 그의 제자들에게 방문하는 사람들만 환대할 것이 아니라 방문하는 철새들과 짐승들에게도 환대를 나눠 주도록 가르쳤다. 아이오나 공동체는 다음과 같은 이야기를 소유하고 있다. 하루는 날개를 다친

28) 본회퍼, 손규태 옮김, 「신도의 공동생활」, 대한기독교서회, 2010.

기러기가 찾아왔다. 수도사는 며칠 동안 지극히 돌봐 주며 치료하였다. 얼마 후에 기러기는 자기의 갈 곳으로 날아갔다.

그런데 치료받은 기러기가 해마다 수도원을 찾아와 날개를 펼치고 춤을 추며 수도사들을 기쁘게 해 주며 며칠을 수도원 뜰에서 지내다가 다시 먼 길을 날아가곤 하였다. 친절이 사람을 넘어 동식물에게도 전달되어야 한다고 수도사들에게 가르친 결과의 좋은 예화가 되었다. 환대는 자연에게까지 확장되어야 한다.

웨스턴 신학전통은 인간의 지성을 중요시한다. 켈틱은 이를 넘어 인간의 사랑과 돌봄이 자연에까지 확장되어야 한다고 주장하고 있다. 최근에는 Eco-신학이 등장하였다. 즉, 환경신학을 뜻하는 말이다. 자연과 인간이 공존하여 함께 살지 않으면 지구에 위기가 온다. 켈틱 신학은 처음부터 자연과 인간이 더불어 사는 삶을 가르쳤다.

콜럼바의 죽음을 미리 알고 그의 애마가 슬퍼하고 있다.

콜럼바가 자신의 임종이 가까운 것을 알게 되었다. 그가 평소에 사랑하던 애마가 있었다. 그 말이 나무 아래 앉아 있는 콜럼바에게 걸어와 가슴에 안겨 눈물을 흘렸다고 전해진다. 동물과 인간의 마음이 함께 통하는 교감이었다. 콜럼바는 저녁미사가 끝나는 시간에 시편을 외우며 평소에 말씀을 전하던 제단에서 숨을 거두었다. 천사들이 내려와 그의 영혼을 받들고 하늘나라로 올라갔다고 전해지고 있다. 그때가 그의 나이 76세였다. 그는 스코틀랜드를 기독교국가로 개종시킨 사도였다. 그의 평생에 300개가 넘는 수도원교회를 개척하였으며, 스코틀랜드의 픽트들이 기독교를 받아들임으로 오늘날의 스코틀랜드가 있게 하였다.

아이오나 공동체가 성령의 상징으로 사용하는 기러기

아이오나 공동체에서 출간되는 기도문들은 자연을 통한 하나님의 영광을 시편적으로 표현하는 것이 많다. 자연을 통한 하나님에 대한 찬양과 기도와 시, 그리고 자연에 대한 사랑은 켈틱 기독교의 특징이었다. 이것은 콜럼바의 영향이다. 다음 기도문을 인용한다.

> 전능하신 하나님
> 모든 태양 뒤에 있는 태양
> 모든 영혼 뒤에 있는 영혼
> 창조된 모든 것 안에 당신은 계십니다
> 우리의 모든 친구 안에
> 당신의 현존은 찬란한 태양빛.[29)]

기도문에는 하나님, 자연, 인간이 함께 어울려 표현되어 있다. 20세기 생태 환경신학의 발견은 기독교가 자연을 배제하고 인간중심 신앙관

29) J. Philip Newell, *Listening for the Heartbeat of God*, a Celtic Spirituality, SPCK, 1997, p. 87.

을 강조하므로 지구 자체의 균형을 깨트려 지구의 생존 위기를 가지고 왔음을 반성하고 있다. 켈틱 기독교회는 창조주 하나님이 자연을 창조하시고 영속적인 창조 활동을 고백하며 창조의 틀 안에서 인간과 자연의 관계를 통전적으로 이해하므로 기도와 명상과 제자도의 수행의 폭을 인간관계에서 자연까지 포함하고 있다.[30)]

천년을 지켜 온 아오나 섬의 켈틱 기독교 영성의 조각

5) 공공적 삶 속에서 가지는 수도영성(Public Spiritual Discipline)

켈틱 수도원은 중세기의 우리가 생각하는 세상과 분리된 금욕의 현장이 아니다.

수도원 하면 움베르토 에코(Umberto Eco)가 쓴 「장미의 이름」(*the*

---

30) 켈틱 생태신학 연구에는 다음 책이 도움이 될 것이다. H. Paul, Santire, *Nature : The Ecological and Cosmic Praise of Christian Theology*, Minneapolis ; fortress Press, 2000.

name of the Rose)이라는 소설을 연상하게 된다. 어둠 속에만 갇혀 있던 중세기의 어두운 베네딕트(Benedictine) 수도원을 떠올리게 한다. 소설에서 보여 주듯이 도서관장 조지(Jorge de Burge) 신부는 '웃음' 때문에 연쇄살인을 저지르게 된다.

그는 인간의 웃음, 즉 현세의 행복이 신의 은총이라는 르네상스 철학에 맞서 중세의 경건주의와 반대되는 것으로 막아야 된다고 믿고 있었다. 현실을 즐기자는 것은 교회의 엄숙주의에 정면으로 위배되는 것이기 때문이다. 조지 신부는 아리스토텔레스의 「시학」의 둘째 권 「희극」(Copy of Aristotle's *Second Book o Poetics*)을 읽는 것을 금하였다(첫째 권은 비극임). 이 책을 열람할 경우 책장에 독약을 발라 놓아 이 책을 읽는 이로 하여금 독약에 취해 죽음에 이르게 하였다.

인간의 행복을 뒷받침하기 위해서는 자연과학적 지식이 필요한데, 이것은 전통적인 중세의 철학에 위배되므로 반대해야 된다고 믿고 있었다. 이때는 이미 지동설 등이 시작되어 스콜라 철학에 저항하고 있던 시대적 배경을 보여 주고 있던 때였다. 스콜라 철학은 아리스토텔레스 철학 이론을 따르지만 도덕성과 형이상학적이며 신학에 바탕을 둔 철학으로 중세기의 베네딕트 수도원의 기초가 되도록 하였다. 「그리스도를 본받아」 저자 토마스 아퀴나스는 대표적인 스콜라 철학자 중에 하나이다.

베네딕트 수도사들은 세상과 결별하고 자기 수련에만 전념하였다. 수도원은 영적 생활을 하기 위한 수도사들의 은신처가 되었다. 실제로 서구교회의 역사는 수도원의 역사 이해 없이 서구의 기독교의 역사를 이해할 수 없다. 종교개혁자 마틴 루터도 수도원 수도사 출신이었지만 후에 인문주의 철학에 눈을 뜬 수도사였다.

켈틱 수도원은 이런 수도원과는 처음부터 달리 시작하였다. 그리스도를 위해 자신의 생을 포기하는 사람들이 어떻게 이웃과 세상을 위한 삶을 살 수 있는지를 묻고 있었다. 켈틱 수도원은 수도원이 가지는 본래의 정신인 이 땅에서 예수님이 살았던 삶의 모습을 어떻게 이 세상에 실현해야 하는지 몸으로 보여 주려고 노력한 공동체였다.

켈틱 기독교회의 영성의 특징은 수도원 속의 영성이 아니고 수도원에서 나와 세상 속에서 영성을 키워 나가는 삶과 관계된 영성이다. 이와 같은 특성을 나는 '공공적 삶 속에서 가지는 수도영성'(Public Spiritual Discipline)이라고 부르기를 좋아한다.

수도사들은 세상을 걸어 다니며 낯선 지역을 찾아 배우고 연구하며 복음을 전하였다. 걸어 다니는 사람들이라고 말할 수 있는 구도자들은 영적인 일기(Spiritual Journal)를 통하여 하나님이 동행하시며 나그네로 이곳저곳을 돌아다니며 발견하고, 경험하고, 명상한 내용을 영적 일기로 기록하여 전하였다. 수도사들의 경험은 새로운 학문, 지식, 철학, 과학에 이르기까지 낯선 지역을 돌아다니며 접촉하고, 전하며, 전달하는 자들이었다. 그들은 기독교를 다양하게 이해하고 세상과 접촉할 수 있는 교두보들이 되었다. 사람들은 켈틱 선교사들을 세상을 걸어 다니는 사람들, 나그네(Peregrine)라고 불렀다.

수도사들은 자연, 들, 산, 하늘과 새와 꽃과 바다를 바라보며 하나님의 은혜와 선하심과 영광을 표현하고 명상하기를 즐겨하였다. 수도원 안에서의 눈을 감고하는 명상보다 자연을 바라보며 하는 명상과 조용한 시간(Quite Time)을 선호하였다. 켈틱 교회에서 발견되는 기도문과 명상들은 시편적인 것이 많다.

수도원 마을 사람들은 수도원에서 복사한 쪽복음을 가지고 다니며 노동의 휴식 시간에 읽고 기도하였다. 영성훈련에서 중요시하는 영적 일기 쓰기, 기도, 명상, 성경 봉독, 섬김, 성인들의 이야기를 읽고 순례하며, 전도와 영혼의 친구들과의 함께 나눔 등이 자연스럽게 수도원 안에서와 수도원 밖의 마을 사람들 사이에서 이뤄졌다. 켈틱 수도원에는 성경 복사를 위한 기구가 있었으며, 신도지침서나 명상문을 기록한 도서들을 출판하여 보급하였고, 매듭문화를 통하여 항상 기독교 이미지들을 일상생활에서 접촉할 수 있게 하였다.

마을공동체가 가지는 정치, 경제, 사회 문제는 곧 수도원이 해답을 주고 정의 문제에 참여하여 하나님의 뜻이 땅에 실현되도록 노력하였다. 수도사들 중에는 전문인들이 많았다. 그 전문 지식을 가지고 마을 사람들을 도와주었다. 즉, 공공 유익에 참여하는 기독교회가 켈틱 기독교의 특성이었다. 켈틱 기독교의 장점은 수도원이 예배공동체이며 동시에 수도원 훈련공동체이며, 교육의 공동체이며, 동시에 섬김의 공동체라는 특성을 가지고 있다는 것이었다.

켈틱 공동체는 현대 기독교인들이 선호하는 교회관의 모습을 지니고 있었다. 교회와 세상과 경계(boundary)가 사라진 생활 속에서의 기독교인이 되기를 시도하였다. 켈틱 기독교회는 개인의 영혼 안에만 머물거나 가정의 울타리 안에만 거하지 않고 개인을 넘어 이웃으로, 가정의 울타리를 넘어 세계로 나가는 기독교회였다. 이런 기독교 정신에 기초하였던 켈틱 영성은 오늘 현대교회에게 요구되는 영성이다. 바쁜 현대인들이 직장을 휴가 내어 기도원에 가야만 이뤄지는 특수 영성이 아니고 일상생활 속에서 실천하여야 하는 공공 영성이다. 개인 기도를 통해서만 이뤄지는 영성이 아니고 공공 현장에서 이뤄지는 공공 영성이다. 신앙을 교회 안에만 머물게 하여 세속 사회에서 밀려난 교회로 만들거나 세상과 교회를 분리시키는 영성이 아니라 세상과 함께 있는 영성으로 세속화를 통한 신의 거룩함을 드러내는 공공 영성이었다.

20세기에 맥클라우드가 창설한 현대 아이오나 신앙공동체는 이러한 켈틱 기독교의 특성을 되살려, 영성훈련, 사회정의와 평화 실현에 참여, 기도와 예배, 섬김과 훈련을 중요시하는 에큐메니칼 선교단체로 성장하였다.

4. 켈틱 기독교회와 휘트비 총회(Synod of Witby)

패트릭, 콜럼바와 켈틱 선교사들은 수도원을 중심으로 앵글로-켈틱 세계에 문화적, 신앙적, 정치적 결집력을 제공하고 역사의식을 일깨워 왔다. 켈틱 기독교는 중앙집권적 체제를 이루고 있지는 않았다. 이와 달리 로마신성제국의 세력 팽창과 로마가톨릭 체계는 교황 주권적(papal Authority) 제도를 가지고 유럽 제국을 기독교 제국으로 만들기 위하여 정치적 세력을 팽창하여 갔다. 이 두 제도는 현대교회에서 말하고 있는 지역교회 중심과 중앙집권 교권 중심의 교회 간의 싸움과도 같은 것이었다. 켈틱 수도원은 자율적 운영체제였다. 그러면서도 서로 간의 유대관계를 가지고 있었다. 그 유대관계는 제도로 묶여져 있는 것이 아니라 복음 선교라는 사명과 그리스도의 지체로서의 일치였다. 그러나 로마 교황청의 교회는 중앙집권적 제도로 유대감을 가지고 있는 기구적 조직 교회였다. 패트릭이나 콜럼바는 자율적 독립 선교사들이었지만 캔터베리에 파송된 어거스틴은 중앙 연대를 가지고 선교하였다.

그레고리 대제는 잉글랜드에 로마교황청의 확장을 위하여 AD 597년에 캔터베리에 어거스틴(이는 hippo의 어거스틴이 아님.)과 40명의 수도사들을 파송하여 선교 근거지를 열게 되었다. 로마교황청의 강한 중앙집권적 지원하에 기독교가 잉글랜드에 정착하여 확장되어 갔다. 교회역사가 라토레트가 지적하였듯이 영국에는 기독교의 두 원천이 있었다. 하나는 아이오나이며 다른 하나는 캔터베리였다. 그 선교의 방법도 달랐다. 하나는 중앙집권적 연대 조직을 가지고 있었고 다른 하나는 자율적 선교 방침을 가지고 있었다. 이런 자율적 선교의 성격에 성령의 운동이 첨부되어 기적, 치료, 돌봄이 많이 강조되었다. 두 선교 스타일은 지금도 선교의 방침에 연구 대상이 될 수 있다.

AD 5~11세기까지 영국, 스코틀랜드, 아일랜드에 자리 잡고 있었던 켈틱 기독교는 요한의 권위를 더 중요시하였다. 켈틱 교회는 부활절의 계산법도 요한복음의 계산법을 따랐다. 유대 월력은 일 년을 353일로 계산하지만 AD 46년경에 만든 줄리어스(Julius) 태양력은 365일로 계산한다. 11일 간의 오차가 있다(현대 태양력도 오차가 있어 2월 달을 29일 혹은 28일로 만든다). 1582년에 그레고리(Gregory 8세)는 태양력의 오차를 수정한 그레고리 역을 사용하도록 선포하였다. 지금은 그레고리 역에 기초하여 천문대의 발전과 함께 월력이 만들어졌다. 부활절 계산법은 지금도 니케아 회의 원칙대로 춘분 만월 다음 첫 주일이 부활절이 된다. 이와 같은 계산과 함께 수난절의 교회 행사와 부활절의 행사를 교회는 계획하게 된다.

일 년의 주기를 353일로 계산한 유대 월력은 일 년을 365일로 계산한 줄리어스 월력 계산보다 11일 간의 차이가 있었고, 또한 켈틱 기독교는 요한복음 19 : 14에 기록된 니산월(14일 유월절 축제일) 기준으로 부활절을 계산하여 부활절을 지켰다. 이와 같은 계산 때문에 부활절이 주일 곧 일요일이 아닐 수 있었다. 그러나 로마교회는 AD 325년 소아시아 니케아(Nicaea) 회의에서 결정한 춘분 첫 만월 첫 번 일요일을 부활절로 하는 원칙을 가지고 부활절로 지키고 있었고 부활주일은 항상 주일날이 되었다.

그레고리(Gregory the Great, 540-604)가 596년에 교황이 되었고 그의 정책은 세계를 기독교 왕국(Gregory Mission Dream)으로 만드는 것이었다. 그는 어거스틴(Augustine of Hippo)의 두 세계 왕국 개념을 신봉하여 이 세상은 악한 세상이어서 기독교로 정복되어야 한다고 믿었다. 그레고리는 "교회밖에 구원이 없다."는 주장을 제창한 교황이었다. 교황의 권위는 베드로의 후계자로서 베드로에게 준 천국의 열쇠를 이어받은 자이다. 이러한 이론과 함께 교황권 확립, 연옥설, 교황은 교회의 머리 등 중세기 교황 시대의 문을 연 사람이 되었다. 그는 천주교가 들어가는 곳에는 수도원의 원칙인 베네딕트 규칙(Benedict 73 rule)을 따르도록 명령하였다. 앵글로-켈틱 문화권에 로마 세력의 확장과 교황권의 확장에 있어 켈틱 기독교회가 걸림돌이 되었다.

그레고리 교황은 그의 이상을 실현하기 위해 597년에 어거스틴(Augustine of Canterbury ; not Augustine of Hippo)을 영국 켄트(Kent) 왕국에 파송하였다. 그는 캔터베리 로마교회를 세우고 첫 캔터베리 주교가 되었다. 그해 성탄절에 켄트 왕후가 세례를 받았다. 다음해는 켄트 왕 에설버트(Ethelbert, 560-616)가 세례를 받았다. 1066년 이후 영국은 로마가톨릭 교권 속에 귀속되었다.

켈틱 교회가 로마가톨릭이 되는 과정에서 AD 664년, 소위 휘트비 공의회(Synod of Whitby)라는 논쟁이 있었다.

이 논쟁의 주요 쟁점은 위에서 말한 부활절의 계산법이었다. 켈틱 교회는 요한복음의 전통에 따라 요한복음 19 : 14에 기초하여 부활절을 지켰지만 로마교회는 베드로의 후계자인 교황이 선포한 춘분 다음 첫 만월 후 첫째 주일을 지키도록 하였다.

로마교회의 대표 주교 윌프리드(Wilfrid, 633-709)는 이 계산법이 로마 선교의 대표자였던 베드로의 권위에 기초한 것임을 강조하였다. 이 논쟁에서 켈틱 교회 대표 콜만(Colman, 605-675)과 아이단(Aidan)은 켈틱 전통이 요한의 권위부터 유래된 것을 주장하였고, 켈틱 교부들의 가르침에 기초하여 논리를 전개하였다.

이 총회를 주선했던 영국 왕 오스왈드(Oswald, 604-642)가 로마교회를 지원하게 되면서 승리는 로마교회로 돌아가게 된다. 오스왈드 왕은 본인이 켈틱 교회에서 세례를 받은 교인이었지만 부인은 천주교회에서 세례를 받았다. 때문에 황실 내에서 두 개의 서로 다른 부활절을 지키는 어려움이 있었다. 이 총회가 있을 당시에는 영국 내에 교황청의 상당한 영향력이 작용하고 있을 때였다. 오스왈드 왕이 교황청을 지지

하게 된 것은 정치적인 이유 때문이었다.

필립 뉴엘(Philip Newell)은 이 논쟁이 요한의 전통과 베드로의 전통 중 어느 것이 정통이 되느냐의 신학적 판가름으로 발전하여 베드로와 요한을 성서적으로 대결시킴으로써 성서가 갖는 풍부한 영적인 이해를 제한하게 되는 비극을 교회역사에 가져오게 했다고 했다.[31] 이 총회에서 다루어진 논쟁 중에 다른 하나는 로마교황청 소속 베네딕트 수도사들과 켈틱 수도원의 수도사들의 머리 형태였다. 베네딕트 수도사들의 형태는 크라운 형태로 삭발하였고, 켈틱은 아치형으로 삭발하였다. 이것도 베네딕트 삭발 형태를 따르도록 이 회의에서 결정하였다.

AD 664년 휘트비 종교회의에서 얻어 낸 논쟁의 승리로 탄력을 얻은 로마교회는 히포의 어거스틴과 다른 신학 이론을 가지고 있던 펠라기우스(Pelagius, AD 354-420/440)를 카르타고 회의(Council of Carthago)에서 이단으로 정죄하고, 어거스틴의 은총과 죄론, 그리고 베네딕트 수도원의 대원칙, 어거스틴의 두 왕국 개념, 그리고 베드로의 후계자로서의 교황권을 켈틱 세계에 확장시켜 나갔다.

로마교황청은 사도 바울의 고향인 터키의 다소 출신 데오도르(Thedore, 759-826)를 캔터베리에 파송하여 대주교로 임명하고, 지역교회들의 결속과 교황 중심의 조직적 기능을 제도화하며, 사제들을 훈련하여 켈틱 교회의 리더십을 대치시켰다.[32]

수도원적인 제도는 가톨릭의 베네딕트 제도를 따르게 하였다. 베네딕트의 3가지 원칙은 (1) 수도원의 교황청 예속, (2) 가난과 정절에 대한 서약, (3) 하나님과 그리스도의 대표자인 대수도원장에 대한 절대복종으로 요약될 수 있다.

---

31) Philip Newell, op. cit, p. 2.
32) Latourette, op. cit, p. 75.

로마교황청 이름하에 켈틱 수도원의 자발적 운영과 다양성은 더 이상 인정되지 않았다. 교황청에 예속된 수도원은 대수도원장에 절대복종하여야 한다. 켈틱 교회가 해 왔던 예배, 예전의 집행, 목회적인 돌봄, 전도와 교육의 장소는 더 이상 허락되지 않았고 모두가 천주교회에 흡수되어 버렸다. 재산도 흡수되었다. 사제훈련도 천주교 교황청이 관장하고 교황청에 의하여 교육받고 안수된 사제들이 파송되었다. 이러한 과정으로 켈틱 세계에 있던 켈틱 수도원은 로마교황청의 동화와 통치가 이뤄졌으며 12세기에 있었던 그레고리안 개혁(Gregorian Reforms, 1150-1180) 이후 켈틱 기독교는 로마교황청에 완전히 흡수되었다. 그러나 켈틱 세계에서 천주교회는 켈틱 기독교 안에 정착된 것이었기 때문에 천주교회는 켈틱 기독교회의 성자들을 천주교회 성자로 받아들였으며, 켈틱 십자가와 켈틱 문장들이 천주교 안에서 사용되었다. 15세기 영국의 헨리 8세의 기독교회의 개혁과 함께 그 영성이 다시 회복될 수 있었다.

다른 한편 정치적으로는 바이킹들의 계속적인 켈틱 수도원 공격으로 인하여(역사가들은 300회 정도로 추산함.) 위기를 겪었으며, 기독교 인구가 감소되기 시작하였다. 바이킹들은 주로 해변가에 자리 잡고 있는 수도원들을 공격하였다. 첫 공격은 영국에 처음 세워진 Lindisfarne(린디스판) 수도원이 AD 793년 바이킹들에 의하여 공격되어 수도사들이 무참히 순교한다. 전하는 말에 의하며 바이킹들이 침범하기 전 해에 하늘에 용이 나타나 울었으며, 가뭄이 계속되었다고 한다.

하늘에 용(dragon)이 나타남을 요한계시록의 666의 마귀를 상징하는 용이라고 전해지기도 한다.[33] 아이오나도 AD 806년과 825년에 두 차례의 공격을 받고 방화되어 불타 버리고 만다. 바이킹들은 수도원을

---

33) Wikipedia : "Lindisfarne" 참조.

공격하여 금품들을 탈취하고, 방화하고, 사람들을 잡아 노예로 데려갔다. 켈틱 기독교인들이 노예로 흩어지고 바이킹족들의 부인이 되었다. 이런 아픔이 켈틱 신앙을 가지고 있던 부인들에 의하여 바이킹들을 선교하는 계기도 되었다.

1066년 바이킹들이 세운 노르웨이의 윌리엄 1세(1028-1087)가 스탬퍼드 전쟁(Stamford War, 1066)에서 승리하므로 영국은 Normanian-Anglo Kingdom이 시작되었다. 이 왕조는 교황청의 지원을 받고 있었다. 이때부터 잉글랜드 왕조를 노르웨이 앵글로 왕조라고 부른다. 결국 잉글랜드 브리튼 왕조들이 로마교황청의 지원을 받고 있던 바이킹들이 세운 노르웨이에 정복되었고 스테반(Stephen, 1096-1154)을 마지막 노르만(Norman) 왕으로 하는 긴 세기 동안 노르웨이-앵글로 왕조는 로마교황청과 함께 잉글랜드 세계를 통치하게 되었다.

그러나 역사학자들이 말하고 있듯이 로마 천주교회는 켈틱 기독교 안에 안식처(home)를 얻어 정착한 것이다.[34] 켈틱 기독교회는 AD 600~800년까지 영국에는 7개의 왕국(Northumbria, Mercia, Kent, East, Anglia, Essex and Wessex), 그리고 스코틀랜드, 아일랜드, 웨일스, 콘웰에서 활발히 성장하였다. 이 켈틱 세계에 천주교회가 정착하므로 로마 천주교회는 교회의 터전을 얻었기 때문에 천주교회가 켈틱 세계에 급속도로 확장될 수 있었다.

로마 천주교회는 켈틱의 교부들을 성자로 받아들였고, 십자가 형상, 그리고 영성들을 받아들이게 되었다.

잉글랜드는 기독교의 변화의 현장이었다. 천주교 세력의 주축이 바뀔 때마다 영향을 받았으며, 헨리 8세의 종교개혁이 이루어졌지만 다시

---

34) Chapman M. *the Celts, The Construc of a Myth*, Macmillan, London, 1992, p. 116.

메리 여왕의 등장은 개신교의 수난과 핍박을 가져왔다. 그리고 청교도들의 운동과 18세기의 감리교회, 장로교회, 구세군운동이 일어나기까지의 긴 기독교 역사를 가지고 있다. 잉글랜드, 스코틀랜드, 아일랜드는 켈틱 기독교의 토양 안에서 기독교가 성장하고 있었다. 잉글랜드를 포함한 켈틱 세계의 기독교는 켈틱 기독교, 로마 천주교회, 영국교회(Church of England), 청교도운동과 감리교, 장로교, 구세군 등 개신교회들이 탄생된다. 그러나 시기적으로, 사상적으로 서로 간에 중복되고(overlap), 교차되며, 성장되는 교회사였다.

콜럼바의 동료였던 갈(Gall)은 스위스에 가서 복음을 전하였다. 노덤브리아 태생으로 아일랜드 수도원에서 12년간 훈련을 받은 윌리브로드(Willibrord, 658-754)는 AD 690년경 12명의 동료 수도사들과 함께 독일의 야만인 프리지안(Frisians)들에게 복음을 전하였다. 프리지안들은 네덜란드에도 살고 있었다. 프리지안들은 윌리브로드를 사도로 추앙하고 있다. 독일의 사도로 불리는 보니페이스(Boniface, 680-754)는 영국 웨식스(Wessex) 왕국의 윈프리드(Winfrid)에서 탄생하였고 켈틱 기독교의 영향을 받은 선교사로 독일에서 선교하여 독일 역사에 큰 영향을 끼친 영국 사람이었다.

아이오나가 806년에 바이킹들에 의하여 공격받을 당시 탈출한 수도사들은 벨기움(Belgium), 프랑스(France), 그리고 스위스랜드(Switzerland)까지 가서 선교하며 수도원을 세웠다. 그중에 한 사람이 브라스맥(Blathmac, 750-835) 수도사였다. 그 후에 그는 아이오나로 돌아왔으나 825년에 아이오나가 2차 바이킹 공격을 받을 당시 제단에서 순교하였고 수도원은 불태워졌다.[35] 아이오나는 스코틀랜드와 잉글랜드의 선교 근원지였으나 20세기에 다시 복원되었다. 아일랜드에서 온 성자 콜

35) See, Internet Wikipedia "Iona Abby".

럼바누스(Columbanus, 540-615 of France)는 프랑스와 이탈리아, 그리고 스위스랜드에 이르기까지 켈틱 제도를 따르는 수도원을 세워 선교하였다.[36] 그는 특별히 자연과 동물과 새들을 사랑하였으며 금식을 기독교 경건생활에 도입하였다. 후에 성 프란체스코에게 영향을 끼쳤다.

11세기의 성 프란체스코도 켈틱 기독교회의 영향을 받은 수도사였다. 성 프란체스코의 삶의 일화에는 자연을 들어 하나님을 찬양하는 많은 찬양과 기도가 있다. 그는 자연을 형제와 자매라고 불렀다. 그의 일화에서는 인간을 해치는 늑대에게도 형제라 불렀다. 프란체스코는 켈틱 수도원에서처럼 여성 수도사들을 받아들였다. 크라라와 그의 동생 카테리나가 수도회에 연합하므로 가난한 자매들의회가 창립되어 후에 크라라 여수도원이 시작되었다. 이러한 성 프란체스코 수도원의 성격에는 켈틱 영성이 흐르고 있다.

5. 켈틱 기독교와 펠라기우스의 관계에 대한 오해

초기 교회사에 있었던 지혜의 교사들 중에 이레나이우스(Irenaeus AD 125-202)의 영향을 받은 펠라기우스(Pelagius)가 있다. 그는 이레나이우스보다 적극적으로 하나님의 선하심에 기초하여 인간의 죄 문제를 다룬 초기 교회사에 나타난 변증가였다. 먼저 교부 이레나이우스를 간단히 언급하기로 한다. 이레나이우스는 동방 기독교의 영향하에 있던 서머나 회의 감독이며 속사도로 알려진 폴리캅(Polycap, AD 69-155)의 제자였다. 폴리캅의 영향을 받은 이레나이우스는 기독교의 이단 영지주의자들에 대항하여 기독교의 정통성을 수립하고 기독교의 삼위일체 교리에 기초하여 창조론을 완성한 교부이기도 하다.

---

36) Wekepidia "Columbanus, 540-615 of France" 참조.

그의 대표적인 저술은 「이단들에 대항하여」(*Adversus Haereses Against Heresies* : 원제목 *Detection and Overthrow of the Pretended but False Gnosis*, 180-189 쓰임)라는 저술로 체계적으로 영지주의자들을 반박하였다. 기독교 이단자들이었던 영지주의자들은 물질세계와 정신세계를 날카롭게 구분시켜 물질세계는 악(evil)하고 정신세계는 선(good)한 것으로 가르치므로 물질세계를 창조한 창조자 하나님을 열등한 신으로 이해하였다. 이런 이론에 기초하여 구약의 하나님을 열등한 신이라고 했다. 구약과 신약, 그리고 삼위일체 교리신학에 도전하였으며 후에는 기독론에 가현설을 제기하였다. 구속자가 악한 육을 입고 오실 수 없다는 교리이다. 이러한 이단 교리에 대하여 이레나이우스는 「이단들에 대하여」라는 5권의 저서를 통하여 기독교의 정통성을 수립하는 데 공헌하였다.

이레나이우스의 영향을 받은 펠라기우스(British Isles 출신 AD 354-420/440)는 이레나이우스의 창조의 선함을 강조하고 한 걸음 더 나가 하나님의 형상으로 태어난 인간의 존엄성과 가치를 중요시하였다. 이런 그의 사고는 유아세례에서도 나타나 있다.

유아세례에 대한 펠라기우스의 입장은 어거스틴과 달랐다. 어거스틴(Augustine, AD 354-430)의 원죄론, 즉 아담의 죄는 유전하며 유아는 죄의 덩어리로 태어나므로 세례를 받지 않은 유아는 구원을 받지 못한다는 이론과도 대립하였다. 펠라기우스는 어린이는 선하게 탄생하여 세례 없이 죽어도 천국에 간다는 이론이다.

펠라기우스의 주장을 요약한다면 인간의 태어남은 어머니의 자궁으로부터 시작된 것이 아니다. 하나님의 형상을 가진 인간으로 태어나기 때문에 인간의 가치와 존엄성을 가지고 있다. 인간 생명의 무한한 존엄성과 가치는 하나님의 형상으로부터 온 것이다. 그것은 어머니의 자궁으로부터의 시작이 아니다. 아기는 신앙을 가지기 이전에 하나님이 주신 존귀한 생명을 가진 존귀한 인간으로 태어나며, 예수 그리스도가 값진 그의 생명을 십자가에 버리시며 구원할 가치가 있는 존재로서의 인간이다. 펠라기우스는 어거스틴의 원죄론이 이러한 위험성이 논의되지 않은 채 교회에서 받아들여진 것을 지적하였다.

어거스틴의 원죄는 하나님의 생명이 인간 생명의 원천이 되신다는 기독교의 교리에 배치되는 위험성을 지닌다고 본 것이다. 펠라기우스는 "본질적으로 하나님 없이 우리 어머니의 자궁 안에 있는 죄의 존재로 인간이 태어난다면 우리의 생명은 하나님이 우리 안에 심은 것으로부터 생겨나는 것이 아니라는 말인가?"라고 질문하게 된다. 우리는 태어난 아기를 죄인으로 보기 이전 하나님께서 아기에게 주신 생명의 신성함에 대한 감사로 태어난 아기를 환영해야 한다. 엄마의 산고의 진통 속에는 하나님의 산고를 동시에 느끼며 하나님의 창조의 영광을 찬양하게 되는 것이다.

유아세례와 원죄의 문제는 인류와의 관계성에서 설명할 수 있다. 히브리인들에게서 개인은 독자적인 존재라기보다는 하나의 공동체 일원으로서의 존재이다. 그것은 아담이 인류를 대표하며 그 안에 인류는 죄인이 된다. 아기가 비록 선한 존재로 태어나지만 그 태어나는 순간 그리고 그 이전 어머니의 자궁 안에 있는 동안에도 그 아기는 죄 된 인간공동체의 일원이라는 점에서 그는 죄인일 수 있다. 인류와의 관계에서 그는 죄인이며 그리스도를 필요로 한다. 생물학적 죄의 유전 혹은 하나님 형상의 상실이라기보다는 인류와의 관계성에서 그는 인류를 대표하는 죄 된 아담과의 관계에서 아담과 함께 죄인이다.

동시에 새 아담-제2의 아담 되시는 예수 그리스도와의 새로운 관계를 통하여 새 피조물의 공동체의 일원이 될 필요성을 가진다. 세례는 예수공동체의 일원이 되는 새 시작이 된다. 세례는 인류공동체를 성결하게 하는 길이며 동시에 죄인이 그리스도를 통하여 새로운 공동체로 연합하는 은혜의 방편이 된다. 역시 아기는 인격체로서 인류와의 관계를 가지며, 동시에 그리스도의 이름으로 성결하게 될 필요성을 지니며, 새 공동체의 일원이 되어야 한다. 이 필요성은 인격자로서 아기가 가질 권리이다. 아기는 유아세례를 필요로 한다. 부모가 예수님을 믿든지 믿지 않든지 태어날 때부터 가지는 아기의 권리를 제한할 수 있는 것은 아니다. 부모는 일정 기간 아기를 위한 후견자로서 천부적 권리를 행사할 수 있도록 도와줄 필요성이 있을 것이다.

켈틱 기독교회는 창세기 1장에서 인간이 하나님의 형상으로 지음받았으며 동시에 인간은 하나님 앞에서 죄인이라고 읽는다. 죄인 된 인간은 그리스도의 은혜를 필요로 하며, 하나님의 형상으로 태어난 인간은 고귀한 존엄성을 지니고 있어 세상의 어떤 권력이나 법에 의하여 무시되거나 가볍게 처리될 수 없다. 켈틱 기독교가 발견한 것은 인간의 존엄성과 가치성이다.

펠라기우스의 인간관이 무시되고 인간은 생물학적으로 죄인으로 태어난다는 교리는 어거스틴의 두 왕국 개념과 함께 죄 된 왕국과 교회왕국을 구분하였다. 이러한 두 왕국 개념은 중세기 제국에게 정복의 구실을 가져다주었으며 교황청이 역사적으로 저지른 비인간화의 정당성이 되었다. 우리는 2차 세계대전을 겪으며 기독교가 얼마나 악함에 참여할 수 있는지를 히틀러의 유태인 대량 학살과 일본 히로시마의 원자폭격을 통하여 저지른 대량 살육을 통하여 절감하게 되었다. 켈틱 기독교회로부터 생명의 존귀함을 처음부터 더 깊이 강조하고 배울 필요가 있다.

이상의 토의에서 본다면 어거스틴의 생물학적이며 영적인 죄의 유전설과 유아세례는 펠라기우스의 이해에서 보강될 필요가 있다.

펠라기우스가 초대교회에 끼친 영향은 가볍게 생각될 수 없다. 예수님의 제자 요한, 동방교회의 교부 폴리캅(Polycap, AD 69-155), 영지주의를 배격하고 기독교의 사도적 정통을 확립한 이레나이우스(Irenaeus, AD 125-202), 그리고 동방교회의 교리 성향과 가까운 켈틱 기독교회의 문맥에서도 연구되어야 한다. 당시 기독교 및 정치 상황에서도 이해되어야 한다. 당시에 서유럽 국제 정세와 서방 로마기독교 상황은 교황과 황제들이 영국 및 아일랜드를 정치적으로, 종교적으로 지배할 계획을 가지고 영국에 세력 확장 중에 있었으며, 교리적으로는 동방기독교를 제압하고 어거스틴의 교리가 서방기독교의 지배적인 흐름에 있었다. 사회적으로는 로마 사회와 기독교가 부패되었고, 사회는 운명론에 빠져 인간이 가지는 결단력, 책임감이 결여되어 도덕의 부패를 가져왔을 때 영국 출신 펠라기우스의 인간 의지와 책임의 주장은 지성인들의 호응을 받기에 충분하였으며, 부유함을 누렸던 교권자들에게는 위험한 존재였다.

로마기독교가 동방기독교의 영향을 받은 영국 아일스(British Isles) 출신인 펠라기우스의 제거는 종교적으로, 정치적으로 당연한 일이었다.

이런 이유로 어거스틴과 펠라기우스의 원죄론 논쟁은 충분한 검토 없이 펠라기우스를 이단으로 정죄하였고 하나님의 선하심(God's goodness), 하나님의 창조물의 아름다움을 통하여 하나님 영광의 아름다움을 표현하려는 시편 기자의 지혜는 인간중심적으로 제한되어 신학은 자연 환경과 인간관계의 관계성을 잊게 하였다.

6. 켈틱 기독교회와 요한 전통과 한국교회

1) 켈틱 문화권에 선교된 켈틱 기독교는 요한 전통을 중요시하였다

켈틱 교회의 역사적 현장을 돌아보면서 느끼는 것은 켈틱 교회는 초대교회의 전통을 수도원교회에 담아 전하려고 노력한 교회라고 생각을 정리하였다. 수 세기 동안 로마교황청은 베드로 사도권의 후계자인 교황을 축으로 하여 서방 세계를 정치적으로, 때로는 십자군을 일으켜 정복하고 지배하여 왔다.

소위 천주교회가 휘트비 총회에서 베드로의 사도권을 내세워 요한 전통을 내세운 켈틱 교회를 장악하는 계기를 마련하였다. 켈틱 문화권 안에 로마교황청이 확립해 가는 과정에서 켈틱 기독교회는 요한 전통을 가지고 교황청 권위에 대항하였으나 정치적으로 밀린 결과가 되었다. 이와 같은 교황청 권위에 대한 도전은 그 후에도 계속되어 14세기 영국의 존 위클리프(John Wycliffe, 1320-1384), 보미안의 얀 후스(Jan Hus, 1369-1415)로부터 시작하여 마틴 루터(Martin Luther, 1483-1546)와 칼뱅(John Calvin, 1504-1569)에 이르기까지 계속되었다. 적어도 켈틱 교회는 초대교회의 교회 본질을 유지하려고 교황청에 맞선 처음 교회로 보인다.

그러나 켈틱 교회가 제기했던 요한 전통을 이해하기 위해서는 복음서에서 베드로를 중심으로 한 복음서의 설화들(Episode)과 요한복음에서 기록된 자료들을 비교하여 이해할 필요가 있다. 이러한 전통들은 한국교회를 이해하는 데도 도움이 된다. 이곳에서는 현대 신학자들의 연구에 의하여 사용한 요한 전통이라는 말을 따르기로 한다.

마태복음에서는 베드로의 위상을 중요하게 편집하였다. 마태복음 16 : 13~20에서 베드로가 예수님을 하나님의 아들로 고백한 것은 하나님이 베드로에게 먼저 깨닫게 한 계시의 특권으로 예수님은 칭찬하시며 베드로에게 천국 열쇠를 맡기시며 그 반석 위에 교회를 세우리라고 하신다. 이와 같은 본문은 로마교황청의 교황권 확립과 로마교회의 교권 확립의 기초가 되었다. 요한복음에는 이 중요한 베드로의 고백의 기록이 빠져 있다. 오히려 요한은 예수님의 마지막 십자가 처형에서 예수님의 어머니 마리아와 함께 십자가 곁에 있던 제자였으며 "사랑하는 제자 요한이 곁에 섰는 것을 보시고 예수의 어머니를 요한에게 의탁하시며 아들이라."고 소개한 것과 비교가 된다(요 19 : 26).

예수님이 제사장들이 보낸 군대에 의하여 체포되고 가야바의 집 뜰에서 신문을 당하고 계실 때 베드로는 멀찍이 있었으며 대제사장 뜰에 들어갈 수 없었다. 오히려 함께 당당히 들어간 다른 제자가(요 18 : 15) 베드로를 제사장 안뜰로 들어올 수 있도록 부탁하여 허락을 받는다(요 18 : 16). 여기서 다른 제자는 요한으로 이해될 수 있다.

요한복음은 자신의 이름을 밝히는 것보다 다른 제자(요 20 : 2, 3, 21 : 20, 23), 혹은 사랑하시던 다른 제자(20 : 2)라는 제3자적인 표현을 즐겨 사용하였다.

베드로가 안뜰로 들어오는 과정에서 여종이 "너도 그의 제자 중에 한 사람이라."고 다그친다. 이에 놀란 베드로가 예수님을 모른다고 부인하는 어처구니없는 실수를 범하게 된다(요 18 : 17-18).

12사도의 명단이 공관복음에서는 중요하게 기록되어 있고(마 10 : 1-2, 막 3 : 16-19, 눅 6 : 14-16), 마태는 12제자에게 사도(마 10 : 2)라는 칭호를 사용하였다. 그러나 요한은 별도로 12사도의 명단을 기록하지 않고 있으며 제자들이라는 말을 포괄적으로 사용하기를 즐겨한다(요 7 : 3, 8 : 30-31, 9 : 27-28, 11 : 54). 이런 기록은 예수님의 마지막 만찬의 사건에서도 나타났었다. 공관복음서의 마지막 만찬에서 예수님은 12제자들과 함께 유월절 식사를 하셨다(마 26 : 20, 막 14 : 17). 요한복음에서는 12라는 숫자를 빼고 "제자들과 함께"(요 13 : 1-11) 유월절 식사를 하였다고 기록하고 있다. 이 마지막 식사 자리에서 요한은 예수님의 품에 기대어 가까이 앉아 있었고, 베드로의 서열은 멀리 앉아 있는 듯한 인상을 준다(요 13 : 24-26). 이런 표현들은 예수님 안에서는 제자도의 보편성을 더 강조한 것으로 보인다. 그리고 요한 공동체가 가지는 예수님과의 관계성을 요한을 사랑하신 예수님과의 관계로 설명하려 하였다.

이런 의도는 요한복음의 마지막 장에서도 찾아볼 수 있다. 21 : 7에 "예수께서 사랑하시는 그 제자가 베드로에게 이르되 주님이시라 하니 시몬 베드로가 벗고 있다가 주님이라 하는 말을 듣고 겉옷을 두른 후에 바다로 뛰어내리더라." 요한은 곧바로 부활하신 주님을 알아보았으나 베드로는 곧바로 이해하지 못하였다. 그것은 사랑하는 자의 차이였다. 같은 장 20절에 예수님에게 사랑의 고백을 하는 베드로와 예수님과의 관계에서 "베드로가 돌이켜 예수께서 사랑하시는 그 제자가 따르는 것을 보니……"라는 기록을 끼어 넣음으로 베드로보다 더 많은 사랑을 받고 있으며 이미 사랑을 받고 있는 제자임을 강조하고 있다. 예수님의 품에 안겨 예수님의 심장 고동 소리를 들었던 제자가 요한이었다. 예수님의 심장은 곧 인류를 사랑하는 심장이었다. 예수님의 심장의 고동 속에서 들리는 사랑의 음성을 그 품에서 느끼며 들었던 제자가 요한이었던 것이다. 요한은 그의 첫 서신 요한일서에서 "하나님은 사랑이시다."라고 하였다. 요한복음은 다른 어느 복음서보다도 더 많이 예수님의 풍성한 은혜와 하나님의 사랑, 예수님의 용서와 사랑이 풍부하게 담겨져 있다.

요한복음의 오순절 사건이라고 부르는 요한복음 20 : 19~23도 예수님의 심장으로부터 뿜어 나오는 숨을 통하여 성령을 받도록 하시며, 예수님은 제자들을 평화와 용서의 사도로 이 세상에 파송하신다. 요한이 느꼈던 것은 예수님의 따뜻한 사랑의 심장으로부터 나오는 숨결, 예수님의 따뜻한 인격의 전인적 총체로부터 흘러나오는 성령이시다.

예수님은 용서와 사랑, 평화와 자비를 가지고 이 세상으로 파송하셨다. 요한복음의 오순절은 사도행전의 오순절과는 다르다. 하늘로부터 내려오는 불이 아니라 예수님의 인격으로부터 오는 평화의 영이시다. 베드로의 설교로 시작되는 3천 명의 회개운동과 대형교회의 탄생이 아니다. 작은 사랑의 불티가 온 천하를 불사르는 성령의 운동이다. 하늘로부터 내려오는 불이 아니라 예수님의 인격과 심장으로부터 나오는 성령이시다. 이와 같은 요한복음의 편집은 요한을 베드로와는 다른 관점에서 이해하고 있다.

12사도의 명단은 초대교회의 권위 위의 상징이며 중한 것이었다. 공관복음서에서는 예수님은 12제자를 파송하신다(마 10 : 5, 28 : 16 ; 막 6 : 7-13, 16 : 14 ; 눅 9 : 1-2, 24 : 32). 요한복음에서는 파송기사가 빠져 있다. 대신 요한의 공동체에서 예수님을 믿고 따르는 자들은 모두 예수님의 제자가 된다(요 8 : 30-32, 9 : 27-28).

예수님이 하늘로부터 오신 자임을 믿는 것도 12제자라기보다는 그 말씀을 듣는 청중을 제자들(16 : 29)이라고 일반적 제자 명칭을 사용하고 있다. 예수님의 가르침을 깨달은 것은 베드로 혼자가 아니라 '제자들'이다(16 : 30). 17장에 계속되는 예수님의 중보기도는 사도들만을 위한 것인지 그 말씀을 깨달은 모든 사람들인지 명시되지 않았지만 본문에서는 예수님이 아버지께 온 자를 아는 자들을 모두 포함하고 계신다(17 : 7-9). 요한 공동체는 12제자들의 사도적 의미보다는 많은 제자들을 표현함으로 제자공동체를 의도적으로 강조한 것처럼 보인다.

요한의 공동체 안에서는 위계질서로 유지되지 않는다. 그리스도 안에서 형제자매이며 종이라 하지 않고 친구라고 하신다(요 15 : 15). 요한의 공동체는 섬김을 중요시한다.

예수님은 제자들의 발을 씻기셨으며(요 13 : 1-20), 섬김을 통하여 메시야의 역할을 제자들과 함께 나누시는 섬김의 리더십을 보여 주셨다. 한 사람의 권위에 의존되는 권위주의적 리더십은 그분의 리더십이 사라지면 공동체가 와해된다. 섬김은 자기의 기득권과 리더십을 동료와 함께 나누므로 공동체를 지속적으로 튼튼하게 한다. 섬김은 구체적인 사랑의 표현이다. 사랑은 섬김을 통하여 드러나는 요한 영성의 특성이었다.

요한에게서 사랑은 세상을 구원하는 근원이며 하나님은 사랑이시다. 세상을 구원하고 변화시키는 근원은 사랑이신 하나님으로부터 온다. 공관복음서가 가지는 윤리적인 견해보다 더 깊은 영성의 근원으로서 사랑을 이해하였다. 요한은 제자들과 예수님과의 관계를 친구라고 설명하면서 “사람이 친구를 위하여 자기 목숨을 버리면 이보다 더 큰 사랑이 없나니”(요 15 : 13)라고 하였다. 이 사랑의 행위가 곧 제자가 되는 길이요, 주님이 주시는 마지막 명령이다.

마태복음에서 제일 큰 계명은 하나님에 대한 사랑과 인간에 대한 사랑이다(마 22 : 34-40). 그리고 가난한 자들에 대한 돌봄은 곧 예수님에게 한 것과 같다(마 25 : 31-46). 마태복음의 상황은 이웃에 대한 돌봄의 보상이 마지막 심판대의 기준으로 유보되어 있지만, 요한복음에서는 친구를 위하여 목숨을 버리면 이에서 더 큰 사랑이 없다고 하신다. 이 말씀은 십자가를 앞에 두고 일어날 긴박한 사건이며, 앞으로 제자들이 받게 될 핍박의 현장에서 감수해야 할 제자의 길이다. 요한은 사랑의 실천이 십자가의 현장에서 친구 되는 예수님을 위하여 목숨까지 버릴 수 있는 제자도의 길이 될 것이라고 하였다.

요한에게서는 유대인들이 마지막 날에 일어나게 될 영생, 새 생명, 부활이 이미 예수님 안에서 성취되어 일어나고 있다. 이미 종말의 사건이 지금 실현된 사건이다. 그러면서도 아직은 보류되어 있다. 이 긴장관계에서 제자들은 수난을 받게 될 것이다(요 16 : 1-4). 그러나 그 수난의 길에 주님이 함께하실 것이다(14 : 18, 16 : 33). 이미 그리스도 안에 있는 자는 세상에 속하지 않고 새로운 구원의 역사 안에 있는 자들이기 때문이다(17 : 16).

이상의 요한 전통과 마태 전통의 차이는 요한 공동체와 마태 공동체가 처하여 있던 상황에서 자료의 서로 다른 해석이 가져온 결과이다. 그러기 때문에 서로 간의 대립의 관계라기보다는 서로 간의 보완의 관계가 될 것이다.

2) 요한의 전통과 베드로의 전통은 서로 간의 보완관계이다

베드로의 제자 마가는 마가복음에서 예수님은 죄인들의 친구이며 사회의 소외자들인 세리, 죄인, 부정한 자들을 하늘나라에 초대하신다고 하였다. 그리고 그들의 친구가 되신다. 성서학자들은 마가복음에서 사회적으로, 종교적으로 소외된 죄인들을 '오크로스'라고 표현하였다. 특별히 민중신학자인 안병무 교수는 마가복음 연구에서 마가복음의 오크로스를 한국의 민중들의 전거로 이해하였다.[37)]

요한복음에서는 마가복음의 민중들을 구체적으로 사랑으로 돌보는 목회자적인 예수님을 진지하게 설명하고 있다. 마가복음에서 메시야 되는 예수님은 요한복음에서는 목회자의 상징인 양을 돌보는 목자장이 되신다. 목회는 하나님의 사랑을 가지고 이 세상을 돌보는 것을 뜻한다. 그래서 요한복음에서는 간음하다 잡힌 여인을(요 8 : 1-11) 죄인으로 정죄하지 아니하고 죄 없는 자가 먼저 돌로 치라 하시며 사랑의 옷자락으로 덮으신다.

요한복음은 민중을 사랑의 옷자락으로 덮으시며 싸매 주는 복음이다. 외로운 나사로의 죽음을 위로하기 위해 마르다와 마리아의 가정에 찾아가 그들과 함께 울어 주시는 예수님이시다. 민중들을 목회자적인 심정으로 보다 더 섬세하게 마음으로부터 돌보고 사랑하는 예수님이시다. 요한복음 5장에서 예수님은 베데스다 연못가에서 연못의 물이 동하기를 기다리며 외로이 있던 38년 된 병자를 찾아가 치료하여 주신다.

켈틱 교회의 영성은 민중을 목회자로서 돌보는 영성이라고 할 수 있다. 예수님 심장의 박동 소리를 듣고 느끼는 사람이 진정한 목회자가

---

37) 안병무, 「갈릴래아의 예수」, 한국신학연구소, 1998, pp. 136f.

될 수 있다.

3) 요한복음의 시작은 마태복음과 비교해 보면 그 시작부터 다르다

마태복음은 아브라함의 자손이요, 다윗의 자손이신 예수 그리스도의 족보는 이러하니라(마 1 : 1)로 시작하였다. 마태복음은 시작이 혈연, 전통, 인맥을 중요시하며 특별한 사람들과 관련성을 갖고 있어 마태복음의 첫 장은 족보의 기록문처럼 시작되어 있다. 이 땅에 오신 예수님을 유대인들의 족보에 관련시키므로 예수님의 비전과 사역이 혈연과 전통과 인맥에 묶여 있는 것처럼 보인다.

요한은 "태초에 말씀이 계시니라 …… 이 말씀은 곧 하나님이시니라"(요 1 : 1).

새 창조 역사의 시작을 복음서의 시작으로 하고 있다. 새 창조의 시작은 마태가 기록한 복음서의 첫 시작인 전통과 인맥을 넘어서고 있다. 요한의 전통은 만유 전체를 포용하고 있다. 그래서 예수님은 만유 전체를 포섭하는 빛으로 오시었다.

예수님은 전통에 자유롭고 혈연관계에도 자유롭다. 마태 족보의 맥은 한국 사회의 지역감정, 혈연, 학연주의의 고리를 끊는 일에 크게 도움이 되지 않는 것 같아 보인다. 우리나라는 역사적으로 그리고 근세에 와서는 정치적으로 지역감정이 주는 갈등이 사회적인 문제를 초래하여 왔다. 혈연, 지연, 학연 등의 연계사상은 혈연마을 사회에서 자리 잡고 있던 구태의연한 사상이었다. 그러나 우리 사회가 아직 연고주의를 벗어나지 못하고 있는 것을 보면 마태의 족보주의에 사로잡혀 있는 느낌이다.

요한의 전통에서 본다면 이러한 혈연 족보주의는 새 피조물로서 예수님 안에서 거듭난 자들에게는 벗어 버려야 할 낡은 옷과 같은 것이다. 모든 창조물 안에 비치는 그리스도는 인간의 어두움을 몰아내고 전혀 새로운 삶의 자리에 우리를 서게 한다. 요한의 전통에서 주님은 우리 모두가 "사랑 안에서 하나 되라." 하신다.

4) 요한의 전통은 혼인잔치의 축제와 기쁨으로부터 시작한다

예수님은 메시야로서 혼인잔치에 계셨다. 신랑과 신부와 함께 축제를 즐기며 결혼잔치에서 부족한 포도주를 채워 주시는 분이셨다. 메시야는 인간의 기쁨과 흥을 알고 즐길 줄 아는 멋이 있는 메시야였다.

한국 문화는 장점을 가지고 있다. 그 장점이 바로 유동식 교수가 말한 흥과 멋이 있는 문화일 것이다.[38] 문화의 아픈 면인 '한'의 문화만 갖고 있지는 않다.[39] 우리는 사람을 환대하는 정을 갖고 있으며, 흥을 즐길 줄 아는 멋을 갖고 있으며, 우리는 우는 자와 함께 울고 기뻐하는 자와 함께 기뻐하는 정과 멋을 같이하고 있다. 요한복음은 한국 민족이 갖는 멋과 흥의 문화를 가지고 있다. 가나혼인잔치에서 요한복음은 흥을 함께 나누며 요한복음 10장의 나사로의 죽음에서 아픔을 이해하는 정을 가지고 있다. 그리고 요한복음의 마지막에서 예수님은 어머니를 마지막까지 보살피며 제자 요한에게 의탁하신다.

'흥'(joy)과 '정'(sympathy)과 '돌봄'(care)은 '환대'(Hospitality)의 본질이다. 흥과 정과 보살핌이 없는 환대는 진정한 환대가 될 수 없을 것이다. 흥과 정과 돌봄을 가지고 예수 그리스도는 우리를 하늘나라의 시민으로 환대하시고 환영하신다. 환대는 즐거움이며, 흥겨운 만남의 잔치이다. 요한은 환대 정신을 어느 다른 복음보다 자상하게 설명한 복음서이다.

---

38) 유동식, "한국문화와 신학사상 : 풍류신학의 의미,"「신학사상」 제47집(1984. 12.), pp. 718-734.

39) 서남동,「민중신학의 탐구」, 한길사, 1983.

5) 요한 전통에는 여인을 귀중히 여기는 전통이 있다

사마리아 여인의 이야기, 간음한 여인의 용서, 마르다와 마리아의 자상한 표현, 십자가 곁에 서 있던 모친과 여인들, 그리고 첫 부활의 증인이었던 막달라 마리아의 이야기가 있다.

간음하다 잡힌 여인을 이해하시는 예수님은 죄인으로 정죄한 인간을 인격으로 존대하고, 덮으시고, 감싸는 모습이다. 율법으로 죄인 된 인간을 보기 이전에 삶의 혼돈과 상실 속에 버려진 인간의 비극을 바라보시며 하나님의 선하신 은혜가 혼돈과 상실 속에 버려진 이 여인을 도와 다시 참인간의 모습으로 세우실 수 있다는 은혜의 강한 힘을 이 여인을 용서한 사건에서 설명하고 있다.

이 사건은 단순한 예수님의 동정의 행위가 아니라 인간에 대한 새로운 가치관의 이해이며, 원죄로 상실된 인간은 아직도 하나님의 선함(God's goodness)과 은총 앞에서 하나님의 선한 형상을 간직하고 있는 고귀하고 가치 있는 인격자로 남아 있음을 보여 준다. 이 인간의 가치는 어느 것으로도 정죄되거나 파괴될 수 있는 것이 아니다.

비록 한동안 그 삶의 내용이 삶의 혼돈에서 인간의 가치가 상실된 것 같이 보이지만, 하나님의 은혜는 이 삶의 혼돈에 있는 여인에게 새로운 자유함을 가져다줄 것이다.

율법으로 정죄되어야 할 죄덩어리인 이 여인에게도 아직 하나님의 선함이 남아 있어 하나님의 은혜로 용납되고 덮어져야 할 은혜의 대상으로 예수님은 보신 것이다.

여인들의 자료를 사용하여 하나님의 은혜를 설명하려는 요한의 시도는 뛰어난 영성의 경지를 보여 준다. 예수님의 선교에서는 항상 여인들의 역할을 중요시한다.

한국교회의 여성 안수, 여성 교회 지도자들, 여성들의 헌신, 모든 것은 요한의 전통에서는 귀중한 역할들이요, 예수님의 증거에 참여시킨다. 켈틱 교회는 여자 수도원장과 집사들이 있어 크게 선교에 공헌하였다. 영국 힐드(Hild of Whitby, 614-680)는 여자 사제였으며 휘트비 수도원을 세워 교육에 힘쓰며 여사제들을 배출하였다. 이러한 여사제 제도는 훗날에 성 프란체스코에게까지 영향을 주게 된다.

6) 요한의 전통에는 섬김이 예수님의 모범으로 강조되었다

예수님은 제자들의 발을 씻기셨으며 섬김을 통하여 메시야의 역할을 제자들과 함께 나누시는 섬김의 리더십을 보여 주셨다. 예수님 승천 후에도 그분의 제자들의 리더십을 통하여 하늘나라의 사역은 계속되었다. 한 사람의 권위에 의존되는 권위주의적 리더십은 그분의 리더십이 사라지면 공동체가 와해된다. 섬김은 자기의 기득권과 리더십을 동료와 함께 나누므로 공동체를 지속적으로 튼튼하게 한다. 섬김은 구체적인 사랑의 표현이다. 사랑은 섬김을 통하여 드러나는 요한 영성의 특성이었다. 한국교회의 권위주의도 요한의 영성에서는 수정될 수 있다.

7) 요한 영성은 기도하는 영성이다

요한복음 17장에서 예수님은 자신과 제자들을 위하여 기도하신다. “내 이름으로 무엇이든지 내게 구하면 내가 행하리라”(요 14：14)라고 약속하셨다. 주님이 우리를 위하여 행동하시겠다는 약속은 응답이라는 말보다 강한 표현을 가지고 있다.

요한의 영향을 받은 켈틱 교회의 성자 패트릭은 하루에 100번 이상을 기도하였다고 그의 고백문에 기록하였다.

패트릭은 40일을 금식하며 기도하였다. 아일랜드 패트릭 성자의 40일 금식기도의 산(prayer mountain)은 지금도 순례자들의 발길이 끊이지 않고 있다. 켈틱 교회의 기도, 금식, 새벽기도, 24시간 기도, 산과 들에서의 기도의 습관은 수 세기를 걸쳐 기독교회에 영향을 주어 왔다. 한국교회의 기도의 열기는 켈틱 교회의 뜨거운 기도의 영성과 같은 성격을 지니고 있으며, 한국교회의 기도는 그리스도가 행동하시는 반경을 세계로 확장하게 한다.

성 패트릭의 기도문으로서 '브레스트 프레이트'(breast plate)-크리스천의 흉패라고 알려진 기도문에는 "위에 계신 그리스도(Christ above me)/나의 아래 계신 그리스도(Christ beneath me)/나의 좌우에 계신 그리스도(Christ on my right and left)/나의 안에 계신 그리스도(Christ in me)"라는 표현이 있다. 이 기도문 절은 켈틱 기도문에 자주 나타나는 기도 표현이다.[40]

이 기도 표현은 모든 곳에서 함께하시는 그리스도의 현존을 드러내는 표현이지만 켈틱 영성의 특성을 드러내는 말도 된다. 즉, 그리스도는 위에 선재하고 계신 분, 그러나 지금 육을 입고 오신 하나님으로서 이 세상에 계신 분, 그리스도는 우리의 좌우측의 이웃과 함께 계신 분, 그리고 내 안에 내주하시어 나와 함께 교제하시는 그리스도이시다.

그리스도 안에서 선제하시는 하나님을 보며, 이웃 안에서 타자를 위한 그리스도를 발견하며, 이 세상의 삶의 현장인 온갖 사회적인 문제의 와중에 서 계신 그리스도를 본다. 그리고 그분은 끊임없이 나와의 관계에서 나의 삶을 인도하시며, 성령으로 새롭게 하시며, 온갖 세상의 악한 세력에서 승리하게 하신다. 모든 것에서 보이며 현존하시는 그리스도는 자연과 역사와 인간사를 통체적으로 새롭게 하시며 개개인을 만나

---

40) St. Patrick's Breastplate-Our Catholic Prayers *www.ourcatholicprayers.com/st-patricks-breastplate.html*. St. Patrick's Breastplate is a popular prayer. The term breastplate refers to a piece of armor worn in battle.

주신다. 십자가에서 죽으시고 살아나신 그리스도는 하나님의 영광을 드러내기 위하여 개인과 역사와 자연을 총체적으로 인도하신다.

이 짧은 기도문구에는 켈틱 영성이 함축되어 있어 과거 켈틱 기독인들뿐 아니라 지금도 사랑받는 기도문인 것이다.

나가는 말

켈틱 기독교회사는 다양한 관점에서 연구될 수 있다. 켈틱 기독교회를 영성과의 관계에서 혹은 교회관의 측면에서도 볼 수 있을 것이다. 켈틱 교회사의 연구는 그 교회의 부활이 아니라 켈틱 교회가 가지고 있는 유산을 재발견하여 현대의 상황에서 기독교를 새롭게 하려는 모든 시도일 것이다. 켈틱 기독교회의 연구는 신학적으로, 선교학적으로, 기독교 영성 면에서 많은 도움이 될 수 있다.

스코틀랜드의 아이오나 공동체(1938년, 창립자 George MacLeod), 프랑스에 있는 떼제 공동체(1940년, 창립자 Brother Roger), 아이단과 힐다 공동체(1994, Ray Simpson and Michael Mitten)들은 켈틱 기독교를 현재 상황에서 재해석하므로 영성의 가치를 재발견하려고 노력한 공동체들이다.

아이오나 공동체와 떼제 공동체에서 나오는 예배자료들은 많은 교회들이 즐겨 사용하는 자료가 되고 있다. 이러한 공동체 이외도 켈틱 정신을 가지고 운영되는 많은 사회봉사 단체들이 있다. 켈틱 교회의 연구는 현대교회의 신학과 목회, 선교의 방향, 세속화 속에서의 경건성 회복, 영성과 예배 목회와 공동체의 관계 등 다양하고 신성한 전거들을 (refernces) 우리에게 제공하여 준다.

참고문헌

Bradley, Ian. *Colonies of Heaven* : Darton. Longman Todd. London, 2000.

_______. *Celtic Christianity*. Edinburgh University Press, 2009.

_______. *Columba : Pilgrim and Penitent*. Wild Goose. Iona, 1996.

Culling, Elizabeth. *What is Celtic Christianity*. Grove Books LTD. Cambridge, 1993.

Davies, Olver. ed. *Celtic spirituality* : Paulist Press. New York, 1999.

Davies, Olver and Bowie, Fiona. *Celtic Christianity* : SPCK, 1995.

Fitzgerald, William John. *A contemporary Celtic prayers* : ACTA Publications, 2000.

Finlay, Ian. *Columba* : London, 1979.

Holmes, J. M. *The real Saint Patrick*. Irish Hill Publications, 2006.

Hardinge, Leslie. *The Celtic church in Britain* : SPCK, 1972.

Iona Abby worship Book from Iona Community.

Lacey, Robert. *Great Tales from English History*. Back Bay Books, 2007.

Latourette, Kenneth. *A history of the expansion of the christianity* : the first five centuries. vol. I Eyre and Spottiswoode. London, 1938.

_______. *A history of the expansion of the christianity* : a thousand year of uncertainty : AD 500–1500. Vol. Ⅱ Eyre and Spotti-swoode, London, 1938(new version ; New York : Harper & Bro-thers, 2006).

McNeill, John T. *The Celtic Churches* : the University of Chicago Press, 1974.

Moltamn, J. *God for a Secular Society* ; the Public Relevance of Theology. London. SCM Press, 1999.

Newell, Philip. *Celtic Benediction*. Canterbury Press, 2000.

________. *Listening for the Heartbeat of God*. SPCM, 1997.

________. *Christ of the Celts* ; the Healing of Creation. Wild Goods Publications London, 2008.

Sebastian C. H. Kim. *Theology in the Public Sphere*. SCM Press, 2011.

Sharpe Eric. Not to Destroy But to Fulfil. Uppsala Publisher, 1965.

Santire H. Paul. Nature : The Eecological and Cosmic Praise of Christian Theology. Minneapolis ; fortress Press, 2000.

Woods, Richard. "the spirituality of the Celtic church" in Spirituality Today Fall 1985. vol. 37. No. 3, pp. 245-255.

Weber, Max. the Protestant Ethnic and the Spirit of Capitalism (1905). tran. by Stephen Kalberg, Roxbury Publishing Company, 2002.

5

Celtic Spirituality and Modern Church

Rev. Dr. Sang Taek Lee
(Director of Hannam University doctoral degree program,
Sydney at the United Theological College,
the School of Theology, Charles Sturt University).

Introduction

My interest in Celtic Christianity began after visiting the holy sites, Patrick centre in Ireland, Iona in Scotland, and the Taizé community in France. I am convinced that Celtic spirituality has had a living spiritual effect on our life today.

This survey is an expansion of Celtic christianity in the first two sections and another two sections will reflect the effects of Celtic spirituality on Public Theology and on the Korean church. Hopefully this reflection will give the reader a fresh outlook in the modern context of Celtic spirituality.

1. Celtic Christianity and its expansion in Celtic world

The word, Celtic(keltoi) was first used by historians who studied a family of languages rooted in a lost ancestral tongue, remotely related to the Greek language. "Celtic" does not mean simply an ethnicity. It is a very complicated word which includes political, Cultural, ethnic, linguistic and historical meanings.

Oliver Davies in his editing book, "Celtic spirituality" noted that "The word Celtic was revived by the linguistic researches of George Buchanan(1506-1582) and Edward Lludy(1660-1709) in 17 century.[1]

Celtic Culture flourished in Ireland, Wales, Scotland, Briton, Brittany and in the flourishing of numerous pan-Celtic organisations.[2] This Celtic world was later identified as a Celtic-Anglo culture.

It was said Celtic Christianity refers to the early medieval Christian practices of the British in Wales, the Irish, the Scottish and of the mainland Europeans countries, particularly the Gauls(old French name).

Therefore, the Celtic Christianity (or church) is named with a very modern title given to the early Celtic world by the scholars, who flourished in Celtic culture.

---

1) Oliver Davies, *Celtic spirituality* : Paulist Press, New York, 1999, p. 4.
2) Ibid., p. 5.

Ian Bradley in his book "Celtic Christianity" researched the development of the concept of Celtic Christianity from hagiographers who created the christianity of the Celtic Saints (Patrick, Brigid, Ninian, David, Columba Columbanus and Aidan).[3)]

In his book he noted Academic Celtic studies in the 19th century boomed with architecture, art music and literature.[4)]

Archaeologists interested from the 17th century led to the term Celt being extended, and rising nationalism brought Celtic revivals from the 19th century. Celtic Christian Spirituality has been newly researched by the scholars.

Ian Bradley introduced two important books Leslie Harding's "the Celtic Church in Britain"(1972) and John McNeill's "the Celtic churches : a history AD 200 to 1200"(1974) which referred to the first comprehensive study of Celtic christianity in reference to the Monastery life of the Celts.[5)]

While Roman rule expanded and conquered regions in Europe, the people of the regions adopted christianity with the Roman empire. The unconquered areas of Ireland, Britain and Scotland had been already converted from Celtic paganism (polytheism) to Christianity and flourished with typical styles of Celtic church between AD 390~1200.

---

3) Ian Bradley, *Celtic Christianity*, Edinburgh University Press, 2009.

4) Ibid., p. 119.

5) Ibid., p. 192.

Although many were martyred christianity continued to spread into Africa, Spain and Gaul and regions of Britain. The bearers of the Christian message had been spreading throughout the Celtic world.

Joseph of Arimatha missioned in Europe in AD 63 after escaping persecution. He came to Briton through Spain via Asia Minor before the Roman empire converted to the Christian religion as the official religion.

A memorial church dedicated to Joseph can be visited in Glastonbury, Britain.[6)]

The Christian message spread continually and expanded to the Celtic world by its bearers and exponents in 5th~7th centuries with their own type of church practice until the Roman Catholic papacy authority overpowered Celtic Christianity with Catholic power.

So at that time there was a well known Celtic church Saint[7)] well known to us as Martin of Tours(AD 316–397) in Gaul, France, who influenced Ninian(370–432), the first known evangelist in Scotland.[8)]

---

6) Glastonbury is a small town in Somerset, England, from 23miles(37km) south of Bristol.
See, Lewis, L. S. St. Joseph of Arimathea at Glastonbury, James Clarke, Cambridge, 1988, pp. 35ff. Ian Bradley, op. cit, pp. 72f.

7) see, Ian Bradley, *Celtic Christianity*, Edinburgh University Press, 2009, chapter I the first wave of interest in Celtic Christianity 664–800c, pp. 1–38.

8) Kenneth Latourette, op. cit, p. Vol. I., pp. 201–202ff.

The Historian Kenneth Latourette noted in his book 'a History of the Expansion of Christianity(Vol. I), that St. Ninian(370–432) was influenced by St. Martin of tours(AD 316–397) who was credited with establishing the first early monasteries in Ireland and Scotland.[9)]

The most well known saint is Patrick(387–460) who evangelised to the whole of Ireland.[10)] He was not the first Christian missionary to reach Ireland, but the principal credit of converting the pagan island and establishing the Celtic church belongs to him.

His records of the Irish St. Patrick's letters are known as "confessio"(he wrote AD 430).

We know very little for certain about Patrick. According to his own "Confession", he was born in Roman Britain–probably near Hadrian's Wall in northern England–the son of a wealthy official. His mother may have come from Gaul [France].

The King Laoghaire (or Loeguire, died c. 462). A pagan King of Tara in Ireland[11)] was so impressed by the saint, that he gave Patrick permission to make converts throughout his realm.

---

9) Ibid., pp. 201f.

10) see, J. M. Holmes, *the real Saint Patrick*, Irish Hill Publication, 2006. and also Latourette, vol. I., pp. 216–218.

11) He was a king of Druid region and was baptised by Patrick, see From "Wikipedia, the free encyclopedia", Loegaire mac Neill. He was impressed by Patrick's miracles and appears as an adversary of St. Partick.

Saint Patrick travelled widely in Ireland, making converts of the Druids. It is commonly supposed that the Druidic religion prevailed in pagan Ireland-Druidism. Patrick made his headquarters at Armagh and established new churches in Ireland.

Latourette's record described his mission and ministry life to the Irish indigenous People : "baptizing thousands and ordaining clergy, and of travelling through many perils to regions where none before him had ever done either".[12)]

His disciple, St. Finnian trained many pupils at the school in the green fields of Clonard and sent missionaries to the celtic world. One of whom was Columba(521-597, or Columcille, "dove of the church").

St. Columba was born in Donegal in AD 521. His father's name was Fedhlimdh and his mother's Eithne.

He was the Irish Celtic Monk who founded the Celtic monastery on the Island of Iona in Scotland, where the Book of Kells was copied and converted the pagan Northern Picts (Northern Scots) to Christ. Columba was trained in Ireland under the influence of St. Patrick's monastery. He came to Scotland with 12companions and established the Iona monasteries in Iona in 563 at the age of 44.[13)]

---

12) Kenneth Latourette op cit, Vol. I., p. 219.

13) See, his life written by Ian Finlay, Columba, London victor Gollancz LTD 1979.

After he landed in Scotland he settled on the island of Iona which was granted to him by the king of Dalriada (or Dál Riata) an old kingdom of Scotland.[14] At Iona he established a monastery with the aim of spreading Christianity among the pagan Picts.

It was a base from which he would bring Christianity to the Northern Picts of Scotland. Even today Iona has important remains and is a fascinating place to visit.

It became the place where the Scottish Kings received final burial(said to be 48 in total) ; even Macbeth is buried there. He lived about 60 years(died age of 67) after St. Patrick. Iona had retained the tradition of the Celtic church during the longest period, AD 716 until the time the Celtic church was amalgamated with the Roman Catholic church.

Aidan(Born? died 651) was trained in Iona and returned to England and founded a mirror-image of Iona on the east cost in Lindisfarne(modern name, Holy Land) by the request of the Northumbrian king Oswald. Agustine of Canterbury was the Apostle of Kent, but Aidan was the apostle of the English as through this Abbey, the Celtic church spread to the whole of England evangelised by Aidan. In 625 he established a

14) Columba's founding Iona within the bounds of Dál Riata ensured that the kingdom would be of great importance in the spread of Christianity in northern Britain, not only to Pictland, but also to Northumbria, via Lindisfarne to Mercia(from Wikipedia, the free encyclopedia, Dal Riata).

monastery under the Rule of Saint Columba on the isle of Lindisfarne, which became known as the Holy Island. The community was not allowed to accumulate wealth ; surpluses were supplied for the needs of the poor and the manumission of slaves.

Aidan himself had made sure that it was possible in Northumbria for a women to become abbess. Abbess Hild(or Hilda, 614–680) was to become the Abbess of Hartlepool and Whitby and founded the abbess of Whitby monastery. Her contribution to the church was great : at least five of her (male) students became bishops. Brigid of Kildare in the British Isles and Abbess Hild were known as the women saints of the Celtic church.

From Lindisfarne Aidan made journeys on foot throughout the diocese, visiting his flock and establishing missionary centres. Aidan preached in Irish and the king provided the translation. To unbelievers he brought the hope of belief. To the newly converted he taught the value of prayer and scripture. He was indefatigable in tending to the welfare of children and slaves, and bought the freedom of many slaves from alms bestowed on him.[15)]

Celtic Christianity has expanded continually to the Celtic world over 1,300 years through the Celtic saints. St. Illtus(or

15) Computer Internet Wikipedia encyclopaedia in formation.

Illyd, died mid 6th century) and St. David(500–589) founded the Celtic monasteries in Wales and Samson of Dol(born 5 century) carried the gospel to Brittany known as Armorica in France. Columbanus(540–615), an Irish monk founded Celtic monasteries at Luxeuil in France, and at Bobbio in Italy, to which in a later century St. Francis of Assisi came to have a profound influence on the Celtic attitude to Creation.[16)]

Pope Gregory the Great(540–604) sent a missionary, Augustine of Canterbury(not Augustine of Hippo), to convert Britain then to Canterbury in Kent where he established the Roman Catholic church in AD 597.

The Celtic church continued to flourish in the Celtic world until the 7th Century when the Roman Catholic church, after the Synod of Whitby in AD 664.[17)] as amalgamated by the Roman Papacy.

The Synod of Whitby was held in 664, where king Oswiu of Northumbria supported the confusion of the date of Roman Easter and oberving the monastic tonsure according to the customs of Roman, rather than customs practiced by Celtic Iona. Roman party included Queen Eanfled(Oswiu's wife),

16) Ian Bradley, op. cit, pp. 101f.

17) Wikipedia free encyclopaedia. At the Synod of Whitby in 597 the Roman and Celtic churches argued from the Authority of St. John and the Roman church appealed to the authority of St. Peter. After the Synod of Whitby Gradually Celtic church has ruled by Roman Catholic church.

Bishop Wilfrid, and other influential people.

Wilfrid(633–709) who studied in Rome and was an English bishop of the Roman Catholic church acted as spokesman for the Roman party at the Council of Whitby, and became famous for his speech advocating that the Roman method for calculating the date of Easter should be adopted.

Actually the Celtic party was led by the bishops, Colman, Cedd and Abbess Hilda. Colman of Lindisfarne(605–675) claimed his Celtic method of calculating Easter to be correct, but it was not supported by the King Oswiu of Northumbrian.[18)]

The final decision went to the Roman Catholic representatives who recognized the pre-eminence of the Apostle Peter as the rock on which Christ had promised to build his church (Mt 16 : 13–19), The Celtic bishops referred to the authority of the Apostle John as the celtic tradition that their fathers, Columba in Iona and Patrick in Belfast in Ireland taught to the them. St. John was a beloved disciple who leaned against Jesus at the last Supper(John 21 : 20). Philip Newell noted that "it is a tragedy that a decision was taken in favour of only one of these missions, so that the spirituality of the other began to be displaced".[19)]

However, as J. Bradley quoted from Chapman, his book 'The

18) Latourette, op. cit, vol. Ⅱ., p. 73.

19) J. Philip Newell, *Listening for the heartbeat of God*, p. 2.

Celtics' "the Roman Catholicism, in turn, finds an appropriate home in the Celtic fringe".[20]

Abby of Whitby in Northumbria in Northeast of England, Yorkshire.

The historian, Latourette commented on this meeting in his history book ;

"Whitby is sometimes said to have marked the decisive step which guaranteed the triumph of Rome."[21]

Roman Catholic church rapidly moving to absorb the Celtic church into the Catholic Papacy system. The Roman Catholic church established a parish system in dioceses and trained clergies and this type of ecclesiastical church expanded into England, Ireland and Scotland in Celtic world. Since then the Celtic mission began to decline while the Roman mission

---

20) Ian Bradley, op. cit, p. 227. Chapman, M, *The Celts* ; the construction of a Myth(Macmillan, London, 1992), p. 214.

21) Ibid., p. 74.

became the authorized christianity in the Celtic world.

In Scotland the Celtic church ended when King David 1st joined with the continental Roman Church in 1151 and the following year in Ireland the church joined with the Synod of Kells. Then finally in 1282 King Edward 1st incorporated the church into the church of England.

2. Celtic christianity and spirituality

1) Monastery type church

Celtic Christianity was a monastic type church.[22] The Celtic church was established as individual monasteries with no single authority. Monasteries were very flexible and diverse so as to include all parts of the community. It differed from the Roman Catholic Papacy and institutional church system. The church grew in Anglo-Saxon ways which differed from the Orthodox and the Roman Catholic church which were being established.

Monks in the Celtic monastery looked to the Apostle John (who Jesus loved) as their inspiration. St. John looked to God's goodness as an example of the adulterous woman(John 8 : 1-11).

If Jesus does not condemn this woman to death under Mosaic

---

22) Ian Bradley, *Colonies of Heaven*, Darrton, Longman+Todd, 2007, pp. 3-6.

Law the Pharisees will condemn Jesus to the people as a false Messiah who does not support Mosaic Law. Jesus did not judge the woman and observed the freedom of God's love and grace compared to the harsh Pharisees laws.

Jesus knew that the image of God that human beings held, would be restored by God's love and forgiveness, not by punishment. The life of the woman was confusion and loss but it would be transformed into a new life when she felt the touch of God's goodness. John's attitude shows God's grace concerning a sinful woman. The first witnesses of the resurrected Jesus also were women(John 20 : 11-18). This is John' perspective to see women as an objective of God' love, not the social marginalised people of Jesus era.

St. Anthony was a good example of the Desert Fathers and influenced Father Athanasius of Alexandria of the Orthodox church who wrote Anthony life Ad 300s. Latourette said that "his faith was carried into Ireland".[23] Men and Women of the Anthony monastery were adopted by monks and had a powerful mission of healing and miracles.

Celtic monasteries allowed both celibate and married monks as well as accepting women. Women were accepted into the priesthood where they were treated with the respect they deserved, and not as lesser beings, as happened in other

23) Latourette, *a history of the expansion of christianity* Vol. I., p. 237.

religions.

The Celtic christian respected women's life, rights, and abilities Modern churches can learn from these early Celts. It is only in recent times that women have been accepted as preachers, where the early Celts had already discovered the value of women.

The Celtic monastery was the centre of the community. The monastery was open to all comers in the community. People came to the monastery for education, the marginalised were helped, the sick cared for.

They were a welfare system-serving the community.

This ministry continues in some churches today. They have learned the need to become "the centre" of the community and practice service, faith, doctrine, and discipline in their communities and join together to practise faith, spiritual and physical life, community and church.

Ian Bradley in his book "Colonies of Heaven", describes the Celtic monastery as "the Kingdom of God coming down from heaven and the way to the kingdom of God".[24)]

Celtic priests were encouraged to travel and journey to foreign lands for education and learning to a greater degree, the wonders of creation. The Head priest held high, a lamp, as the monks left, and a bible representing spiritual life.

---

24) Ian Bradley, *Colonies of Heaven*, Darton, Longman Todd, 2000, p. 19.

These journeys eventually lead to research in science, geography, universities, further education and the discovery of new areas of the world.[25]

The monastery owned a printing processor. The monks working in this area were responsible for printing the Bible and distributing them to the people. The monks also devoted quiet time each day to prayer, reading Psalms and devotion. This applied to, not only the monks, but the common people as well.

2) Three type of martyrdom

The Celts were strong on evangelism connecting to martyrdom.

There were three types of martyrdom recognised by the Celtic church.[26]

(1) RED martyrdom, They were the people who were martyred as they witnessed for God.

(2) WHITE martyrdom, They were celibate and devoted to God and evangelism.

(3) GREEN martyrdom, They were involved in the church life They were devoted to God, but worked in the community as ordinary workers.

For this reason the Celtic tradition regarded monasticism as the Army of Christ and the monk as a soldier of Christ.[27]

---

25) Ian Bradley, p. 11.

26) John Ryan, *Irish Monasticism*, Dublin : 1992, pp. 196-198.

These types of martyrdom showed us that while often attracted to the wilderness of solitary communion with God, the monks were deeply associated with evangelical works. As an example of evangelism they missioned to the pagan regions of Picts land, Druids in Ireland and England.

Aidan would walk from one village to another, politely conversing with the people he saw and slowly interesting them in Christianity. According to legend, the king gave Aidan a horse so that he wouldn't have to walk, but Aidan gave the horse to a beggar. By patiently talking to the people on their own level Aidan and his monks slowly brought Christianity to the Northumbrian communities. Aidan also took in twelve English boys to train at the monastery, to ensure that the area's future religious leadership would be English.[28)]

In the 7th century Vikings attacked the Celtic lands. In AD 793 Vikings attacked the Christian monastery on Lindisfarne. An historian wrote about the tragic situation as follows :

> "Never before has such terror appeared in Britain as we have now suffered from a pagan race…… The heathens poured out the blood of saints around the altar, and trampled on the bodies of saints in the temple of God, like dung in the streets."[29)]

27) Ibid., p. 196.

28) From Wikipedia, the free encyclopedia, "Aidian".

During one of Viking's raids in AD 806 in Iona a total of 68 monks were killed on the beach, and the place today still bears the name of Bay of the Martyrs.

In 806 Vikings attacked Ion Abby and massacred 68 monks in martyr' Bay. After the martyrdom of the monks in 806, many monks scattered and fled to Kells Ireland, and some monks from Iona fled to the Continent, and established Monasteries in Belgium, France. St. Blathmac(750–835) and those monks who had returned with him to Iona, were martyred by a further Viking raid, and the Abbey burned in 825.[30]

They attacked the monasteries, plundering, taking valuables, women and girls as slaves. There was a good deal of inter–

29) From Wikipedia, the free encyclopedia, "Lindisfarn."
30) A history of Iona Abby from From Wikipedia, the free encyclopedia.

marriage between the Vikings and the Anglo-Saxons.[31] As time passed these women were taken-as wives and they possibly converted their husbands to Christianity. The beginning of Christianity in the Scandinavian world.[32]

The Viking raids became a possible motivation for Celtic Christianity spreading to other regions in Europe.

After their capture the Celts retained their the spirit of the red, white and green. Through the martyrdom of thousands of Celtic monks and christians in 7th century a true spiritual ground was being prepared for the nature of christianity to be peace and non-violence in the Celtic-Anglo context.

3) Hospitality.

The Celtic monasteries were places of great hospitality, where monks shared their lives with men, women, pilgrims, ordained or non-ordained all were welcome.

Hospitality comes from the word *hospum*, meaning "where guests can abide".[33] This meant that there would be entertainment and afterwards, a meal. Some monasteries are said to have fed up to 6,000 people a day.

There is a story told ; One day a stranger came to the

---

31) Richard woods, "the spirituality of the Celtic church" in *Spirituality Today* Fall 1985, vol. 37 No. 3, pp. 245-255.

32) A history of Viking From Wikipedia, the free encyclopedia.

33) Ian Bradley, *Colonies of Heaven*, Darton, Longman Todd, 2000, p. 12.

kitchen door, pale, sick, cold and hungry. The cook welcomed him in, put freshly baked bread and butter for him on the table. He then left the stranger and went to serve other guests.[34)]

When the cook returned to the kitchen the stranger was nowhere to be seen. No food had been eaten, but what was even stranger, when he looked out the door there were no footprints in the snow. The stranger had disappeared. On returning to the kitchen the cook found a little note. God sees and knows all.

In modern times, in this city we have a number of organisations who daily feed those in need. The Exodus Foundation, Salvation Army, ST. Vincent De Paul to name a few. A lesson from the early Celts?

4) Columba's ministry : a backward-forward type

Columba's type of ministry consisted of coming to Iona, filling himself spiritually, then going forward to mission, then returning once again to Iona for refreshment.

It could be said that this is a backward-forward type of ministry.

An English historian named Adaman described Columba as a man capable of Judging his opponents and the unrighteous.[35)]

---

34) Ibid., p. 13.
35) K. Latourette, op. cit, Vol. Ⅱ., p. 54.

But he had concern for the poor and did many deeds of great kindness of them. He also held great concern and love for God's creation of the animals and all God's creatures. It is claimed that he once blessed a knife, charging that it must not be used on a animal or human. He was said always to have been occupied with study, prayer, writing, fasting, and watching.[36)]

These qualities of Columba are reflected back onto the Iona of modern times ; The reflection of justice, caring for others, love of nature, praising God, prayer, using the gifts of each human person given by God to guide those who are gifted to mission to the world, and relate to the issues of human beings as they combine their every day life with their spiritual lives.

A feature of this spirituality was the themes of love and respect for God's creation, as well as the significance of human relationships.

Each day, more than once a day, they worshipped God as they read the psalms and praised God with their Eco-theological theories and care.

A story passed on to strengthen their beliefs tells of a flock of geese that flew into St. Columbus residence one day. One of the geese was wounded. The monks cared for it for several days, until it seemed well enough to join the flock. From that time, every year the geese returned, on that day. To the

---

36) Ibid., p. 53.

monastery. This was to remind them that nature is grateful when we take care of it.

One of the prayers in the Carmichael collection(Carmina Gadelica, the songs and poems of the Gaels) prayed ;

The grace of the love of the skies be thine,
The grace of the love of the stars be thine,
The grace of the love the moon be thine,
The grace of the love of the sun be thine.[37)]

5) Patrick's ministry : prayer and healing

Saint Patrick statue in Belfast in Ireland.

Another well known saint, includes Patrick(387–460) who evangelised to the whole of Ireland.[38)]

He was the recognised patron saint of Ireland. Called the apostle of Ireland.

Patrick was born in Britain. His father was a wealthy alder–man and a Christian. Pirates captured Patrick at the age of

37) Ibid., p. 42. see, Carmina Gadelica Ⅲ. p. 215.
38) See, J. M. Holmes, *the real Saint Patrick*, Irish Hill Publication, 2006. and also Latourette, vol. I., pp. 216–218.

16, during a raid and sold him as a slave in Ireland. During this time, Patrick dedicated himself to religion.

In Ireland as a slave, Patrick tended flocks for at least six years. He escaped back to his home town, Britain, and joined his family.

Many years later he was called by God to commit his life to mission in Ireland. He heard the voice of the Irish, "We beseech thee, holy youth, to come and walk with us once more".[39)]

Patrick wrote his biography 'CONFESSION' in his later years. This writing has the most important source of information about his life and work that Patrick had marked as successful in his mission.

Patrick was mainly responsible for converting the Irish people to Christianity. He became known as the Apostle to the Irish. Latourette commented his work that "Patrick was probably not, however, the first Christian in Ireland, not, even in his own lifetime, is it certain that the movement which he headed was the sole channel by which Christianity was penetrating the island".[40)]

Patrick used the three clover leaves to explain the trinity of God to the indigenous people. The Celtic church was strongly

---

39) See, J. Molmes, op. cit, pp. 61-84. 'Confession'.
40) Latourette, op. cit, Vol. I., p. 221.

Trinitarian. Many Celtic prayers are prayed naming, Father, Son and Holy Spirit through prayers, not only prayed as a benediction as in modern churches.

On a visit to Ireland to the Patrick Centre I read information stating St. Patrick prayed 100 times a day, He said in his biography.

"Every day I had to tend sheep, and many times a day I prayed-the love of God. …… and my spirit was moved so that in a single day I would say as many as a hundred prayers."[41]

As well as that there is a prayer mountain which is a holy mountain for the Irish. Huge numbers of people visit here, where, it is said, St. Patrick prayed for 4o days just as Jesus had. Celtic monks were disciplined on prayers and labour.

"Take not of food till thou art hungry.
Sleep not till thou feelest desire.
Thy measure of prayer shall be until thy tears come ;
or thy measure of work of labour till thy tears come ;
or thy measure of thy work of labour."[42]

Just as we learned that Hospitality was extremely important to the Celtic religion, so was prayer. Monasteries had a prayer room where prayer was held 24 hours a day. When a monk

---

41) Ibid., his Confession, p. 66.
42) Ian Bradley, *Colonies of Heaven*, Darton, Longman Todd, 2000, p. 17.

returned from a n evangelical trip, his fellow monks would shout with joy and thanksgiving and welcome him to the Monastery. Celtic Christian had a soul friend to support them with prayers and advice.

When visiting the Patrick centre in Belfast a number of monuments can be found where Patrick had performed his ministry with miracles.

For Celtic churches there were many miracles including visions, healings, favours granted, mystical appearances and more.

The Celtic way of life was disciplined, but balanced. The peoples' days were balanced between the spiritual, physical and intellectual. This rhythmic way of discipline is radically different to the withdrawal and escape from the world and discipline of the Egyptian monastic ideas.

3. Celtic Misunderstanding and Myths

One of its first theologians in the Celtic church was Pelagius. Pelagius saw God in everything. He said "God's spirit is present within all living things it is what makes them beautiful ; and if we look with God's eyes, nothing on the earth is ugly".[43]

43) J. Philip Newell, Ibid., p. 11.

Augustine, once a friend of Pelagius, believed quite the opposite. He saw mankind as sinful, as was the world. This was the Roman Catholic viewpoint also. To this viewpoint, the secular world, There was no beauty, just sin. Therefore to be good, one had to live within the church. Two worlds-one secular-a fallen world. The other Christian-a sacred world. The Roman Catholic church adopted the first world. Sin must be conquered.

As Pelagius did not accept these views he fell short of Augustine's expectations and the church, so was excommunicated on 30 April AD 418.[44] The Roman Catholic church believed that humankind is born sinful, because of Adam's original sin.

Pelagius, on the other hand did not believe in sin, but that there is good in all people as well as God's goodness within us.[45]

St. John wrote "the light that no darkness can ever overcome, has been able to overcome(John 1 : 1-2)".

Augustine believed, that even a newborn baby was a sinner and must be baptised to overcome sin.

Pelagius believed that God's goodness is still within us and with a newborn child. Should a baby die, God's goodness took him to heaven. Augustine believed the child went to hell.

---

44) Ibid., p. 20.
45) Ibid., p. 15.

Pelagius saw the goodness in a child, Augustine saw only sin.[46) At the time of Jesus birth all the babies were killed by order of Herod. Did they all go to hell?

For political reasons there was no room to allow Pelagius and the Celtic church to be accepted, as Rome had plans to overcome Celtic-Anglo countries and convert them to Catholicism. Therefore Pelagius remained ex-communicated.

The Celtic monasteries (because they agreed with Pelagius's views) became a barrier making it difficult for Rome and Gregory the Great to overtake more Celtic countries. Therefore Pelagius had to be removed. He was banished from Rome in 418 and it was very clear that the forces that removed him were political.

Latourette said "Pelagianism attracted something of a following, particularly in Gaul and Britain".[47)]

As the Roman Catholic church power grew, many Christians, scholars and ordained people were excommunicated as heretics. This was not true, the Roman hierarchy did not want to be threatened. Therefore anyone with new values or ideas was immediately excommunicated.

These were the political power games played by the Papacy of Rome.

---

46) Ibid., p. 14.

47) Latourette, op cit, vol. I., p. 350.

During the period when Pelagius was being persecuted, the Pope's power was growing. Pelagius's works were and are studied by scholars. Eventually he began to re-appear and was and is a controversial person, even today.

Today we can look at his theories and ponder on the meanings he put forward, but always find comfort in God's goodness.

4. Public Theology and Celtic christian spiritual life

The rich history and spirituality of the Celtic churches has been researched by scholars. It will be the surprising resource for a life-affirming, an holistic, and faithful way of life for Christians in this modern society. Celtic spirituality may give us valuable prophetic aspects to enable our society to renew Christian tradition in the modern church. This brief survey of Celtic christian spirituality suggests both theological and christian implication for our own day and days to come.

The primary task of public theology has tended to focus on personal and public life. The public theology sets a goal of for the common good and well being of humanity in public society. The public theology tries continually to practice the purpose of the practices of Jesus ministry in the world with support of the Holy Spirit who ministers Jesus work through both the church and the world. God's church seeks to participate in the wider practices of God as they participate in the world. Evangelising God's salvation to the world is within the wide context of human being's public life.

Sebastian Kim quoted from Jurgen Moltmann's book "God for a secular society ; the public Relevance of Theology"[48] ;

"There is no christian identity without public relevance…… theology has to be public theology." Moltamn insisted that "theology should exhibit general concern in the light of hope in Christ for the kingdom of God by becoming political in the name of the poor and marginalised in a given society".[49]

The first early Celtic saints, Patrick and Columba were involved in social justice and the active political character of tribal life. The Celtic monastery life was committed largely to education, hospitality, pastoral care, social justice and development of a new culture especially Celtic art.

Celtic monks largely expressed their devotion to community life. They cared for orphans or the poor for their material and spiritual benefits. Prisoners and hostages were held and confined with Christian respect, and warfare among the tribes was treated with great Christian understanding.

Community life and spiritual life, personal faith and public

---

48) Moltmann, *God for a Secular Society* ; the Public relevance of Theology, London ; SCM, 1999.

49) Sebastian Kim, *Theology in the Public sphere*, SCM Press, 2011, p. 7.

life are not inseparable, they go together. These social dimensions of Celtic spirituality would be largely expressed in its devotion for reference to public theology in post modernism.

The early Celtic monks showed God's goodness through the wonder and love of creation but also saw the same wonder to be uncommonly beautiful yet frequently harsh, poor, rocky, sea-washed and wet climate. They expressed the wonder, mysticism of creation in prayers, poems, artistic forms and culture. These works of the Celtic monks would be a great scholarly achievement to give an insight to modern ecol-theology in the public sphere.

The implications of the social, biological, and physical systems focus on peace, justice and reconciliation in modern society. We need to keep the balance between spiritual and social life, and to make a habitable planet for life on earth and in order to protect this earth from climate disaster.

Women Abbesses Bridget and Ita and Hilda occupied a position equal to men in monasteries. Deaconesses and abbesses exercised ecclesiastical authority in the Celtic world. In Celtic christian society children were not only highly valued, but also orphans were cared for materially and spiritually.

Diversity will be a sign of the kingdom of God. The Celtic church had shown diversity and unity, harmony and living together life in their culture and spirituality. Celtic monks had interpreted the world in the different ways in order to change this world and share common good in public tribal society and in their community.

5. The Celtic tradition of St. John and its spiritual reflection on the Korean church

The Korean Church has been developing in Korean culture for more than 100 years. The Korean church has grown as a successful Christian church today.

It is possible that it reflects the qualities or the values of the historical Celtic church. The Celtic church focused on the gentle approach of John's gospel. Whereas the Roman Catholic Church focused on the strong focus of the papacys' Authoritative strength. As we researched the above, the Celtic church is associated with the tradition of St. John in the New Testament. John leaned against Jesus at the Last Supper, he heard the heartbeat of God. John became a symbol of listening for the life of God through the heart of Jesus.

John's way is the Celtic way, that is, caring, pastoral, loving attitudes. John sees Jesus as the Shepherded caring to His flock. He tells of serving one another as Jesus did when he washed the disciple's feet.

1) The Korean church began as a confused culture and lived by the Confucian system.

This is the authoritarian system and lacks service to others. The church has an hierarchical system. Korean churches need to learn from the Celtics-to care, to serve and to minister.

2) According to Celtic tradition the Celtic spirituality focused on the love of life for human beings to be of the same importance for all creation.

The Celtic church had the tradition of caring for all nature equally with human life.

In the past the Korean churches have supported the economic and technical developments of The world and have failed to acknowledge Ecological happenings. They need to become more aware of nature as part of their spirituality.

3) Peter, on the other hand, was called "the most blessed prince of the apostles, which gives the feeling of power, strength and command.

The gospels of Matthew and John begin quite differently.

Matthew begins with Genealogy and the line of David. John has no genealogy. He begins with light. Looking at John's gospel there are no genes. Just "light". Everything is clear and simple with our hearts and our thoughts and our love we "are one in Christ".

4) In Korean society, genealogy plays a very important part

in society. The 'Kim line, the "Lee" line. Which group do you belong? What school do you attend? What region is he from? These are part of the "genealogy system". Korea today says we must overcome our gene problem as it makes one man better than another–not one in Christ. He tells of serving one another, as Jesus did when he washed the disciples' feet.

5) The Korean church needs to change from its Pentecostal emotions of "fire from above", noise, power and strength.

John's tradition is a quiet gentle stillness that comes from the heart of Jesus and brings peace to the heart of the land and the world according to John's Pentecost(John 20 : 19–23).

The Korean church needs to begin with a small start, not capitalistic ideas of "bigger is better". Spiritualism comes from the heart of God–not from materialism.

6) The Korean church had a confused perception of the power and authority of Peter and lacked the gentle compassion for others that is revealed in John's gospel. The monasteries in Celtic times used the knowledge and abilities of women and laymen. These qualities need to be learned and used and respect these qualities in women and laymen.

7) As the Celtic monastery church had good spiritual strength of prayers, fasting, mission an christian disciplines, Korea has good attitudes and spiritual awareness of prayer, fasting and mission and christian disciplines. The Korean church needs to renew their church life with the Celtic

spiritual heritage. The Korean church will need to learn a new liturgy and renewal worship program from the modern Iona and Taizé community. They have developed many new liturgy, prayers, communion, hymns and worship. These spiritual liturgies will bring a richness to the church of Korean.

8) The Celtic monastery church is the community where monks lived together with the community and served the people of the community.

This type of community church recently has been researched by the modern churches. It is one of the big issues. How the church lives together with the community. We will need to learn wisdom and references from the Celtic historical church.

Conclusion

In today's world it appears that many of our spiritual values have been eroded and have disappeared. History shows us that God has power to give prophetic insight that will lead us to see His will. To study the Celtic church is to rediscover the spiritual values and strength which can lead to the recovery of spiritual living and the healing of our sick world. The Celtic influence would be a reference to reinterpret the direction of a Christian life and society and to interpret a practical and public direction of theology.

Bibliography

Iona liturgies from Iona community in Glasgow, Scotland.

Iona Abby worship Book from Iona Community.

Ian Finlay. *Columba*. London victor Gollancz LTD 1979.

_______. *The Celtic Way* : Barton London, 2003.

_______. *Celtic Christianity*. Edinburgh University Press, 2009.

Ian Bradley. *Colonies of Heaven* : Darton, Longman Todd. London, 2000.

_______. *Celtic Christianity*. Edinburgh University Press, 2009.

John T. McNeill. *The Celtic Churches* : the University of Chicago Press, 1974.

Kenneth Latourette. *A history of the expansion of the christianity* : the first five centuries. vol. I Eyre and Spottiswoode. London, 1938.

_______. *A history of the expansion of the christianity* : a thousand year of uncertainty : AD 500-AD 1500. Vol. Ⅱ Eyre and Spottiswoode. London. 1938(new version ; New York : Harper & Brothers, 2006).

Holmes, J. M. *The real Saint Patrick, Irish*. Hill Publications, 2006.

Leslie Hardinge. *The Celtic church in Britain* : SPCK, 1972.

Moltmann, J. *God for a Secular Society* ; the Public Relevance of Theology. London. SCM Press, 2999.

Olver Davies. ed. *Celtic spirituality* : Paulist Press. New York, 1999.

Olver Davies and Fiona Bowie. *Celtic Christianity* : SPCK, 1995.

Philip Newell. *Celtic Benediction*. Canterbury Press, 2000.

_______. *Listening for the Heartbeat of God*. SPCM, 1997.

_______. *Christ of the Celts ; the Healing of Creation*. Wild Goods Publications London, 2008.

Richard Woods. *The Spirituality of the Celtic church*. in Spirituality

Today Fall 1985. vol. 37 No. 3, pp. 245-255.
Theology. Minneapolis ; fortress Press, 2000.
Robert Lacey : *Great Tales from English History*. Back Bay Books 2007.
Sebastian C. H. Kim. *Theology in the Public Sphere*. SCM Press, 2011.
William John Fitzgerald. *A contemporary Celtic prayers* : ACTA Publications, 2000.

PART Ⅱ

Celtic Christianity and a story of Spirituality

켈틱 기독교와 켈틱 영성 이야기

6

켈틱 기독교와 경제 정신의 이야기

이숙진/장로
(시드니 성결교회/제마이홀딩스그룹 CEO)

1. 처음 켈틱 선교사였던 경제인 아리마대 요셉

켈틱 기독교사에 의하면 기독교 초기 역사에서 아리마대 요셉이 AD 63년경에 영국에까지 와서 복음을 전하였다고 전해진다.[1] 그의 기념교회가 영국 글래스턴베리(Glastonbury) 도시에 남아 있다. 로마교황청, 동방교회, 그리고 앵글리칸 교회에 의하여 그는 성자로 추앙되었으며 3월 17일이 그의 축제일로 지켜지고 있다.

마가복음 기록을 통해 아리마대 요셉(Joseph of Arimathea)이 존귀한 공회원(막 15 : 43)이며, 하늘나라를 기다리는 자이며, 예수님의 장례를 위하여 세마포를 사 가지고 와 시신을 싸서 자신이 준비한 무덤에 장례하였음을 알 수 있다. 마태복음(27 : 57)은 예수님의 제자이며 부자

1) Ian Bradley, *Celtic Christianity*, Edinburgh University Press, 1999, p. 71.

라고 첨부하였다. 요한복음(19 : 38-42)에서는 아리마대 요셉은 예수님의 제자였으며 예수님의 십자가의 죽음을 듣고 곧 빌라도의 앞에 나아가 예수님의 시체를 달라고 구하였다. 평소에 빌라도와 친분이 있어 그의 요청을 빌라도가 거절할 수 없는 관계였음을 알 수 있다. 유대인의 대교사였던 니고데모와도 친분이 있어 그는 몰약과 침향을 가져와 예수님의 시신을 세마포에 싸는 과정을 유대인의 법대로 할 수 있도록 지도하였다. 요한복음은 아리마대 요셉 자신의 무덤에 예수님을 모시는 과정을 비교적 자세하게 기록하였다. 이와 같이 아리마대 요셉은 경건한 산헤드린의 회원이었으며, 부자였으며, 빌라도 앞에 가서 로마 국법에 의하여 죄수로 처형당한 예수님의 시신을 내여 달라고 말할 만큼 빌라도와 친분이 깊거나 사회적으로 영향력을 가진 자였다.

아리마대 요셉과 예수님의 장례

아리마대 요셉에 대한 기록은 외경에 속한 니고데모의 복음(Gospel of Nicodemus)에도 자세히 기록되어 있다. 니고데모의 복음에 의하면 예수님의 장례 후 유대인들에 의하여 박해를 받았으며, 부활하신 예수님이 직접 그에게 나타나 보이시며 그가 한 일을 칭찬하셨다. 요셉은 예수님의 부활을 직접 목격한 후에 사도들에게 예수님의 시신을 장례한 내용을 상세히 써서 보고서로 남김으로 십자가에서 죽으신 예수님이 무덤에 장례된 사실을 이해할 수 있게 하였다고 전해진다. 또 어떤 전설에 의하면 성찬잔에 예수님의 핏방울을 담아 영국에 가져왔다고 전해지기도 한다.[2)]

영국의 역사학자 맘스베리의 윌리엄(William of Malmesbury 1095-1143)[3)]에 의하면 아리마대 요셉은 예수님의 제자들 중에 하나로서 AD 63년경에 사도 필립이 아리마대 요셉을 영국에 복음전도자로 파송하여 복음을 전하게 하였다. 그는 글래스턴베리(Glastonbury)에 도착하여 복음을 전하다 순교하였다고 전해진다. 예수님의 어머니 마리아와 동행하여 영국을 방문하기도 하였다.

3세기의 교부 로마의 히폴리투스(Hippolytus of Rom, 170-235)의 기록에는 아리마대 요셉은 70인의 예수님 제자 중에 한 사람이었으며 (눅 10장), 아리마대 요셉은 켈틱 문화권에 처음으로 복음을 전한 자로서 영국에 기독교를 세운 사람(the founder of Christianity)이었다.[4)] 그 후에 켈틱 기독교의 위대한 성자 아일랜드의 패트릭도 아리마대 요셉의 선교지였던 영국 글래스턴베리를 방문하였다.[5)]

예수님의 제자들 중에는 사회적으로 인정받은 지위의 사람이 있었으며, 경제적으로 넉넉한 자들이 있어 예수님의 선교 활동을 지원하였다. 아리마대 요셉이 그러한 예수님의 제자 중에 한 사람으로서 예수님의

---

2) See, Wikipedia, the Free Encyclopaedia "Joseph of Arimathea".

3) William of Malmesbury(1095-1143)는 영국 초기 역사학자였으며 그의 저서 *Deeds of the English Bishops* Vol. 1 Edited and translated by M. Winterbottom and R. M. Thomason, Oxford University, 2007.

4) Wikipedia, the Free Encyclopaedia "Joseph of Arimathea".

5) Ian Bradley, *Celtic Christianity*, Edinburgh University Press, 1999, p. 72.

선교를 뒷받침하였고 켈틱 기독교의 역사에서 영국에 복음을 전하여 준 첫 사도가 된 것이다. 아리마대 요셉이 없었다면 어떻게 예수님의 십자가처형 이후 그 시신이 잘 보전되어 부활을 준비하며, 구약에 기록된 "그는 부자의 무덤에 장사될 것"(사 53 : 9)이라는 예언을 성취할 수 있었겠는가?

찰스 스터트 대학의 이상택 박사의 '예수 역사의 사회적 배경' 강의에 의하면 고대 로마 사회에서 복음을 전달한 것은 상인들의 공헌이 크게 기여하였다고 한다. 바울 사도는 텐트 메이커 상인의 신분으로 이곳저곳을 다니며 복음을 전하였다. 상인들이 지금의 무역과 같은 상업을 목적으로 이 나라와 저 나라들을 다니며 물건을 교역하였다. 이런 방법으로 박해 가운데 있던 기독교인들이 이 나라 저 나라로 복음을 나를 수 있었던 것이다. 아리마대 요셉은 값비싼 세마포를 구입하여 예수님의 시신을 싸서 자신의 무덤에 장례한 부자였다. 이러한 그의 역할과 경제적 부로 볼 때 그는 상인들과 많은 접촉이 있었을 것이다. 그리고 상인의 신분으로 어려움 없이 스페인을 거쳐 영국까지 여러 차례 왕래하였을 가능성이 높다. 영국에 복음을 전달하였던 초기 기독교의 복음 전달들은 이렇게 상인들의 손에 의하여 전달되었다.

아리마대 요셉은 예수님의 사건과 관계가 맺어지므로 그가 가진 부의 가치가 하나님의 영광을 드러내는 결과를 가져오게 되었다. 요한복음은 예수님의 장례에 비싼 몰약과 향료를 가져온 니고데모와 함께 켈틱 세계에 처음 복음을 전한 부자 아리마대 요셉을 예수님에게 헌신한 경제인 모델로 보여 주고 있다. 그를 교회가 어려울 때 사회에 영향을 끼칠 수 있는 위치에 있는 예수님의 제자로서, 경제인으로서, 그리스도에 대한 헌신자로서, 복음을 위한 용기 있는 자로 보여 주고 있다. 첫 켈틱 선교사인 아리마대 요셉은 신앙과 경제에 대한 폭넓은 정신을 가지고 복음 활동에 참여한 예수님의 제자였다.

2. 켈틱 수도사들과 노동 그리고 노동에 대한 소명

켈틱 수도사들은 어디를 가든 그곳에서 노동을 통하여 삶을 정착하였다.

스코틀랜드의 선교사 콜럼바(Columba, AD 521-597)가 아이오나(Iona)에 선교를 시작할 때에 12명이 함께 아일랜드에서 스코틀랜드로 건너와 선교를 시작하였다. 그들은 아일랜드의 수도원에서 훈련받은 수도사였다. 당시 수도사들은 선교를 위해 목축 기술, 농사 재배법, 바다를 건너는 해양 기술, 집을 짓거나 목수 일을 할 수 있는 기술, 학문, 예술, 음악, 그림, 그리고 의류 기술 등을 익혀 선교지로 나가 수도원이 정착될 수 있게 하였고, 주민들에게 농사법도 가르쳐 주면서 생존하고 수도원의 주민들과도 공존 공생할 수 있도록 하였다. 그들은 황무지를 개간하여 포도를 재배하였고, 성찬식에 필요한 포도주를 자급하였고, 포도 재배 기술도 보급하였다. 목장지를 만들어 양과 소를 길러 우유와 버터를 공급하고, 학교를 세워 원주민들을 교육하였으며, 병원을 세워 주민들을 돌보아 주었다. 성경 복사기술을 개발하여 복음을 전달하였다. 켈틱 교회 복음 사본들은 스코틀랜드의 국보로 남아 있다. 바이킹들이 수도원을 약탈해 갈 때 성경 사본들이 상품가치가 있다고 생각되이 본도로 가져간 섯이 스칸디나비아에 복음의 씨앗이 되었다. 켈틱 수도사들에게서 노동은 영성과 목회의 한 분야로써 노동이 기도요, 기도가 노동이었다. 노동으로 수도원을 자급자족하였고 농사법을 주민들에게 가르쳐 그 공동체가 경제적으로 활성화되게 하였다.

켈틱 수도사들은 수도원의 신앙 활동과 노동을 하나님을 섬기는 소명(calling)으로 믿었다. 여기에서 노동의 소명(Calling) 이론을 현대 경제 이론의 대가로 알려진 막스 베버(Max Weber, 1864-1920, German)의 경제 이론에서 좀 더 설명해 보고자 한다.

경제 이론의 고전으로 불리는 막스 베버의 「프로테스탄트 윤리와 자본주의 정신」에서 그는 칼뱅주의를 분석하였다.[6] 근대 유럽에서 통계적으로 프로테스탄트 교인들 중 기업가, 자본가, 기술적·상업적 훈련을 받은 사람들이 많은 것은 칼뱅주의가 가지고 있는 교리의 특성이라고 이해하였다. 베버는 칼뱅주의가 가지고 있는 교리의 특성은 세속의 직업도 하나님의 소명(calling)으로 받아들이고 있다는 사상을 파악하였다. 칼뱅주의는 "노동은 그것 자체가 절대적인 목적인 것처럼 하나님이 주신 소명(calling)처럼 수행되어야 한다."[7]고 믿고 있다.

노동이 소명, 곧 천직(calling)이라는 개념은 종교개혁 이후에 나타난 것으로, 중세 가톨릭교회와 혹은 고대 종교에서는 이런 개념이 나타나지 않는다. 종교개혁 이전에는 성직자의 목회 활동 이외의 직업은 속된 것이며 노동은 신앙 활동과는 구별되는 것이었다.

그러나 칼뱅주의는 모든 직업은 하나님이 부여한 천직(calling)이며 그 직업을 수행하는 모든 노동은 하나님이 부여한 신적 의무를 수행하는 것으로 이해한 것이다.

모든 직업을 하나님이 주신 천직, 곧 소명으로 보는 칼뱅주의 사상은 자본주의가 발전할 수 있는 정신 근거가 되었다.[8] 세속 사회에서의 직업을 가지고 노동하는 경제적 활동은 하나님이 부여한 것이므로 이에 충실히 헌신해야 한다. 칼뱅주의가 가지는 이 사상은 "새로운 경제 윤리를 출현시키는 원동력"이 되었다.[9]

이와 같은 사상은 막스 베버의 통찰에 의하면 하나님의 절대 권위를

---

6) 여기에 인용된 자료는 대부분 이종수 편, "막스 베버의 학문과 사상," 「오늘의 사상신서」 25, 한길사, 1981에서 인용되있으며, 켈틱 기독교의 사상에 관해서는 찰스 스터트 대학의 이상택 박사의 강의와 그의 가르침을 참고하였음을 밝힌다.

7) Ibid., p. 304.

8) Ibid., p. 217.

9) Ibid., p. 305.

믿는 칼뱅주의의 교리에서부터 온 것이다.[10] 인간은 하나님의 절대 권위에 순종하며 하나님의 영광을 위하여 존재한다. 인간은 신의 목적을 위하여 창조되었다. 창조된 하나님의 세계에서 모든 인간은 그분의 영광을 위하여 존재한다. 이런 교리는 인간이 돈을 벌며, 노동하며, 경제 활동을 하는 일체의 노력도 하나님의 영광을 위하여 있는 것이다. 하나님의 영광 앞에서 게으름으로 시간 낭비와 삶의 낭비는 가장 나쁜 죄가 된다(살후 3 : 10). 칼뱅주의자들은 구원받은 이들은 모두 하나님의 영광을 위하여 일해야만 한다.[11]

하나님의 절대 권위에 대한 순종과 영광의 교리는 기독교인들에게 윤리의 경건함을 요구한다. 경제적인 타락, 삶의 타락은 하나님의 영광을 가리는 죄가 될 것이다. 이런 신앙에서 볼 때 돈을 버는 경제 활동은 단순히 자신들의 향락과 만족을 위한 것이 아니라 그것은 절대자 하나님의 영광을 위한 것이다.

칼뱅주의는 미국의 청교도들에게 큰 영향을 주었다. 노동은 하나님의 영광과 그분의 뜻에 헌신한다는 세속 직업의 소명(Calling)은 청교도 정신의 근간을 이루고 있다. 미국이 발전시킨 자본주의 정신은 이와 같은 청교도 정신에 기초하고 있는 것이다.[12] 베버는 칼뱅주의에 영향을 받은 청교도들이 가지고 있던 노동의 소명, 하나님의 영광을 위함과 도덕적인 수행은 근대 자본주의 정신 및 더 나가서 근대적 문화의 공통적 특징의 근간을 이루고 있다고 분석했다.[13]

막스 베버가 발견한 근대 자본주의 정신의 기초가 되고 있는 노동의 신성함과 노동에 대한 소명의식은 켈틱 수도원의 수도사들의 노동관에

10) Ibid., pp. 218f.
11) Ibid., p. 307.
12) Ibid., pp. 218-224.
13) Ibid., p. 221.

서 이미 파악될 수 있었다. 켈틱 수도원은 로마 중세기의 수도원과 같이 세상을 떠난 은둔주의적 신앙이 아니었다. 켈틱 수도원에서는 수도사들이 신앙하며, 노동하며, 공동체를 섬기는 일련의 과정이 모두 하나님의 소명이며, 도덕적 덕목이며, 하나님께서 맡겨 주신 사명이었다. 여기에 충성하는 것이 수도사들의 신앙고백이었다. 켈틱 수도원의 공동체의 신앙과 생활의 일치는 현대 자본주의 정신을 성찰하는 데 도움을 줄 수 있다.

이민자들이 가지는 신앙과 직업관에도 이런 정신을 성찰해 보는 것이 중요하다.

한국 이민자들이 호주에 올 때 그들 대부분은 기술 이민자였다. 그 기술이 그 사회의 언어의 한계성 및 사회적인 여건에 의하여 원래의 직종을 찾지 못하는 경우가 많았다. 그렇다 할지라도 그들은 결코 노동을 부끄러워하지 않았다. 호주의 경우는 청소 용역을 통하여 이민 사회가 정착하는 기회가 되었다.

호주 한인 사회에서 청소업은 주요 사업 중에 하나이다. 경제학적 분류에서 이 직업은 때로는 3D(Dirty, Dangerous, Demeaning)에 해당되는 직업이다. 그러나 한인 교민들은 이 청소업을 통하여 호주에 정착하는 경제적 계기를 마련하였고, 이를 발판으로 하여 점진적으로 호주에 깊숙이 진출하게 되었다.

직업의 높고 낮음을 구별하는 것 없이 노동의 존귀함이, 하나님의 영광을 위하여 활동하고 있다는 믿음이 이민 정착의 기초가 되어야 한다. 이 정신이 청교도들이 미국을 이루어 낸 정신이고 막스 베버가 말하는 자본주의 정신이다. 이것이 켈틱 수도사들이 가지고 있던 신앙이었다. 켈틱 수도사들이 가진 정신에서 노동의 정신 그리고 경제 자본주의 정신을 찾아야 한다.

한국 이민자들은 그것이 어떤 종류의 직업이든 노동의 현장을 소명을 가지고 가꾸어 사업장을 키우고 호주 사회로 진출할 필요가 있다.

호주 이민자들은 노동과 신앙과 공동체의 섬김을 하나의 관계로 이해하여야 한다. 이 신앙이 우리의 삶을 하나님의 영광을 위해서 살도록 이끌어 낼 것이다. 이런 신앙고백이 호주에서의 이민 사회가 성공적으로 정착할 수 있는 길을 만들어 줄 것이다. 노동자는 사회적 수도사들이며 노동은 수도사들의 활동이 된다.

3. 켈틱 수도원과 경제 정신과 나눔의 비전

여기에서는 켈틱 수도원의 경제 정신과 나눔의 비전을 막스 베버의 종교 분석과 함께 살피며 나의 사업 경험을 이야기하려고 한다.

첫째로, 켈틱 수도원은 로마교황청이 가지고 있던 중앙집권적 교구제도가 아니었다. 자발적이며 자치적인 운영을 통하여 수도원이 운영되었다. 자발적 성장의 책임이 수도원들로 하여금 창의적인 성장을 가져오게 하였다. 그러면서도 수도원 간에 깊은 유대관계를 가지고 서로 협력관계에 있었다.

막스 베버는 그의 '세계종교의 경제 윤리'에서 유교를 기반으로 한 중국의 정치제도는 중앙집권적 체제하에서 자치 시민 정신을 갖지 못하도록 제한되어 있었다고 파악하였다.[14] 유교 사상의 왕권에 대한 지지는 중앙집권 체제가 유지되도록 도왔다. 도시 농촌의 생산 수단이 왕권을 지원하는 정치 체제로 묶여 있어 자발적인 경제적 자본주의 체제로 발전하기에는 상당한 제한성을 가져왔다고 했다.

켈틱 수도원은 비록 그들이 수도원장에게 신뢰하고 복종하는 계율을 가지고 있었지만, 수도원은 중앙집권적 통제에서 자유롭게 창의적으로

---

14) 이종수, op. cit, p. 313.

수도원을 운영하였다. 시장경제의 특성은 각 개인이 가지는 이익 경제를 최대한 보장하면서 동시에 국가와 기업, 그리고 기업 간에 상호 유대 관계를 가지면서 시장경제를 형성해 간다. 자본주의 시장경제는 로마 교황청의 붕괴와 프랑스의 시민혁명을 거치면서 발전하게 되었다. 자본 경제 운영은 켈틱 기독교의 자치 운영 제도에서 적극적으로 배울 필요가 있다.

내가 청소용역 기업인 '제마이홀딩스그룹'(Jae My Holdings Group)을 키워 가고 있을 때 나는 이 회사의 CEO로서 회사의 호주 전국 기반과 이 사업장이 뉴질랜드까지 확장되는 비전을 키워 왔다. 그때 나의 운영 비전은 이런 것이었다. 전국 단위의 네트워크를 구축하고 각 지역에 팀장을 세워 책임을 맡기고, 본사 중앙집권적 시스템을 완화하고 현장 운영의 자율권을 주는 것이었다.

이렇게 함으로 시드니 일대에 국한되었던 사업장을 호주 전역에 확대하고 2006년부터는 뉴질랜드까지 사업을 확장할 수 있었다.[15] 자율적 운영 체제는 경제 발전에 상당한 창의성과 책임감과 적극적 의욕감을 불러낸다.

둘째는 켈틱 기독교의 수도사들은 수도사들이면서 직접 노동에 종사하는 사람들이었다. 노동과 신앙을 이분화하지 않고 직접 생산수단에 참여하였다. 이들은 노동을 신앙의 일부로, 하나님이 주신 소명으로 이해한 것이다. 이 점을 막스 베버의 「프로테스탄트 윤리와 자본주의 정신」에서도 살펴보았다.

막스 베버의 '세계종교의 경제 윤리' 분석에서 불교는 귀족계급의 산물로서 세속을 거부하고 명상하는 승려와 탁발승의 종교라고 평하였다.[16] 이들은 종교 활동과 경제 활동을 구분하였다. 중국 유교의 경우도

15) 나의 인터뷰 기사 「신동아」 4월호 2011년, pp. 432-443 참조 바람.

유학자들은 유학에 기초한 사회의 특수한 지배자들이었다. 이들은 생산 그룹들과는 거리가 멀었다. 유학자가 된다는 것은 경제적인 활동을 초월하여 고고한 경지에 있는 자가 되어야 한다. 이러한 종교적 이데올로기는 상인과 사업가와 거리를 둔 윤리 체계를 가지고 있어 경제 발전에 제한성을 가지고 있었다. 이러한 종교적 이념을 가진 집단 혹은 사회의 구조에서는 경제적 발전을 가져올 수 없다고 베버는 평가하였다.[17]

켈틱 수도원에서 수도사들은 경건생활과 기도, 그리고 종교적 의식을 집행하는 자들이었다. 그리고 그들은 동시에 노동자들이었다. 노동은 그들 신앙의 일부였다. 노동은 곧 그들에게서 신앙이요, 명상이요, 하나님이 주신 선물이었다.

이와 같은 노동의 정신이 영국을 후에 강대국으로 발전하게 하는 신앙의 기조를 만들었다.

"지금의 제마이홀딩스그룹 창업자이신 아버지(이재경 회장)는 1976년에 호주로 이민 와 서부호주 댐피어에서 광산 노동자로 2년을 일하셨다. 그 후 한국 이민자로서는 처음으로 상업용 건물 청소를 시작하였다. 그 당시를 회고해 보면 낮에는 학교에 가 공부하고 밤에는 청소하는 아버지를 도왔다. 부모를 따라 이민 온 우리들은 청소를 하는 일이 서럽기도 하였지만 우리 가족은 신앙과 노동이 우리 가족의 소명이라고 믿었다. 주일이면 나는 부모님이 섬기는 한인연합교회에 나가 주일학교 부장으로 봉사하였고, 어린 나이에 구역장이 되어 청년 구역을 맡아 지도하였다. 학교, 교회, 그리고 일터가 나의 전 생활 영역이었다. 나는 변변한 남녀 사교모임에도 참여할 시간적 여유를 갖지 못하였다.

그러나 지금은 제마이홀딩스그룹의 CEO가 되어 매출액 7,500만 호

16) Ibid., p. 313.
17) Ibid., pp. 313-314.

주 달러의 규모와 2,000여 명의 고용자들을 창출하는 기업주가 되었다. 나의 젊은 시절의 신앙과 삶, 그리고 노동을 하나로 이해하는 수도사적인 신앙이 이 사업을 크게 성장시킨 결과가 되었다고 평가하고 싶다. 부친이신 이재경 장로님과 모친이신 박미자 장로님이 모두 교회의 장로이시며 나 자신 또한 장로 직분을 가진 자로서 교회를 섬기는 기업가가 된 것도 신앙과 노동을 함께 중요시하는 수도사적인 신앙에서 조명받았다고 지금 켈틱 수도원을 연구하면서 공감대를 가지게 된다. 나는 수도사들의 생활 모토를 좋아한다. '땀이 나도록 일하고 눈물이 나도록 기도하라. 이것이 네 삶의 질의 평가가 될 것이다.'[18] 노동과 신앙은 구별될 수 있는 것이 아니라 신앙의 실천적인 영역이 될 것이다. 노동, 즉 사업을 하나님의 소명으로 이해하고 하나님의 영광을 위해서 일한다는 신앙고백은 나의 신앙고백이다."

셋째는 경제정신과 나눔의 비전, 그리고 리더십이다.

막스 베버가 「프로테스탄트 윤리와 자본주의 정신」에서 말하고 있는 노동의 소명과 청빈주의, 그리고 하나님의 영광을 위하여 한다는 경제 원리는 켈틱 기독교의 수도사들의 노동 가치관에서 쉽게 발견할 수 있다.

켈틱 수도원에는 환대(hospitality)정신이 있었다. 켈틱 교부였던 콜럼바는 수도사들에게 가르치기를, 치즈를 만들 때는 세 사람을 위하여야 한다고 했다. 즉, 하나는 자신을 위하여, 하나는 가족을 위하여, 그리고 다른 하나는 나그네를 위하여 준비하라고 하였다.

이런 정신은 부의 축적에 대한 정신이 무엇이 되어야 하는지 가르치는 기본정신이 될 수 있다. 첫째, 자신만 먹기 위한 치즈의 생산은 자본주의가 가지는 자기중심적인 이기주의에 빠질 수 있다. 부의 축적이 자

18) St. Columba's Rule of Monastery 참조.

기중심적인 향락과 만족만을 위할 때 위험을 가져온다.

둘째, 수도사들의 가르침에서 가족을 위하여야 함은 공동체를 뜻하였다. 공동체의 쇠잔함은 삶의 위기를 가져온다. 가족의 공동체, 회사도 하나의 가족이며 공동체이다. 작든 크든 청소업에서도 청소업의 직원들은 함께 살아야 할 가족이다. 그들과 함께 이익을 나누고 공생하는 것이 중요하다. 교회도 하나의 가족, 곧 하나님의 가족이다. 그 가족이 튼튼하게 성장할 필요가 있다. 기업주가 자신의 이익만 챙기고 노동자들의 복지와 생활을 보장해 주지 않는다면 기업도 결국은 위험에 처하게 될 것이며 불안한 사회를 만들게 된다.

세 번째는 이웃에 대한 관심이다. 경제인에게는 소외된 이웃을 돌볼 책임이 있다. 사회와의 나눔은 나그네와 가난한 자들, 병든 자와 사회적 소외자들에 대한 관심과 돌봄이 될 것이다. 이들의 복지를 위한 나눔의 정신은 사회적인 환언의 정신을 뜻한다.

베버가 말하고 있는 경제윤리가 노동의 소명, 청교도들이 가지고 있는 자족을 통한 신앙적인 표현, 나눔을 통한 사회와 함께 공존하는 경제정신을 켈틱 기독교에서 발견할 수 있다. 성경의 경제원리는 '나눔'의 정신을 강조하고 있다. 이스라엘 민족들이 애굽에서 종살이를 마치고 가나안으로 들어가서 살 때에 반드시 해야 할 삶의 원리 중에 하나가 사회적인 소외자와 약자들, 가난한 자와 과부, 고아와 객들을 섬기는 것이었다.[19)]

켈틱 기독교는 성경이 보여 주는 이러한 원리를 환대(Hospitality)와 나눔(sharing)이라는 정신에서 가르친 것이다.

「상인의 소명」(*the tradesman's calling*)이라는 책을 쓴 리차드 스틸(Richard Steele, 1672–1729) 목사는 "부자들은 자신의 편안함이 가

---

19) 신명기 14 : 29, 15 : 11, 16 : 11, 14, 24 : 17, 19~21.

난한 사람들의 수고에 의존한다는 사실을 기억해야 한다."고 말하였다.[20] 부한 자들이 공공의 복지에 기여하고 함께 나누는 정신은 기독교 경제 정신의 기초가 된다. 나눔은 공동체가 함께 사는 공존의 길이 된다. 이런 켈틱의 경제 정신은 이미 마태복음 20 : 1~14에 나타나는 포도원 품꾼의 비유에서 예수님이 가르치셨다. 포도원 주인이신 하나님은 먼저 온 자나 나중 온 자나 함께 사는 것을 가르쳐 주기 위해 같은 임금을 지불하고 있다. 경제적 평등 원리를 가르치고 있는 것이다. 한국교회의 대형교회도 이런 경제 원리에서 보면 사회적 책임 의식을 가지고 사회에 참여할 필요가 있다.

영국의 기독교 전통은 켈틱 기독교의 전통을 바탕으로 하고 있다. 호주는 앵글로-켈틱 문화 전통에 속하여 있다. 영국의 감리교회 창설자 요한 웨슬리(John Wesley)는 그의 설교에서 켈틱 기독교의 경제 정신을 이렇게 재해석한다. Gain all you can(할 수 있는 대로 벌어라.), Save all you can(할 수 있는 대로 아껴라.), Give all you can(할 수 있는 대로 주라).[21] 이와 같은 가르침은 경제 현실에서 해석될 수 있는 켈틱 기독교의 정신이다. 웨슬리의 가르침처럼 기독교인들은 "노력해서 열심히 돈을 벌어야 한다". 바울 서신에서 바울은 일하기 싫은 자는 먹지도 말라고 경고하였다. 그러나 번 돈을 사치와 향락에 소비하지 말고 '저축하라'는 말은 소비 절약의 정신이 될 것이다. 이 부분은 이미 막스 베버가 그의 책에서 청교도들의 정신을 분석하여 제시한 청빈 윤리 정신이다. "할 수 있는 대로 주라."는 말은 돈을 하나님이 원하는 방법으로 하나님의 영광을 위하여 사용하라는 가르침이 될 것이다. 정당

20) 리차드 스틸 저, 조계광 역, 「그리스도인의 경제윤리」, 지평서원, 2011. 이 책은 기독교인들의 경제 활동을 성경적으로 잘 조명해 주고 있다.

21) http : //www.JoshuaBevan.com ; John Wesley and principles of Earn, Save, Give.

한 나눔의 정신은 재물을 선용하는 정신이며 공동체가 함께 사는 길이 된다. 나눔의 정신과 공동체의 섬김의 관계는 기독교 신앙의 적용을 위하여 끊임없이 연구되어야 할 과제이다.

이와 같은 경제인의 정신을 영국의 첫 선교사로 갔던 부자 아리마대 요셉이 보여 준 경제 정신에서도 찾아볼 수 있다. 나눔의 정신을 가지고 재물을 선용하는 경제인을 하나님은 사회적으로 높이시고 사회에 영향을 주는 리더로 사용하신다. 아리마대 요셉은 부자였다. 예수님을 십자가에 못 박은 로마의 총독에게 나아가 예수님의 시신을 내어 달라고 부탁했을 때 그의 요청을 거절할 수 없을 만큼 그는 사회적으로 인정받았고 그 인정은 사회적인 헌신과 섬김, 공헌에서 온 것이다. 그가 로마의 죄인으로 십자가에 처형된 예수님을 위하여 자신을 위해 준비한 무덤을 내어 드린 사실은 그의 삶의 단면을 우리에게 보여 준다. 이로 볼 때 빌라도 총독이 아리마대 요셉의 요청을 거절할 수 없을 만큼 정치적으로, 사회적으로 영향을 주는 헌신적 리더십을 가지고 있었던 것이다.

이러한 그의 사회적 헌신이 다른 이들로 하여금 그를 신뢰할 수 있게 하였고, 기독교를 보호하고 사람을 도와줄 수 있는 인격자가 되게 한 것이다. 이것은 켈틱 기독교가 우리에게 보여 준 경제인 리더십의 비전이 될 것이다.

결 론

이상에서 켈틱 기독교의 경제 정신을 현대 상황에서 해석하였다. 켈틱 교회의 수도사들이 보여 준 경제 정신은 노동의 소명, 나눔의 정신, 근면한 정신, 공생 공존하는 정신이다. 수도사들은 이런 정신이 하나님의 영광이 될 수 있다는 신념으로 살았다. 이런 켈틱의 기본 정신은 막스 베버의 책에서 소명, 근면, 나눔, 공존이라는 도식이 근대 자본주의를 형성하는 정신적 토대가 되었다고 분석한 것과 일맥상통한다. 현대 경제 자본 사회에서도 이런 정신을 가진 자가 참다운 경제인의 모습이며, 하나님이 그의 영광을 위하여 사회적으로 사용하는 경제인 리더가 될 수 있다.

7

스코틀랜드 아이오나 공동체 방문기

이기훈/목사, 박사
(시드니 온누리교회)

한국인들 중에는 켈틱이라고 하면 미국의 보스턴 농구 팀을 상상하는 사람이 많을 것이다. 사실 켈틱 영성은 한국 교인들에게는 매우 낯선 것이다. 한국인에 의하여 쓰인 켈틱 교회에 대한 책이 없는 것을 보아도, 그리고 번역된 책일지라도 겨우 몇 권밖에 없는 것을 보면 알 수 있다. 그럼에도 불구하고 켈틱 여행을 떠나는 데는 두 가지 이유가 있었기 때문이다. 첫 번째는 오늘날 계속 대두되고 있는 한국교회의 위기설에 대한 대안으로서의 영성을 찾기 위해서였다. 그동안 한국 사회는 성장 위주로 앞만 보고 달려왔다. 그 결과 많은 부작용들이 사회 모든 분야에서 속출하고 있다. 교회도 예외는 아니었다. 부흥 위주로 달려온 교회는 부흥의 주역이었던 1세대 목회자들의 은퇴가 은혜롭게 진행되지 못하면서 심각한 부작용을 낳고 있다. 교회의 위기설은 이런 상황에서 더 불거지고 있다. 두 번째는 비록 한국인 교회가 이민교회이지만 쇠퇴하고 있는 호주교회의 현실을 바라보면서 다시 부흥을 회복할 수 있는 대안을 찾기 위함이었다. 이런 생각은 100년 전에 한국교회가 호주교회에게 지었던 복음의 빚을 갚고 싶은 열정 때문에 갖게 되었다. 동시에 하나님께서 호주 땅에 한국인 교회를 세우신 영적 의미를 찾기 위해서였다.

그리고 켈틱 영성에서 호주교회의 회복을 위한 대안을 찾으려고 했던 이유는 먼저 호주교회의 뿌리가 영국교회이기 때문이요, 또한 영국교회의 뿌리가 켈틱 교회에 있다고 판단했기 때문이다. 찰스 스터트 대학에서 수업을 통하여 켈틱 교회를 배우는 동안 켈틱 교회의 영성이 호주교회에 잘 접목될 수 있다는 가능성을 보았다. 찰스 스터트 대학에서 박사과정을 함께 공부한 일행 6명과 이상택 교수를 단장으로 하여 떠나는 7명은 옛날 켈틱 수도사들이 낯선 지역을 찾아 구도의 길을 떠나는 심정이었다.

오반을 찾아서

시드니 공항을 떠난 일행 7명은 베를린을 거쳐 글라스고 공항에 도착했다. 비행기 안에서 내려다보이는 글라스고 지방은 전형적인 스코틀랜드의 지형이었다. 공항 세관 직원은 아이오나를 찾아온 우리 일행을 반갑게 환영해 주었고 우리의 여정을 축복해 주었다. 고압적이지 않은 그들의 태도는 다른 공항에서는 볼 수 없는 것이었다. 여행을 떠나오기 전에 미리 예약해 두었던 렌터카를 찾아서 첫 번째 목적지인 오반(Oban)을 향하여 달렸다. 이곳에서 하루 쉬고 다음 날 아이오나로 들어갈 예정이다. 오반은 글라스고 공항에서 아일랜드 방향으로 약 150km 떨어진 곳에 위치한 항구도시였다. 오반을 향해 가는 길은 강을 따라, 산길을 지나 아름답기가 이루 말할 수 없었다. 일행은 잠깐 휴게소에 들려 차도 마시고 아름다움도 돌아볼 겸 쉬기로 했다. 주문을 받는 종업원의 말투에서 이곳이 스코틀랜드라는 사실을 제일 먼저 피부로 느꼈다. 알아듣기 어려운 스코트 시의 발음들이 일행을 당황하게 만들었다. 우리가 그녀의 발음을 흉내면서 웃었던 것이 그녀에게 불편함을 주었을지 모른다. 약 2시간 동안 스코틀랜드 특유의 산과 하늘의 어우러짐에 감탄하면서 달렸다. 해질 무렵 오반에 도착하였다. 여름을 코앞에 둔 듯한데 날씨는 초겨울처럼 쌀쌀했다.

오반 도시

예약해 놓은 숙소를 찾았다. 말로만 듣던 백패커(Backpacker)에서 첫날 밤을 묵었다. 젊은 시절 한번쯤은 묵어 보고 싶었던 곳이었기에 불편함보다 신기함이 더 컸다. 12개의 침대가 이층으로 놓여져 있었고 우리 일행 7명 외에도 세 명의 외국인이 함께 잠을 자야 했다. 여장을 풀고 나자 시간이 밤 10시를 지나고 있었다. 그런데 밖은 밤이 아니라 여전히 낮이었다. 해가 일찍 뜨고 늦게 지는 계절인 것이다. 일행은 함께 산책을 나갔다. 오반은 작지만 아름다움을 간직하고 있는 항구였다.

내일 아침에 타고 갈 배도 보았다. 멋진 유람선이었다.

내일의 일정을 묵상하면서 설레는 마음으로 잠을 설쳤다. 아침에 일어나 큐티를 하고 나니 몸과 마음이 홀가분했다. 모세가 베냐민 지파에게 축복하는 내용이어서 우리 일행을 위해서 주는 말씀으로 들렸다. "내가 너희를 쉬게 해 주겠다. 내가 너희를 보호해 주겠다." 오늘 하루 종일 쉼과 보호하심이 있을 것을 기도하면서 피곤하다는 생각을 바꾸어 버렸다. 이것이 말씀의 능력일 것이다. 아침 식탁에서는 각국에서 온 사람들이 함께 어우러져 대화도 나누며 식사를 하고 있었다. 우리는 오스트리아에서 온 사람들과 대화를 나누었다. 우리 일행이 먹던 컵라면도 맛보게 해 주었다. 맵지만 원더풀을 연발하였다. 외국인에게 해 주는 의례적인 매너라는 생각이 들었다. 나도 매워서 혼이 났는데 그녀는 얼마나 더 매웠을까? 우리가 가야 할 아이오나에서 2주일 동안이나 생활하다가 나온 미국 장로교 여자 목사를 만났다. 그녀는 그곳에서의 인상적인 생활들을 설명해 주었다. 아이오나가 우리를 기다리고 있다는 기대감이 더욱 커졌다. 그리고 리셉션에서 일을 하고 있는 자매와도 대화를 나누었다. 그녀의 발음이 친숙하게 들렸다. 알고 보니 애들레이드에서 온 사람이었다. 함께 호주에서 산다는 한 가지 이유 때문에 서로를 반가워했다.

아이오나를 향하여

오반에서 아침 배를 타고 멀(Mull) 섬을 향했다. 항구로부터 멀어지는 배 안에서 바라본 오반은 정말 아름다운 작은 도시였다. 오반을 Little bay라고 부르는 이유가 아마도 작지만 아름답다는 의미를 포함했다는 생각이 들었다. 수많은 관광객들과 순례자들이 배를 가득 채웠다. 바다와 하늘, 그리고 주변의 섬들과 배가 함께 연출해 내는 아름다

오반(Oban) 도시에 멀(Mull) 섬을 거쳐 아이오나(Iona)로 가는 길

움에 도취된 채 마시는 커피 한 잔은 영락없는 신선놀음이었다. 50여 분이 지나 목적지 멀에 도착했다. 여러 대의 버스들이 부두에서 손님을 기다리고 있었다. 그런데 우리 일행을 태우고 갈 버스는 없었다. 오반에서 배를 타기 전 아이오나 행 티켓을 구입하지 않았던 것이다. 아이오나를 하루 코스로 하는 순례여행자들은 배 티켓을 살 때 관광버스 티켓을 함께 구입한다. 매표소에서는 우리가 아이오나에 며칠을 머물 것이라 하니 매표소에서 멀까지의 티켓을 내주었다. 우리가 정기 노선 버스를 탈 것이라고 생각했던 것 같다. 오반에서 머무는 승객들은 정기 일반 노선버스 시간에 맞추어 오반에서 아침 8시 혹은 11시 배를 타거나 아이오나로 가는 관광버스 one way 표를 사면 자연스럽게 연결될 수 있으나 우리는 충분한 지식이 없이 빨리 아이오나에 가고 싶은 생각으로 자세히 묻지 않고 표를 구입한 것이다. 이런 일이야 여행 중에 흔히 있는 것이 아닌가? 다음 버스는 두 시간이나 기다려야 온다고 한다. 하는 수 없이 관광안내소의 도움으로 택시를 불러 타고 갔다. 택시로도 1시

간 넘게 달려가야 하는 차 한 대만 갈 수 있는 외길이었다. 약 100미터 간격으로 마주 오는 차를 피할 수 있도록 피할 길을 만들어 놓은 것이 참으로 인상적이었다. 상대편에서 오는 차를 위해서 먼저 피해 주는 배려는 아이오나의 영성이 아닌가 생각했다. 운전기사의 안내가 무척 친절했다. 돌아갈 길도 예약을 하고 아이오나로 들어가는 항구에 도착했다. 차에서 내리자 한여름인데도 찬 바닷바람이 세차게 불어 가지고 온 두터운 덧옷을 입으며 겨울을 느꼈다.

바다 건너 보이는 아이오나 애비(Abbey)와 주변의 드문드문 세워져 있는 집들, 그리고 한가로이 풀을 뜯어 먹고 있는 양 떼들이 한눈에 들어왔다. 세상에 이렇게 아름다운 곳이 어디 있으랴? 연신 카메라 세례를 퍼 부었다. 어느 장면 하나 아름답지 않은 곳이 없었다. 10여 분 배를 타고 바다를 건너 그 아름다운 땅에 도착을 했다. 사진으로만 보던 집들 그리고 말로 형용할 수 없이 피어 있는 형형색색의 들풀들이 넓디넓은 그 섬을 가득 메우고 있었다. 아이오나 섬은 한 시간 정도면 충분히 일주를 할 수 있다고 한다. 아름다운 집들은 가까이 가 보니 대부분 B & B였다. 작은 아이오나 섬에 도착한 항구 이름을 순교자 항(Martyr Bay)이라고 불렀다. 8세기경에 바이킹들이 이곳 아이오나에 침략하여 수도사들을 16명이나 죽였다고 한다. 수도사들이 순교한 현장이다. 이 해변에 식당이 세워져 있었다. 우리 일행은 먼저 허기진 배를 채우기 위해서 식당으로 갔다. 스프와 함께 먹는 영국 대표 음식 fish and chips는 산해진미였다. 가방을 끌고 감탄을 하면서 숙소를 찾아 아름다움 속으로 들어갔다. 흥분된 가슴을 가지고 애비에 도착했다. 지금은 아름답게 보이지만 처음 콜럼바가 이곳에 도착했을 때는 아무것도 없는 황량한 곳이었을 것이다. 콜럼바가 스코틀랜드에 전도를 하러 오자 당시 왕은 그를 이곳으로 유배하듯 보내 버렸다. 콜럼바는 이곳에서 터를 닦으면서 지나가던 어부들을 만나 교제하였다. 그들에게 전도하여 열매를 맺었다. 사람들이 변화되면서 그곳이 점점 은혜의 땅, 생명의 땅, 축복의 땅으로 바뀐 것이다.

소문을 들은 스코틀랜드 왕이 이곳까지 찾아와 세례를 받고 기독교인이 되었다. 여기서부터 스코틀랜드 선교 사역이 본격적으로 시작된 것이다. 그래서 이곳을 성지라고 부른다고 한다. 이곳 묘지에는 수십 명의 스코틀랜드 왕의 묘지가 있다고 했다. 셰익스피어의 희곡 햄릿에 나오는 햄릿의 아버지 덴마크의 왕 맥베스(Macbeth) 왕도 이곳에 묻혔다고 전해지나 그 무덤은 확인되지 않았다고 안내자는 알려 주었다.

아이오나 애비 앞마당에는 마틴의 십자가와 요한의 십자가로 명명된 두 개의 크고 우람한 돌 십자가가 입구에 세워져 있었다. 그것은 우리가

아이오나 수도원의 내부 뜰에 있는 수도원 복도와 뜰에 세워진 성령강림동상이 보인다.

이미 익히 알고 있던 아일랜드 형태의 십자가였다. 수도원 안뜰에는 성령강림을 상징하는 탑이 세워져 있었다. 미국교회가 신앙의 우정으로 보냈다고 한다. 수도원의 복도를 걸으며 사진도 찍고 설명도 듣고 기념품도 구입했다. 가족과 함께 혹은 아내와 함께 다시 찾아왔으면 좋겠다는 생각이 들었다. 우리는 밤이 맞도록 아이오나 섬에 심취되어 있었다. 이곳이 바로 천국이 아닌가 생각했다.

우리 일행은 여정을 풀고 토요일 저녁 8시 예배에 참석했다. 관광객들로 가득한 예배당은 모두가 순례자들처럼 보였다. 예배는 아이오나 공동체 식으로 진행되었다. 예배는 매 요일마다 각기 다른 주제를 가지고 진행된다고 한다. 이것은 한국 강원도 태백에 있는 예수원과 똑같은 방식이었다. 대천덕 신부님이 이곳의 시스템을 그대로 도입한 것 같았다. 예배 후 식당에서 티타임을 가졌다. 참석자 모두를 환영해 주었다. 기념품 판매실과 예배실 외에 겉으로만 보았던 건물 속으로, 즉 그들의 속으로 들어가 본 것이다. 식당을 가득 메운 각국의 사람들은 마치 서로가 친한 친구인 양 혹은 한 교회의 교인들인 양 대화를 나누었다. 알고 보면 서로가 다 처음 만나는 사람들이었다. 우리도 그들 사이에 끼었다. 우리 일행이 유일하게 검은 머리의 동양인이었다. 그래서 사람들마다 더 관심을 가져 주었다. 그들은 먼저 동양인이 이곳까지 왔다는 사실에 놀라고 두 번째는 호주에서 왔다는 말에도 놀라는 것 같았다.

티타임이 끝나갈 무렵 미리 약속한 대로 공동체의 Associate Director인 Jeimi와 두 사람의 운영위원과 함께 세미나 시간을 가졌다. Jeimi 목사님이 우리를 위하여 특별히 만들어 준 자리였다. 그녀는 미국 사람 특유의 발랄함과 자신감으로 우리를 영접해 주었다. 그리고 우리의 질문에 자세하게 대답을 해 주었다. 우리는 아이오나 방문과 그곳 사람들과의 대화를 통해서 몇 가지 중요한 내용들을 발견하였다.

아이오나 신앙공동체의 특징

아이오나 수도원 앞에서 박사과정 중에 있는 목사님들(2011년 6월)

첫째, 아이오나 공동체는 작은 섬에 위치하여 있다. 우리는 그곳을 대자연 속에서 자연과 함께 대화를 나누며 하나님을 묵상하는 곳으로 생각하였다. 시드니의 블루 마운틴이나 한국의 설악산을 상상했던 것과는 달랐다. 그 섬은 하나님의 거대한 품으로 느껴졌다. 바닷가를 거닐면서 혹은 바위 위에 앉아서 또는 들풀 사이를 거닐면서 주님과 대화를 나누었을 것이다. 상상만 해도 아름다움과 신비로움이 느껴졌다.

둘째, 아이오나 공동체 속으로 들어가 보지 못하면 방문의 의미가 약하다. 태백의 예수원은 방문하는 사람들마다 하루에서 삼 일까지 무료로 머물 수 있다. 그들과 함께 식사도 하고, 예배도 참석할 수 있고, 또 낯선 사람들과 교제도 할 수 있다. 그날그날 부여되는 노동에도 참여하면서 공동체 속에서 살아 볼 수 있다. 그래서 많은 것을 느끼고 보고 돌아가면서 언젠가는 다시 오겠다는 마음을 먹게 된다. 이것은 영

아이오나 공동체, 순교자 백사장과 연락선 정착지, 그리고 멀리 콜럼바의 기도산이 보인다.

향이 컸다는 증거이다. 그러나 대부분의 순례자들은 겉만 보고 돌아선다. 그나마 예배에 참석이라도 해야 뭔가 공동체의 분위기를 조금은 느낄 수 있다. 다행히도 이곳도 미리 예약을 하면 일주일은 머물 수 있다고 한다. 일 년에 몇 차례 가지는 교육 수련 기간에 참석한다면 깊이 아이오나 신앙공동체를 배우는 기회가 될 것이다. 공동체 속에서 함께 살아 보지 못하면 아이오나 공동체는 베일에 가려져 있는 곳이 되어 버리고 말 것이다.

셋째, 켈틱 영성에 기초하여 1938년에 처음 아이오나 신앙공동체를 창설한 분은 조지 맥클라우드(G. MacLeod) 목사님이셨다. 2차대전 전후로 하여 전쟁과 히틀러의 만행, 그리고 이를 지원하는 기독교의 영성의 타락을 회복하고자 아이오나 신앙공동체가 시작되었다. 맥클라우드 목사님은 결코 카리스마적 리더자로 자신을 공동체의 대표자로 내세우지 않으셨다. 그는 에큐메니칼 정신과 겸허한 인격을 갖춘 영국성공회의 감독이셨다. 아이오나 신앙공동체는 한 면의 대표자를 내세워 그를 상징적 존재로 하지 않는다. 대개 어느 집단이나 교회, 혹은 공동체는 한 사람의 카리스마틱한 인물에 의해서 세워지고 이끌어지는 법이다. 그런데 이곳은 그런 리더에 의하여 운영되기보다는 기독교 정신을 같이 나누는 공동체와 규약에 의하여 운영되는 것이 특징이다. 세계 곳곳을 다니면서 켈틱 교회와 영성, 그리고 역사와 신앙을 홍보하거나 집회를 여는 그런 인물이 없다는 것이다. 그런데 공동체는 운영되고 있었다. 이것은 켈틱 교회의 역사를 거슬러 올라가면 이해할 수 있다. 로마교회는 한 사람인 교황에 의해서 지배되는 곳이었다. 그러나 켈틱 교회는 콜럼바가 이곳을 세울 때부터 공동체로 시작되었다. 커뮤니티를 구성하여 공동체적으로 운영되는 곳이었다. 그들만의 규칙을 가지고 남녀 차별 없이 운영되는 곳이었다. 그래서 예배도, 운영도 젊은 여인들이 감당하고 있었다.

넷째, 아이오나는 수도원이지만 수도원적이지 않았다. 아이오나는 수도원이기 때문에 수도사들은 뭔가 이색적인 복장을 하고 살고 있을 것이라고 생각했다. 그곳의 사람들은 뭔가 우리와는 다를 것이라고 기대했다. 그러나 그 기대는 잘못된 것이었다. 그들은 우리처럼 그냥 세상 속에서 함께 살고 있는 사람들이었다. 알고 보니 이것이 켈틱 공동체의 특징이었다. 로마교회는 교회와 세상을 구분해 놓고 자신들은 특별한 모습으로 살았지만 켈틱 공동체는 교회와 세상을 구분하지 않았다. 세상 속에서 세상 사람들과 함께 그리스도인으로 살아가는 것이 그들의 영성이었다. 그래서 예배나 공동체 분위기는 엄숙하지도 신비하지도 않았다.

다섯째, 지금의 아이오나 공동체는 켈틱 영성을 현대 상황에서 번역한 신앙공동체이다. 현재 아이오나 신앙공동체는 켈틱 영성을 응용하여 현대식으로 적용된 것이다. 그들은 세계 평화와 정의 실현, 빈곤과

아이오나 수도원 앞에서 석사과정 학생들과 가족들(2012년 6월)

인종차별, 그리고 전쟁 종식을 테마로 삼았다. 어쩌면 과거의 영성을 기반으로 오늘 시대에 새로운 모습으로 적용한 것이다. 그들은 에큐메니칼 정신을 자신들의 정체성으로 삼았다. 그래서 예배도 각 교파의 형식을 취하면서 다양하게 드린다. 각 나라의 언어를 사용하여 예배를 드린다. 성 콜럼바를 두드러지게 내세우지도 않았다. 콜럼바를 통하여 드러난 예수님의 가르침이 아이오나 신앙공동체의 특징처럼 보였다. 콜럼바에 대한 역사적 자료가 별로 없는 것은 더욱 아쉬웠다. 콜럼바가 세웠던 수도원이 복원되어 아이오나 섬의 특징을 이루어 놓고 있었다. 아이오나 박물관에는 역사적으로 8세기경으로 추산되는 가장 오래된 켈틱 십자가가 깨여진 부분을 복원하여 보존되어 있었다. 켈틱 수도사들에 의하여 복사된 최초의 복음서 사본이 있어 보는 이들에게 감동을 주었다. 유일하게 남은 원본은 던브린 대학의 도서관이 보존하고 있다고 한다.

여섯째, 지금의 아이오나는 자기들만의 묵상법이 없다. 베네딕트 수도원은 그들 나름대로 말씀 묵상법을 가지고 있다. 그리고 지금까지도 그 방법이 전해지고 있고 사용되고 있다. 그러나 아이오나는 각자 자기 방식대로 묵상하는 것이다. 성경공부가 있다고는 하지만, 그리고 성경을 읽는다고는 하지만 에큐메니칼 성격상 통일된 방법도, 신학도 없었다. 그냥 각자 알아서 묵상하고 함께 나누는 것이 전부였다. 그것이 켈틱 영성에 맞는 스타일일 것이다. 개인의 신앙적 창의성을 스스로 개발하도록 돕는다. 성령님의 인도는 결코 강요하지 않으시며 한 개인이 발견한 특성으로 훈련하지 않으신다. 오히려 무궁무진한 예수님의 진리의 세계를 깨닫도록 인도하신다.

우리 일행은 다음 날 아침 일찍 일어나 오전 8시 주일 예배에 참석하였다. 숙소와 교회의 거리가 2km 정도 되었다. 예배는 세 가지 스타일로 세 번 드려진다. 스코틀랜드 앵글리칸 교회의 형식과 가톨릭 형식, 그리고 에큐메니칼 형식인 개신교회의 예배이다. 우리는 시간관계상 앵글리칸 스타일의 예배에 참석하여 아일랜드의 성공회 예배(Episcopal church)에 참석하고 다음 목적지 북아일랜드를 향하여 출발하였다. 우리는 켈틱 영성을 더 느끼기 위하여 아일랜드의 성자로 불리는 패트릭을 만날 것이다. 환상의 섬 아이오나를 뒤로 하고 떠나는 길은 마치 콜럼바가 그랬듯이 나그네 전도여행을 떠나는 것 같았다.

8

아일랜드 패트릭 센터 방문기

형주민/목사
(시드니 교회)

찰스 스터트 대학과 한남대학교가 공동 개설한 박사과정의 목회자들이 2주간에 걸쳐 켈틱 교회 현장을 답사했다. 이상택 교수의 지도하에 켈틱의 영성을 찾아 나서는 한편, 얀 후스로부터 요한 웨슬리까지 이어지는 종교개혁의 현장을 직접 답사한 것은 살아 있는 교육을 체험하는 것이었다.

우리가 흔히 영국이라고 명칭하는 United Kingdom(UK)은 잉글랜드, 스코틀랜드, 웨일스, 그리고 북아일랜드를 합쳐 부르는 것이다. 저들은 UK 안에서 국경 없는 각기 다른 국가이다. 옛 우리나라 삼국시대를 연상하게 하는 것으로 UK 안에서 아직도 각별한 관계가 이어지고 있다. 우리 일행은 스코틀랜드, 북아일랜드, 그리고 영국을 방문할 기회가 주어졌다. 처음 UK를 방문한 필자로서는 세 지역을 다니며 각 지역마다 다른 특성을 볼 수 있었고, 서로 다른 문화와 풍습은 한 나라가 같으면서도 서로 다르다는 것을 알 수 있게 되었다.

성 패트릭은 브리튼 웨일스 출신이다. 그러나 그의 활동 지역은 아일랜드였고, 타 지역 출신인 그가 아일랜드 국민들에게 추앙을 받고 있다는 점만 보더라도 그의 업적이 UK 안에서 얼마나 놀라운 결실인가를 보여 주고 있다.

아일랜드의 성자 패트릭

북아일랜드 수도 Belfast(벨파스트)

우리 일행은 스코틀랜드의 아이오나를 돌아본 후 늦은 밤 성 패트릭의 성지라고 불리는 북아일랜드의 벨파스트로 이동하였다. 약 1시간 40분의 비행시간 후 우리는 밤 10시쯤 벨파스트 공항에 무사히 도착할 수 있었다. 공항에서 빌린 렌터카를 동원하여 숙소가 있는 시내로 비가 내리는 어두운 밤 우리 일행은 내비게이션을 의지하고 밤길을 운전하게 되었다. 사람도 집도 보이지 않았고, 어디인지 전혀 모르는 낯선 곳을 찾아갈 때는 솔직히 두려운 마음도 있었다. 그러나 얼마 후 집이 나오고 빌딩들이 나오자 우리 일행은 안심의 탄성을 지르게 되었다. 그리고 감사하게도 내비게이션은 정확히 우리가 머물 숙소로 인도하여 주었다. 숙소는 호주에 있을 때 이미 예약한 곳으로 유태인이 운영하는 백패커(Backpacker)였다. 8명이 머물 수 있게 8개의 이층 침대가 준비되어 있었다. 백패커는 호주에서 젊은 청년들에게 말로만 듣던 곳으로, 직접 경험을 해 보니 표현할 수 없는 이상한 기분

아일랜드 Belfast에 있는 St. Patrick Centre 앞에서

을 갖게 하였다.

전혀 알지도 못하는 이국인들과 그것도 남녀 상관없이 한 방에서 지낸다는 것이 이방 한국 목회자들에겐 큰 문화 충격으로 다가왔다. 그러나 이미 스코틀랜드 두 곳에서 경험을 한지라 벨파스트에선 그래도 여유가 있었다. 지정해 준 방으로 가 보니 이미 헝가리에서 온 한 자매가 자려고 누워 있는지라 우리는 짧게 인사는 나누었지만 서먹함과 불편한 느낌은 우리 팀과 헝가리 자매 모두에게 있었고, 서로 경계심을 가지고 이틀을 지내야만 한다는 것이 너무 힘들게만 느껴졌다. 특히 우리보다 자매를 생각해 보니 일곱 명의 동양 남자들과 한 방에서 지낸다는 것이 몹시 힘들 것이라 여겨져 이런저런 궁리 끝에 그 자매의 자릿값을 우리가 대신 지불하겠다는 조건을 제시하며 다른 방으로 옮겨 줄 수 있느냐고 제안하였고, 감사하게도 이 제안이 받아들여져 우리 일행은 비록 25파운드는 더 내었지만 편하게 우리들만의 공간에서 이틀을 지낼 수가 있었다.

다음 날 아침, 숙소에서 제공하는 아침 식사를 마치고 패트릭 센터가

소울(Saul)에 세워진 패트릭의 처음 교회

있는 다운패트릭(Downpatrick)이라는 마을로 이동하였다. 약 40분 정도 드라이브 후 우리는 패트릭 센터에 도착하였다. 센터는 다운패트릭 시내 중심에 위치하고 있어 찾기에 그리 어렵지는 않지만 이정표를 잘못 본 관계로 약 15분 정도 헤맨 후 찾게 되었다. 관계자와 만나기로 한 약속 시간은 지났지만 그러나 센터의 직원들은 반갑게 우리를 맞이하여 주었고, 예정대로 모든 프로그램을 소화해 낼 수가 있었다.

우리 일행은 직원의 안내로 패트릭 센터 내에 있는 영화관에서 먼저 패트릭의 일대기에 관한 영상을 시청하였다. 그리고 개인에게 나누어 준 영상 기계를 통해 자리를 옮겨 다니며 다시금 패트릭의 일대기를 듣고 보는 기회를 갖게 되었다. 이후 우리 팀이 만나기로 되어 있던 Tim Campbell 박사(센터 디렉터)를 만나 함께 반나절 동안 투어하며 설명을 듣는 시간을 가졌다.

소울(Saul) 교회

첫 번째로 우리가 간 곳은 소울 교회이다. 소울 교회는 아일랜드 지역에 처음(AD 432)으로 세워진 교회이다.

패트릭은 영국 및 유럽 복음화에 가장 중요한 역할을 한 사람이다. 켈틱 영성의 뿌리는 스코틀랜드의 성자라 불린 성 콜럼바와 아일랜드의 성자인 성 패트릭을 뽑을 수 있다. 이 두 성자는 켈틱 영성의 선구자요, 이들로부터 시작이 되었다. 그러나 패트릭이 콜럼바보다 약 100년 먼저 태어난 사람이라는 점을 볼 때 켈틱 영성의 시작은 패트릭이라고 해도 결코 과장된 표현이 아닐 것이다.

패트릭은 서해안 웨일스 지방 출신으로 그가 일으킨 켈틱 운동은 아일랜드를 비롯하여 유럽 대륙에까지 복음화의 불길이 퍼지게 하였다. 패트릭은 387년 웨일스 브리튼에서 기독교 신자였던 부모 슬하에서 태어났다. 패트릭은 어렸을 때 기독교 신앙을 진지하게 받아들이지 않았다. 그러나 그가 16세 되던 해 영국에 주둔했던 로마 군단이 유럽 대륙으로 물러가자 스코트족(Scots)이 영국 서해안 지역에 침입하여 약탈과 학살을 감행하고 수천 명을 포로로 잡아 아일랜드로 데려갔는데, 패트릭도 포로로 사로 잡혀가게 되었다. 포로로 잡혀간 소년 패트릭은 아일랜드 섬의 한 지주에게 팔려 아일랜드에서 6년 동안 노예생활을 했고, 그 후부터 그는 진지하게 기도생활을 하며 신앙의 싹을 틔워 나가기 시작했다.

기도하던 어느 날 밤 패트릭은 꿈속에서 "너는 곧 고향으로 돌아가게 될 것이다."라는 음성을 듣고 곧 그곳을 탈출해 맨발로 해안을 따라 320km를 도주했다.

그곳에서 그는 사냥개를 화물로 실은 한 배를 발견하고 개를 돌보는 일을 해 주는 대가로 배에 올라탈 수가 있었다. 그 후 몇 년 동안 프랑스

한 수도원에서 생활하면서 수도원의 깊은 영성에 젖어 들었고, 수년 동안 수도원생활을 마친 후 패트릭은 고향으로 돌아가 친척들을 만나게 되었다. 그를 반가이 맞은 그의 친척들은 다시는 자신들을 떠나지 말라고 애원했다. 그러나 패트릭은 꿈속에서 아일랜드 사람들이 부르짖는 소리를 듣게 된다. "오셔서 저희들과 함께 지내 주세요." 하며 복음을 전해 달라고 애원하는 모습이 바로 그것이었다. 이로 인해 패트릭은 아일랜드에 대한 선교 소명을 갖게 되었고, 후에 자신이 노예로 생활했던 아일랜드로 들어가 복음 사역을 감당한다.

패트릭은 432년경 몇몇 동료들과 함께 아일랜드의 동해안에 상륙하여 그리스도인들을 찾아본 후, 계속 북쪽으로 항해하여 다운(Down) 주 동부에 상륙했다. 그곳에서 패트릭은 아일랜드의 대표적인 부족 드루이드(Druid) 족장을 전도하여 세례를 주고 족장은 패트릭에게 헛간 하나를 선사하여 예배 처소로 사용하도록 했다. 그곳은 후에 소울(Saul)이라고 불린 곳으로 최초의 선교 중심지요, 아일랜드의 첫 교회 역할을 했다. 패트릭은 이곳에서 493년경에 세상을 떠났다고 한다.

지금은 돌로 된 건물이지만 당시에는 목조로 된 조그마한 공간이었다. 본격적인 아일랜드 선교가 패트릭에 의해 소울 교회에서부터 시작된 것이다. 우리 일행은 소울 교회에서 Tim 박사로부터 설명을 들으며 잠시 명상의 시간과 함께 패트릭의 발자취를 따라가 보는 시간을 가졌다. 우리가 서 있는 곳이 아일랜드의 복음화 및 켈틱 영성의 시작이라고 생각하니 새로운 감회를 체험할 수가 있었다. 지금도 패트릭 성자가 수난절기에 산에 가서 40일간 금식했다는 크로패트릭(Croagh Patrick) 산의 정상을 찾아 오르는 순례자들이 수난절기에 수천 명에 이른다고 한다.

Struell Wells-Healing Wells, Bath Houses(치료의 우물)

Tim 박사가 두 번째로 우리를 인도한 곳은 'Struell Wells'이라는 곳으로 원주민들이 병을 물로 치유하던 곳이다. 아일랜드의 켈틱 영성의 특징은 엄격한 수도원적 신앙생활과 학문 연구를 강조하면서도 원주민 선교를 강조하는 '토착 기독교'로 발전해 갔다. 패트릭은 아일랜드를 대표하는 교부인 동시에 패트릭이 만들었다고 전해지는 패트릭 십자가는 십자가에 원이 들어 있는 십자가로 원주민들이 믿는 태양신을 빛 되신 그리스도로 바꾸어 복음을 전하였고, 오늘날 우리가 알고 있는 켈틱 영성의 상징적인 십자가가 된 것이다. 우리가 방문한 Struell Wells는 물로 병을 치유하려고 시도한 곳으로 원주민들에게 있어 신성한 곳이었다. 패트릭은 그들의 토속 신앙을 기독교화하여 단지 기도로만 병을 고친 것이 아니라 이곳에서 물을 발라 가며 병을 고친 곳으로 유명하다. 우리도 이런 설명을 Tim 박사로부터 듣고 일행 중 눈의 떨림이 있는 한 동료 목사를 패트릭이 했던 것처럼 물을 발라 가며 기도해 주었다.

1183년에 세워진 성 패트릭 기념성당

완쾌되었는지는 아직 물어보지 않아 알 순 없지만 패트릭이 원주민들에게 전했던 토착화 십자가의 의미를 깨닫게 된 귀한 시간이었다.

기념 성당 앞에 있는 성 패트릭의 무덤. 성 패트릭, 성 콜럼바, 그리고 성 브리지드가 함께 묻혀 있다고 기록되어 있다. 패트릭 무덤 앞에서 패트릭 센터 Director와 함께했다. 그는 친절히 우리를 안내하고 가르쳐 주었다.

성 패트릭 메모리얼 성당

세 번째로 우리가 간 곳은 성 패트릭 메모리얼 성당이다. 패트릭 센터 바로 위편에 위치한 성당으로 보통 유럽에서 흔히 볼 수 있는 교회 건물이었다. 교회 뜰에는 12세기경에 세워졌다는 켈틱 십자가가 서 있다. 그러나 정작 우리 일행의 시선을 주목시킨 것은 성당 건물이 아니라 밖에 있는 작은 무덤의 비석이었다. 그 비석엔 이렇게 기록되어 있다. "12세기의 John De Courcy에 의하면 성 패트릭(St. Patrick), 성 브리지드(St. Brigid, 451-525 여성 수도원장), 그리고 성 콜럼바(St. Columba)는 이곳에 이장되어 함께 묻혀 있는 것으로 전해지고 있으며, 이는 세 성인이 함께 묻힐 것이라는 예언이 이루어진 것이다." 우리는 아일랜드의 3대 성자들을 이곳에서 만난 기분이었다.

아이오나에서 했던 질문 중 성 콜럼바의 무덤을 알 수 있느냐는 질문에 알 길이 없다라는 답변을 들었는데, 만약 이 비석이 사실이라면 이곳은 성지 가운데 성지라 말할 수가 있는 곳이다.

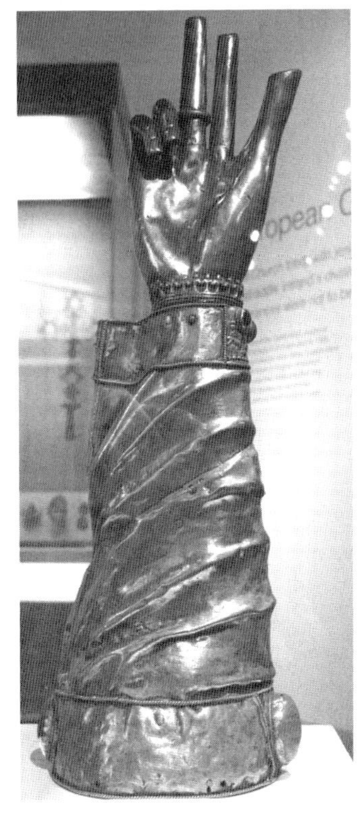

성 패트릭의 손
벨파스트 박물관 소장

성 패트릭 메모리얼 성당에서 기념 촬영을 한 후 우리 일행은 성당 초입에 위치한 과거 교도소였던 현 카운실 건물을 방문하였다. 그리고 카운실 직원에 의해 자세한 설명을 듣는 시간을 가졌다. 그곳에는 카운실 사무실을 비롯하여 교도소, 그리고 박물관이 있었다. 직접 감옥에도 들어가 보고 박물관에도 들어가 보았다. 이곳에서 알게 된 사실은 호주로 보낸 죄수들 중 5만 명이 아일랜드에서 보내졌다고 한다. 정치인들을 비롯하여 배고파 물건을 훔치다 걸린 어린아이에 이르기까지 어두웠던 아일랜드의 과거를 그대로 간직한 곳이기도 하다.

이것을 끝으로 다운패트릭에서 모든 여정을 마친 후 우리는 패트릭 센터에 들러 책과 선물 등을 사며 Tim 박사와 직원들과 아쉬운 작별을 하는 시간을 가졌다.

우리 일행은 돌아오던 중 설명은 들었으나 가지 못했던 북아일랜드에서 가장 큰 패트릭 동상이 있다는 공원을 찾아 올라가 뜻 깊은 시간을 갖기도 했다. 그곳에는 나무로 만든 십자가 14개가 세워져 있었는데, 이 십자가를 따라가다 보면 돌로 만든 강대상에 다다르게 된다. 이는 마치 예수께서 골고다 언덕에 올라가시기 전 멈추셨던 14처소를 생각나게 한다. 우리 일행은 이상택 교수님의 제안에 따라 십자가를 붙잡고 기도하는 시간을 가지기도 했다.

스코틀랜드, 아일랜드, 그리고 영국을 복음화한 켈틱 기독교를 이해한 것은 기독교를 이해하는 새로운 시각을 가져다주었다. 성 패트릭, 성 콜럼바의 이해 없이 우리는 기독교의 선교를 바르게 이해할 수 없다. 패트릭의 유적은 우리가 방문한 다운패트릭 말고도 아일랜드 곳곳에 패트릭의 흔적이 남아 있는 곳이 많았지만 우리 일행은 시간의 여유가 없는 관계로 아쉬움을 뒤로 한 채 그 다음 목적지로 향하였다.

9

켈틱 영성 이야기 : 필립 뉴엘의 「켈트인들의 그리스도」를 중심으로

정두용/목사
(참사랑은혜교회)

아이오나 수도원장을 지낸 바 있는 '존 필립 뉴엘'은 시인이며, 스코틀랜드의 목사이며, 켈틱 영성에 관련된 저술로 인기가 높은 유명한 저술가이다. 켈틱 영성에 대하여 관심을 갖는 사람들이 점점 많아짐에 따라 그의 저술 「하나님의 심장의 고동소리 듣기」(*Listening for the Heartbeat of God*)와 「영원의 소리」(*Sound of Eternal*)는 오늘날 인기가 매우 높아 널리 읽히고 있다.

세인의 관심을 끌고 있는 그의 또 하나의 인기 저술이 있는데 그것은 바로 이 소책자 「켈트인들의 그리스도」(*Christ of the Celt*)이다. 학자로서 켈틱 영성에 대하여 강의하거나 세계의 여러 곳을 다니면서 각종 영성 집회를 인도하고 있는 뉴엘은 이 책에서 "오늘날 우리에게 그리스도는 누구인가?"라는 질문을 제기하고 있다. 이 질문은 나치 독일 치하에서 무수한 악행들이 자행되던 그 시기에 디트리히 본회퍼에 의하여 처음 제기된 질문이기도 하다.

뉴엘에 의하면 이 시대의 우리들도 나치 독일 때와 마찬가지로 수많은 악행들이 저질러지고 있는 격동의 시대에 살고 있다고 말한다. 즉, 우리는 변화의 시대 한가운데 있다는 것이다. 인류가 지금처럼 이렇게 지구라고 하는 하나의 행성 위에 하나로 얽혀져 있다는 사실을 인식했던 적은 없었다. 점점 증가하고 있는 인류의 인식은 생명체들이 거미줄처럼 서로서로 얽혀 있어서 상호 영향을 주는 관계를 형성하고 있다는 것이다. 켈틱 기독교에서 그리스도의 이미지는 이 책에서 대개 다음과 같이 기술되어 있다.

창조의 리듬 속에 있는 그리스도

역사적으로 켈트인들은 창조의 리듬이나 자연의 소리에 보다 익숙했다. 뉴엘은 19세기까지만 해도 스코틀랜드에서 남자들은 아침 해를 향하여 모자를 벗고 인사를 하며 여인들은 밤에 무릎을 꿇고 달을 경배하는 모습을 흔히 볼 수 있었다고 말한다. 해와 달의 빛은 곧 그들에게는 하나님의 빛이었다. 그들은 하늘을 나는 새나 바닷속의 물고기 같은 자연과 매우 친숙해 있었다.

오늘날 물리학자들은 우주에서 창조 때부터 생성된 소리, 즉 생명의 원천이 되는 소리를 탐지하는 것이 가능하다고 말한다. 지구에는 완전한 리듬이 있다. 황혼의 찬란한 빛으로 태양이 질 때와 저녁에 황홀한 모습으로 달이 떠오를 때에는 아름다운 리듬이 있다. 우리는 우리의 내면으로부터 이 리듬의 소리를 들을 수 있다. 켈트인들은 이 소리에 친숙하다. 우리는 하나님 아버지가 지으신 자연 가운데 있을 때 평화를 느낄 수가 있다.

그러면 오늘날 그리스도는 우리에게 누구인가? 켈틱 기독교에서 그리스도의 이미지는 우리들의 영혼 속에 은혜와 평화와 생활의 리듬과 조화를 가져다주는 영혼의 깊은 대화를 계속하시는 하나님 자신이시다. 우리는 그분을 작렬하는 태양빛 속에서, 또는 넓은 바닷속에서 느낄 수 있으며 또 우리는 공중의 새들이 노래할 때에 그분의 소리를 들을 수 있다. 우리 주 예수 그리스도는 우리와 함께 계실 뿐만 아니라 모든 피조물과 함께 계시는 것이다. 그러므로 지구가 환경적 위기 가운데에 있는 이때에 우리 그리스도인의 사명은 무엇인가 하는 문제는 더욱 강조되어야 한다. 그러면 그리스도는 누구인가? 그리스도는 모든 피조물의 리듬 가운데에 함께 숨 쉬고 계시는 분이다. 그리스도는 우리들 원래의 뿌리를 회복하러 오신 분이다. 우리는 이 우주의 찬양 소리를 들을 필요가 있다.

하나님의 심장 고동 소리를 가지고 있는 그리스도

켈틱 영성은 최후의 만찬 때 그리스도에게 기대앉아서 심장의 고동 소리를 들었던 그리스도의 사랑하는 제자 요한으로부터 유래한다고 알려져 있다. 왜냐하면 역사적으로 2세기 켈틱 교회 최초의 교부는 영지주의의 오류를 비판했던 '이레나이우스'인데 그는 순교자 폴리캅의 제자이고 폴리캅은 또 요한의 제자였기 때문에 켈틱 교회는 요한의 영성이 이어졌다고 보는 것이다.

이레나이우스는 하나님의 신성하심과 그 피조물인 자연은 심오하게 결합되어 있다고 지적한다. 요한이 그의 복음서 서두에 기록한 "태초에 말씀이 계시니라."는 구절을 뉴엘은 요한이 하나님을 표현하는 데 있어서 우주의 소리를 경청한 것으로 표현한다. 그것은 하나님의 중심, 즉 하나님의 심장으로부터 직접 전해지는 것이다. 우리는 이 하나님의 심장의 고동 소리를 자연 속에서 직접 들을 수 있는 것이다. 뉴엘은 이 책 서두에서 켈틱 교회의 전통은 그리스도께서 특별히 사랑하시던 요한의 기억을 중시한다고 말했다. 왜냐하면 켈틱 교회 사람들은 요한이 최후의 만찬 때 그리스도께 기대앉아 있었으므로 그가 하나님의 심장 고동 소리를 들었다고 믿고 있기 때문이다.

12세기 영국의 위대한 교부 중 한 사람인 리볼스의 '아일렛'은 하나님은 우리의 심판자가 아니라 우리를 사랑하시는 분이라고 가르친다. 왜냐하면 심판이나 정죄는 우리를 궁극적으로 변화시킬 수 없고 오직 사랑만이 우리의 속마음을 변화시킬 수 있기 때문이다. 그리스도는 우리에게 영혼의 속전을 요구하시는 분이 아니라 오히려 우리 영혼의 동반자라는 것이다. 아일렛은 예수님과 요한의 사랑을 매우 이상적인 관계로 보았다. 아일렛은 이들의 관계를 그리스도는 마음속의 비밀을 요한에게 알려 주고 요한은 하나님의 심장의 고동 소리를 듣는, 즉 서로의 마음을 들여다보는 그러한 장면으로 묘사했다.

우리와 함께 슬퍼하시는 그리스도

초대교회 때는 도마복음과 같이 오랫동안 소실되었거나 교회들에 의해서 파기되었던 복음서의 필사본들이 있었다는 것을 우리는 알고 있다. 그중에서 2세기 때 쓰인 '요한의 행전'(The Act of John)이라는 필사본이 발견되어 현대에 빛을 보게 되었는데, 이것은 우리로 하여금 그리스도를 조금 다른 각도에서 보게 해 준다. 이 문서는 최후의 만찬 모습을 담고 있는데, 식사가 끝나자 예수님은 제자들에게 둥글게 원형을 만들게 했고, 그들은 단순한 동작으로 히브리 전통 춤을 추기 시작했다. 예수님은 제자들의 한가운데 서서 말씀하셨다. "나는 피리를 부노라, 너희는 모두 춤을 추어라. 나는 슬피 우노라, 너희는 모두 통곡할지어다. 온 우주가 다 이 춤에 참여할지어다." 뉴엘은 이 모습을 예수님이 모든 피조물의 중심에 서서 하모니를 명령하시는 것으로 해석했다.

2세기의 또 다른 필사본 '요한의 비밀책'(The Secret Book of John)이 1945년 도마복음과 함께 발견되었는데, 이 책에서는 요한이 예수님께서 십자가에서 죽으신 후에 그 슬픔과 불안감을 이기지 못해서 우는 장면이 나온다. 그러나 요한은 그 눈물을 통해서 예수 그리스도께서 임재하시는 것을 알게 되었다. 뉴엘은 이 장면을 눈물이 마치 내면의 렌즈를 깨끗이 닦아 우리의 영의 눈을 열어 주어서 이전에는 구름에 가려 보지 못했던 그리스도를 보게 해 주는 것이라고 해석했다.

하나님의 얼굴이신 그리스도

19세기 켈틱 세계의 위대한 스승 가운데 하나인 아일랜드의 '존 스코투스 에리게나'는 그리스도는 우리의 기억(memory)이라고 가르쳤다. 그리스도는 우리에게 우리의 참된 본질을 일깨워 주시려고 오셨다는 것이다. 그리스도는 우리에게 하나님의 현현이다. 그분은 우리에게 하나님의 얼굴을 보여 주시려고 오신 것이다. 이것이 켈틱 교회의 전통으로 하여금 하나님의 은혜와 자연과의 관계를 중시하도록 만들었다.

에리게나에 의하면 하나님은 우리에게 두 가지의 책으로 말씀하시는데, 즉 하나는 성경을 통하여 말씀하시는 것이고 다른 하나는 모든 피조물, 넓게는 온 우주라고 하는 책을 통하여 말씀하신다. 하나님은 성경의 구절들을 통하여 말씀하시는 것과 마찬가지로 개개의 피조물을 통하여서도 말씀하신다. 그런데 문제는 우리가 성경을 읽는 것처럼 피조물의 책을 읽는 것은 배운 적이 없기 때문에 그 언어의 알파벳을 이해하기가 어렵다는 것이다. 에리게나는 이 두 종류의 책을 마치 스테레오처럼 읽기를 권한다. 피조물을 알지 못하고 성경에만 귀를 기울이는 것은 자연의 리듬, 즉 하나님의 음악을 잃어버리는 것이기 때문이다. 켈틱 전통에서 그리스도는 바로 하나님의 중심, 즉 하나님의 심장으로부터 발출하는 것으로 나타난다.

켈틱 세계의 초기 기독교 저술가 중의 한 사람인 웨일스 출신의 펠라기우스는 어거스틴의 원죄교리를 반대했다. 그가 우려한 것은 어린이가 생물학적 유전에 의하여 태어난다면 하나님의 선한 형상으로 창조된 인간의 존엄성이 상실될 수 있다는 우려였다. 원죄교리는 제국을 창설한 권력자들에게는 편리한 교리였기 때문에 그들은 마음 놓고 죄 덩어리로 있는 나라들을 계속해서 정복하고 그 백성들을 복속시킬 수가 있었을 것이다. 그래서 제국과 그 교회는 펠라기우스의 이론을 무시하고 펠라기우스에 대한 파문은 다분히 정치적인 선택이 되었다.

펠라기우스는 또 우리의 본성이 아무리 신성하다고 하나 깊은 상처가 있기 때문에 그것을 치유할 수 있는 하나님의 은혜의 에너지가 필요하다고 가르쳤다. 그는 또 그리스도는 우리의 내면 깊은 곳에 있는 것들을 되찾아 주기 위해서 오셨다고 했다. 그러나 펠라기우스는 교회에 의해 잘못 이해되어, 우리의 본성이 신성하므로 하나님의 은혜가 필요하지 않으며 따라서 우리는 그리스도도 필요 없다고 주장한 것으로 오인되고 배척되었다.

뉴엘은 이 책에서 그의 네 자녀가 태어난 순간이 자기에게는 이 세상에서 가장 거룩한 순간이었으며, 그들의 얼굴을 보고 그들의 피부의 냄새를 맡을 때에 그것은 곧 하나님의 모습이었다고 썼다. 어린아이의 탄생에서 우리는 하나님의 경외로움에 대한 감사와 창조의 신비를 발견하며, 하나님에 대한 경외감을 가질 때 인간 존엄에 대한 가치관을 가지게 될 것이다. 탄생 이전에도 탄생 이후에도 어린이 생명은 존귀한 것이다.

관계 속에 계시는 그리스도

20세기 초 켈틱 세계에는 두 명의 위대한 스승이 동시에 출현하였는데 그중에 한 사람은 '조지 맥클라우드'로 오늘날 스코틀랜드에 아이오나 공동체를 창설한 사람이다. 그는 그리스도는 영적 세계뿐만 아니라 물질세계에서도 분명하게 모습을 나타내기 때문에 우리가 피조물인 육체라 할지라도 인간 영혼의 깊은 곳에 몰입하면 할수록 우리는 보다 가까이 그리스도의 임재를 느낀다고 말한다. 또 다른 한 사람은 신비주의적 과학자이며 설교가인 '삐에르 테일하드 가르뎅'인데 그는 그의 저서 「코믹한 인생」(*Comic Life*)에서 인생에는 하나님과의 친밀한 관계, 지구(물질세계)와 함께하는 관계, 그리고 물질세계를 통한 하나님과의 관계가 존재한다고 말한다.

켈틱 교회의 성자들

뉴엘은 이를 평하여 인생은 상호관계적이며 우리는 그 관계 속에서 그리고 그 관계를 통하여, 우리 자신만이 아닌 '지구공동체'(earth community)의 일원으로서 우리의 안전과 행복(well-being)을 추구하며 살아가는 것이라고 해석한다. 즉, 인생은 상호 가로줄과 세로줄로 짜여져 있으며, 상호 영향을 주고받는 밀접한 구조(web) 속에 있기 때문에 개별적이 아니라 공동체를 이룸으로써 전체적인 통일을 추구한다는 것이다.

나는 필립 뉴엘의 이 거룩하고 지혜로우며, 간결하지만 매우 중요한 저술 「켈트인들의 그리스도」(*Christ of the Celts*)를 우리의 동료들에게 소개하게 된 것을 매우 기쁘게 생각한다. 왜냐하면 지금이야말로 우리는 우리가 살고 있는 이 지구의 환경적 위기 속에서 오늘날 우리에게 그리스도는 누구인가 하는 물음에 응답하여 새로운 그리스도의 이미지를 찾아야 할 때이기 때문이다.

10

패트릭의 「고백문」 소개

인용태/목사
(시드니 한국 신학대학)

나 패트릭은 죄인이요, 가장 성결하지 못한 자요, 신앙인 중 가장 작은 자요, 많은 사람들에 의해 많은 멸시를 받은 자다. 나의 아버지 칼포르니어스(Calpornius)는 집사요, 포티투수(Potitus)의 아들이며, 바나벤 카부르니애(Banavem Taburniae) 마을의 사제이다. 그는 그 마을 근처에 살았고 나는 그곳에서 포로로 잡혔었다.

그때 나의 나이가 16세였다. 나는 진실로 하나님을 알지 못했었다. 나는 수천 명의 사람들과 함께 인질로서 아일랜드로 잡혀갔었다. 이 일은 당연한 것이었다. 왜냐하면 우리는 하나님을 외면했고, 그의 명령을 따르지도 않았고, 구원에 대해 말해 준 사제들의 말을 듣지도 않았기 때문이다. 그래서 주님은 분노하셔서 우리를 많은 나라로 흩어지게 하셨는데, 심지어는 내가 거의 도달하지 못하는 지구의 가장 끝자락까지 흩어지게 하셨다.

그리고 거기서 주님은 나의 지난날의 죄를 기억하게 하시고 나를 불쌍히 여기시고, 젊었을 때나 무지할 때에 자비를 베푸시고, 내가 그를 알기 전에 먼저 나를 돌보아 주시고, 내가 선과 악을 구별하기 전에 나를 인도하시고, 아버지가 그의 아들에게 하셨던 것처럼 나를 안위하신 나의 하나님, 주님께로 나의 마음을 전폭적으로 개종하게 하셨다.

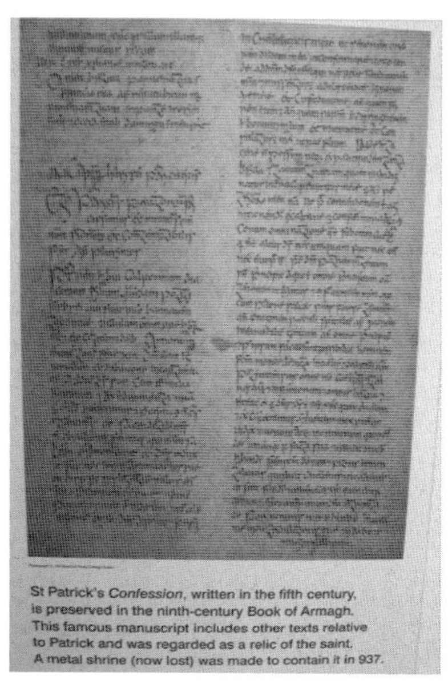

패트릭 고백문서(벨파스시의 박물관 보관)

그러므로 나는 침묵할 수 없을 뿐 아니라 주님이 황송하게도 나를 인질의 땅으로 끌려가게 하신 것은 큰 은혜요, 선물이었다는 것을 알리는 것이 마땅하다. 오히려 이 일을 통해서 연단을 받아 돌아오게 하신 하나님께 하늘 아래 있는 모든 민족 앞에서 그분의 경이로움을 찬양하고 존귀를 돌려드려야 할 것이다.

왜냐하면 시작도 없고, 모든 것이 그로부터 시작되었고, 우리가 가르쳐 왔던 것처럼 우주의 주인이신 하나님보다 다른 신은 없고, 이전에도 없었고, 앞으로도 없을 것이기 때문이다. 그리고 우리는 모든 것이 시작되기 전, 즉 세상이 시작되기 전 하나님에 의해 말로 보내진 형용할 수 없고 영적인 그의 아들 예수 그리스도를 하나님과 함께 알려야 하고, 성자에 의해 모든 것이 드러나고 감추어지게 되었다. 예수님은 인간이 되셔서 죽음을 깨뜨리시고 하나님에 의해 하늘로 올려졌다. 그러므로 하나님이 그를 지극히 높여 모든 이름 위에 뛰어난 이름을 주사 하늘에 있는 자들과 땅에 있는 자들과 땅 아래 있는 자들로 모든 무릎을 예수님의 이름에 꿇게 하시고 모든 입으로 예수 그리스도를 주라 시인하게 하셨고, 예수님은 우리의 믿음의 대상이며 산 자와 죽은 자를 심판하시고 그의 믿음의 고백에 따라 모든 사람을 판단하실 예수님의 강림이 곧 이를 것을 우리는 기대하고 있다. 예수님은 우리들에게 은사 그리고 영원의 보증이신 성령을 풍성하게 부어 주셨다. 성령님은 하나님의 아들을 믿고 순종하게 하시고 그리스도와 함께 상속자가 되게 하신다. 그리고 우리들이 그분을 고백하게 하시고 성삼위일체 하나님은 유일하신 분인 것을 믿게 하신다.

예언자들이 그분에 대해서 다음과 같이 말씀했다. "환난 중에 나에게 부르짖으라. 그러면 내가 응답하겠고 나를 영화롭게 하리라." 그리고 다시 그가 말씀하시기를 "그것은 하나님의 사역을 고백하게 하고 영광을 나타낼 것이다".

비록 내가 모든 면에서 부족하지만, 그럼에도 불구하고 나의 형제들과 친척들이 내가 어떤 종류의 사람이라는 것을 알기를 원한다. 그래서 그들이 나의 열망을 이해하길 바란다.

나는 시편에 표현된 나의 주님의 말씀을 잘 알고 있다. 거짓말하는 자를 판단할 것이다. 그리고 그분은 다시 말씀하시기를 "입은 영혼을 죽일 수 있다". 그리고 주님은 복음서에서 똑같이 말씀하셨다. "모든 사람은 말하기를 더디 해라. 그들은 심판날에 그것으로 판단할 것이다."

그래서 나는 공포와 떨림으로 매우 두려워하고 있다. 이 말씀은 어느 누구도 피할 수 없고 제외 대상이 없이 주님께서 앉아 계시는 보좌 앞에 우리의 가장 작은 죄까지도 계수된다는 것을 알아야 된다는 것이다.

이 이유 때문에 나는 이 글을 쓰기 위해 오래전부터 마음을 가지고 있었지만, 지금까지 주저했었다. 사실 나는 사람들에게 나 스스로를 드러내기를 두려워했었다. 왜냐하면 나는 율법과 성경을 철저히 흡수한 사람들과 같이 연구하지도 않았고, 그들의 어린 시절의 언어로 결코 변화시킬 수도 없었기 때문이다. 하지만 거의 완벽하게 할 수 있었다. 우리 경우에, 내가 말하는 말은 외국어로 번역을 했고, 나의 글을 보면 내가 얼마나 교훈을 적게 하고 아름다운 표현을 위해 훈련했는지를 쉽게 알 수 있다. 그래서 성경은 말한다. 현명한 사람은 혀에 의해서 진리의 이해와 지식, 그리고 가르침을 발견하게 된다.

그러나 조금 도움을 줄 수 있는 것은 사과하는 것이다. 그러나 특별히, 내가 젊을 때 얻지 못했던 것을 얻으려고 노력하는 가운데 지금까지 살아오면서 무죄라고 생각했다면, 진실로 해야 한다. 이것은 전에 내가 거의 읽어 보지 않은 것을 내 마음에 정할 때 방해하는 죄다. 그러나 내가 죄와 함께 시작했던 것을 되풀이함에도 불구하고 누가 나를 믿겠는가?

청년 때, 아니 그렇다고 소년이라고 말할 수 없을 때, 내가 무언가를 추구하고, 무언가를 피하는 것을 알기 전에 인질로 잡혀갔다. 그러므로 오늘날 나의 교육의 결핍이 드러나는 것에 대해 부끄럽고 많은 두려움을 가지고 있다. 왜냐하면 간결한 저술에서 그러한 용법으로 나의 이야기를 잘 말할 수 없기 때문이다. 마찬가지로 내가 느끼는 것을 잘 표현하기 위해 영과 마음을 오랫동안 생각해야 한다는 것이다.

그러나 만약 다른 사람들에게 주어진 것처럼 나에게 똑같이 주어진 것이라면, 감사한 마음으로 침묵하지 않을 것이다. 그리고 만약 여러 사람들이 지식의 결핍과 어눌함에도 불구하고 그러한 일을 한다고 나를 거만하다고 생각한다면, 이것에 대해 기록하기를 어눌한 혀는 평화를 말하는 것을 빨리 배울 것이다.

우리는 이 일을 위해 얼마나 더 많이 노력해야 하는가. 그래서 성경은 말하기를 '지구 끝까지 구원을 위한 그리스도의 편지'라고 말하고 있고 감동적인 웅변가가 아니더라도 "단순히 잉크로가 아닌 마음으로 그리고 살아 계신 하나님의 영으로 기록하면 된다". 그리고 시골풍조차도 하나님에 의해 창조되었다는 것을 성령께서 알게 하신다.

그러므로 나는 미래를 위해 어떻게 준비해야 할지도 모르는 시골스러운 망명자요, 불결한 자였다. 적어도 내가 확실하게 아는 것은 전에 깊은 진흙 가운데 누워 있는 돌처럼 굴욕감을 가지고 있었다는 것과 그리고 전능하신 분이 오셔서 인자로 나를 구해 주셨고, 들어 올려 주셨고, 나를 벽 꼭대기로 올리셨다는 것이다. 그러므로 나는 크게 울면서 이 땅에서 그리고 영원히 그분의 큰 영광을 위해 살 것이다—사람들의 마음에 평가할 수 없는 영광.

하나님을 두려워하는 크고 작은 당신들, 그리고 재산의 목록에 얽매여 있는 당신들, 왜 놀라워하느냐? 이것을 듣고 깊이 읽어 보아라. 현명하고 법을 잘 알고 말뿐만 아니라 모든 것에 파워를 가졌던 자들 가운데 어리석은 자였던 나를 올리신 분이 누구인가? 그분이 세상에서 버림받은 나에게 영감을 주셨다. 두려움을 가지고 경외함과 비난받지 않는 사람이 되기 위해 그리스도의 사랑을 전달하는 자들을 성실하게 섬겨야 한다. 이것이 나의 생명을 연장시킨 목적이다. 만약 내가 가치 있는 자가 되려면 겸손하게 그리고 성심껏 그들을 섬기는 것이다.

그러므로 삼위일체 신앙의 빛 가운데 나는 이 선택을 하게 해야 한다. 위험을 무릅쓰고 나는 하나님의 은혜와 영원한 위로를 알게 해야 한다. 두려움 없이 그리고 솔직하게 나는 하나님의 이름을 어디서든지 전해야 한다. 그래서 죽음 이후 내가 주님의 이름으로 세례를 베푼 형제와 아들들에게, 수천 명의 많은 사람들에게 유산을 남기고 떠날 수 있을 것이다.

그리고 나는 아무런 가치도 없고 주님은 그분의 종에게 이것을 불행 뒤에, 그리고 큰 어려움 뒤에, 인질 후에, 수 세월 후에 주셔야 하는지도 몰랐다. 그분은 이 민족과 관련해서 너무나 큰 은혜를 나에게 주셨다

–내가 결코 기대할 수도 없고 생각조차 할 수도 없는 것을 나의 청년 때에 주셨다.

아일랜드로 돌아온 후 나는 매일 양을 쳤고 하루에 수십 번 기도했다. 하나님의 사랑과 그분의 경외함이 점점 나에게 다가왔고 나의 신앙이 성숙해졌다. 그리고 나의 영이 감동이 되어 하루에 수백 명의 기도자처럼 기도했고 거의 밤에는 물론이요 심지어는 내가 숲에 머물러 있을 때에나 산에 있을 때에도 기도했다. 그리고 기도하기 위해 새벽에 일어나곤 했고 눈이 오든지, 안개가 끼든지, 비가 오든지 불편함을 느끼지 못했고 게으르지도 않았다–지금 생각해 보면, 성령께서 나에게 강하게 역사하셨기 때문이다.

그리고 어느 날 밤 자는 중 나에게 말씀하시는 음성을 들었다. "금식을 하는 것이 좋겠다. 그러면 곧 너의 나라로 돌아가게 될 것이다." 그리고 잠시 후에 또다시 나에게 말씀하셨다. "보라, 너의 배가 준비되었다." 그리고 그곳은 가깝지 않았다. 아마도 2백 마일 되는 거리였다. 그리고 나는 그곳에 한 번도 가 본 적이 없었고 아는 사람도 없다. 나는 도주하였고 6년 동안 같이 지냈던 사람을 떠났다. 그리고 나는 선한 길로 인도하시는 하나님의 인도를 받았고 그 배에 도착할 때까지 아무런 두려움도 없었다.

그리고 내가 정박 중에 있는 배에 도착한 그날 나는 나의 행선을 위해 지불하겠다고 말했다. 그러나 선장이 기뻐하지 않았고 오히려 분노를 가지고 "이것은 우리와 함께 가기를 원하는 당신을 위한 것이 아니다." 라고 거칠게 대답했다. 나는 이 말을 듣고 내가 머물 수 있는 오두막으로 되돌아와서 기도하기 시작했다. 그리고 나의 기도가 끝나기 전에 내 뒤에서 그들 중 한 사람이 "빨리 와라. 우리는 너를 신앙이 좋은 자로 여길 것이며 네가 원하는 길로 가는 중 좋은 친구가 되자."라고 소리치는 것을 들었다. 나는 그들이 신에 대한 경외심의 갈급하기를 거절하고 오히려 예수 그리스도의 신앙을 가지기를 원했다. 왜냐하면 그들은 이방인들이었기 때문이다. 그래서 그들과 함께 나의 길을 갈 수 있었고 우리는 당장 항해했다.

3일 후에 우리는 육지에 도착했다. 그리고 28일 동안 우리는 인적이 없는 시골을 통해 여행을 했다. 그들은 음식이 부족해서 배고픔을 극복해야만 했다. 다음 날 선장이 나에게 다음과 같이 말했다. "당신은 크리스천이다. 당신의 신은 위대하시고 전능하신 분이라고 말했다. 그런데 왜 우리를 위해 기도하지 않느냐? 너도 알다시피 우리는 배고픔으로 어려움을 겪고 있다. 이런 상황에서 우리가 다시 사람들을 볼 수 있을지 의문이다."

나는 그들에게 큰 확신을 가지고 다음과 같이 말했다. "너의 온 마음을 다해 나의 하나님 주님께로 진실로 돌아오라. 왜냐하면 그분은 모든 것을 하실 수 있기 때문이다. 오늘 이날 그분이 너희들이 만족할 때까지 음식을 주실 수도 있다. 왜냐하면 그분은 모든 곳에서 풍성하신 분이시기 때문이다." 그리고 하나님의 도우심으로 이 어려움을 극복할 수 있었다. 갑자기 돼지 떼들이 우리 앞 길가에 나타나 그들 중 많은 수들이 죽었다. 그리고 그들은 거기서 이틀을 지내며 원기를 완전히 회복하였다. 그리고 그들의 개들도 회복하였다. 많은 개들이 약해져 있었고 거의 반수가 오는 도중 죽었다. 그날 후로 음식이 풍성했다. 그들은 또한 야생꿀도 발견하여 나에게 얼마를 주면서 그들 중 한 사람이 말했다. "이것은 산 제물로 드리는 것이다." 하나님께 감사했다. 나는 그것을 조금도 맛볼 수 없었다.

그날 밤 내가 잠들었을 때 사탄이 나를 육체로 있는 동안 기억할 정도로 맹렬하게 공격하였다. 사탄은 나를 큰 바위에서 떨어뜨려서 팔 다리를 움직일 수 없었다. 그러나 왜 사탄이 내 마음에 들어왔는가? 무식한 나는 엘리야를 불렀다. 그리고 잠깐 동안 하늘에 태양이 떠오르는 것을 보았다. 그래서 나는 온 힘을 다해 "엘리야! 엘리야!" 하고 소리를 지르는 동안 갑자기 태양의 화려함이 내 위에 내려오면서 모든 불행으로부터 즉시 자유하게 되었다. 나는 나의 주님 그리스도에 의해 그리고 성령께서 나를 위해 기도해 주신 것 때문에 회복된 것을 믿는다. 그리고 나의 연단의 날이 될 것을 소망한다. 복음서에서 기록된 바와 같이 주님이 선포하신 그날, 네가 말하는 것이 아니라 아버지의 영이 너 안에서 말하게 하실 것이다.

그리고 수년 후에 다시 한 번 나는 인질이 되었다. 첫날 밤에 그들과 함께 머물렀다. 나는 말씀하시는 성령의 음성을 들었다. "두 달을 그들과 함께 머물게 될 것이다." 그리고 그날이 지났을 때 16일째 밤이 지난 후 주님은 나를 그들의 손에서 벗어나게 하셨다.

또한 하나님은 우리의 여정에서 10번째 날 사람들을 만나기까지 매일같이 음식과 불과 건조한 날씨를 예비해 주셨다. 내가 위에서 말했듯이 우리는 28일 동안 인적이 드문 시골을 통해 여행했다. 우리가 사람을 만난 그 밤 우리는 아무런 음식을 가지지 않고 떠났다.

아이오나와 패트릭 센터 벨파스트를 순례한 후 런던의 존 웨슬리 회심기념비 앞에서 이상택 교수님의 아들 Wesley Lee와 함께 기념촬영을 하였다.

그리고 몇 년 후에 다시 우리는 나를 그들의 아들같이 받아 주고 많은 어려움을 겪는 동안 나를 끝까지 성심껏 돌보아 준 사람들과 함께 영국에 머물렀다. 나는 그들과 헤어져서는 안 되고 어디를 가든지 함께 가야만 한다.

그리고 거기서 나는 밤중에 아일랜드 출신이며 많은 편지를 가진 빅토리쿠스(Victoricus)라는 이름을 가진 사람을 보았다. 그는 그 편지 중에 하나를 나에게 주어서 '아일랜드 사람의 목소리'(The voice of the Irish)라고 쓰인 편지를 열어 읽게 하였다. 이 편지의 시작 부분을 읽기 시작했을 때 순간적으로 그들의 음성을 듣는 것처럼 느껴졌다. 그들은 서쪽 해안가 가까이에 있는 볼크루트의 숲(the Wood of Voclut) 옆에 있는 자들이었다. 그들은 한목소리로 소리쳤다. "우리는 당신에게 부탁합니다. 한 번만 더 소년을 우리에게로 와서 거닐게 하소서."

나는 마음이 아파서 더 이상 읽을 수 없어 일어났다. 감사하게도 수 년 후에 주님은 그들의 요청에 따라 나를 그들에게 보내셨다.

그리고 또 다른 밤에—내 안에 아니면 내 옆인지 나는 알지 못하지만 하나님만이 아신다—기도의 끝부분은 제외하고 내가 들었지만 이해할 수 없는 가장 확실한 말로 그들은 나를 불렀다. 그래서 그분은 말씀하셨다. "그분은 당신을 위해 그의 생명까지 내려놓았다. 당신 안에서 말씀하시는 분은 바로 그분이시다." 그래서 나는 기쁨이 충만한 가운데 깨었다.

그리고 기도하는 가운데 그분을 보았다. 나의 몸 안에 계시는 듯 했고 내 위에, 즉 내면에서 그분으로부터 들었다. 거기서 그분은 탄식하며 기도하셨다. 모든 것이 놀랍고 경이로웠고, 나 스스로 자신을 위해 기도할 수 있다고 생각했다. 그러나 기도가 끝날 쯤 그분은 성령이시라고 말씀하셨다. 그리고 나는 깨어서 사도가 말한 것을 기억했다. "성령은 우리의 기도의 연약함을 도우신다. 우리는 마땅히 구해야 할 것이 무엇인지 알지 못하기 때문이다. 그러나 성령은 스스로 말할 수 없는 탄식으로 우리를 위해 기도하신다. 주님은 우리의 중보자이시다."

그리고 먼저 온 시니어들이 열심히 섬기는 나의 감독직에 반대하며 나의 허물을 지적하며 공격했을 때 나는 절망하여 영원을 사모하고 있었다. 그러나 주님은 이 고난 가운데서 나의 돕는 자가 되셨고 은혜스럽게도 그분의 이름으로 낯선 자요, 임시 거주자인 나를 구해 주셨다. 진실로 나에게 주어진 비난과 수치는 심했지만 하나님께 그들의 잘못을 판단하지 않기를 기도했다.

계속된 그들의 대항을 30년 후에야 비로소 내가 집사가 되기 전 고백했다. 나의 고통이 매우 심했을 때 나는 소년시절 하루에 아니 한 시간에 무슨 일이 저질러졌는지를 가장 존경하는 친구에게 고백했다. 왜냐하면 나는 그렇게 강하지 않았기 때문이다. 나는 하나님이 모든 것을 아시리라는 것을 몰랐다—내가 15살 되었을 때 살아 계신 하나님을 믿지 않았다는 사실과 내가 여러 차례 고난을 당하고 정말 배고픔과 헐벗음과 거의 매일 어린시절부터 사망과 불신 가운데 살았다는 것을…….

또 다른 면에서 나는 핍박을 당하지 않고서는 나의 의지로 아일랜드에 가지 않았을 것이다. 그러나 이것이 오히려 나에게 선한 일이 되었다. 그것으로 인해 주님에 의해서 새롭게 되었기 때문이다. 그리고 그는 나를 변화시켜서 내가 할 수 없는 일을 하게 하셨다—나는 나 자신을 돌보아야 할 뿐 아니라 다른 사람의 구원을 위해 성실하게 섬겨야만 한다.

위에서 언급했던 대로 그들에 의해 거절되었던 바로 그날 밤에 나는 한 환상을 보았다. 거기엔 나를 모욕하는 글이 있었다. 그리고 동시에 나에게 말씀하시는 하나님의 음성을 들었다. "우리는 다이지그나티우스(Deisignatus)를 좋아하지 않는다"(그래서 그의 이름을 나타내셨다). 그분은 "네가 보았다."고 말씀하지 않으시고 마치 그분 자신을 포함해서 그분이 말씀하시기를 "너를 만지시는 분은 눈동자같이 만지신다."는 것처럼, "우리가 보았다."라고 말씀하셨다.

그러므로 나는 모든 일에서 나를 강하게 하신 주님께 감사를 드린다. 그분은 내가 결정한 여행과 나의 주님 그리스도로부터 배운 일들이 헛되지 않게 하셨다. 이 일 이후에 오히려 나를 더 강하게 하셨고 나의 믿음이 하나님과 사람 앞에서 올바로 증명되게 하셨다.

그래서 나는 나의 양심이 지금도 그리고 미래도 나를 책망하지 않을 것을 확실하게 말할 수 있다. 하나님께서 내가 당신에게 준 계산에서 거짓말하지 않는다는 것의 증인이 되실 것이다.

그러나 그가 말했던 것을 들어야만 했던 많은 것으로 인해 나의 존경하는 친구에게 미안하다. 나의 마음으로 그에게 고백한다. 그리고 나는 현재도 아니고 영국에 있을 때도 아니고, 나에 의해서 제안된 것이 아닌 변호해야 하는 자리에서 몇 명의 형제들에 의해 그가 내가 없는 중에 나를 세우기를 원한다는 것을 말했다. 그는 심지어는 아무런 자격이 없는 감옥에 있는 나에게 "너는 감독의 자리에 올라야만 한다."고 말했었다. 그러나 그 일이 있은 후에 그에게 왔을 때 그는 모든 일, 즉 선한 일이든 악한 일이든, 그가 전에 자발적이고 기꺼이 나에게 친절을 베풀었었던 모든 공적 일에서 나를 끌어내렸다. 그리고 그는 혼자가 아니었다. 그러나 주님은 모든 이보다 더 위대하신 분이 아닌가?

이뿐 아니라 나는 포로의 땅에서 나에게 주신 하나님의 은혜를 드러내야만 한다. 왜냐하면 그때 나는 그분을 매우 갈망했었고 그분을 발견했고, 모든 악에게 나를 구원했기 때문이다. 그래서 나는 그분의 영이 내 안에 거주하시는 것을 믿는다. 아니 나는 이 부분을 확실하게 말할 수 있다. 그러나 내가 사람들에 의해 이 사실을 들었고, 그리스도의 사랑에 대해서 침묵했다는 것도 하나님은 아시고 계신다.

그래서 내가 유혹받을 때 나에게 믿음을 지키게 하셔서 오늘날 산제

사로 나의 영혼을 모든 고통 가운데서 구원하신 나의 주님 그리스도께 드리겠다고 고백할 수 있게 하신 하나님께 끊임없이 감사를 드린다. 그리하여 나는 다음과 같이 말할 수 있다. "오, 주님 내가 누구입니까? 무엇을 위해 나를 부르셨습니까? 신적인 능력으로 나를 도우셨던 주님, 오늘날 내가 어디 있든지 선한 일이든, 고통스런 일이든 이방인들 가운데 당신의 이름을 찬양하고 찬미를 지속적으로 드릴 것입니다."

그래서 나는 나를 떨어뜨리는 어떤 일이든지 그것이 선한 일이든, 악한 일이든 마음의 평정을 가지고 나의 기도를 들어주시고 항상 그분을 신뢰하라고 가르쳐 주셨던 하나님께 감사할 것이다. 비록 내가 무지하였지만 지난날 감히 거룩하고 위대한 사역을 감당할 수 있었다. 그리하여 주님이 이전에 말씀하셨던 세상이 종말되기 전에 온 족속으로 그의 복음을 전해야 한다던 것을 본받고 있다. 또한 우리는 그것을 보았고 성취되었다. 즉, 우리는 아무도 살지 않는 곳까지 복음이 전파되었다는 것에 대한 목격자들이다.

지금, 그것은 나의 모든 사역 가운데 혹은 그들의 한 부분에서 장황하게 나타날 것이다. 자비하신 하나님이 노예생활에서 나를 종종 자유하게 하시고 내 삶 가운데 주어진 열두 가지 위험에서 어떻게 구원하셨는지 간단히 말하게 하라—내가 말로 표현할 수 없는 말하지 않은 수많은 음모들, 왜냐하면 나의 독자들이 지루하지 않길 원하기 때문이다. 그러나 하나님은 나의 증인이시다. 그분은 그 일들이 지나가기 전 모든 것을 아신다. 심지어는 신의 메시지를 통해 많은 일들을 가련한 자인 나에게 미리 경고하시곤 하셨다.

나에게 있지도 않은 지혜에 의해 나의 일생 가운데 알지도 못하고 하나님이 무슨 일을 하셨는지도 모르는 나에게 어떻게 이러한 일들이 일어날 수 있었는가? 그리고 비록 나의 조국과 부모를 떠나야만 하는 대가가 지불되었지만, 후에 하나님을 알고 그분을 사랑할 수 있는 이 위대하고 유익한 은사가 어떻게 나에게 주어지게 되었는가?

많은 은사들이 슬픔 가운데, 눈물 흘리는 가운데 나에게 주어졌지만, 몇 명의 시니어들이 원하는 것과 대치됨으로 증여자들의 마음을 상하게 했다. 그러나 하나님의 인도하심에 나는 그들과 동의하거나 묵인할 수 없었다. 그것은 나에게 은혜가 될 수 없었다. 나를 강하게 하시고 그들의 모든 일, 즉 내가 복음을 전하기 위해 아일랜드의 사람에게 왔을 때 그리고 외국에 온 것에 대한 비난의 소리를 들으면서 믿지 않는 자들로부터 모욕을 겪고 결박당하는 박해를 받으면서 내가 태어난 것은 오로지 다른 사람들의 유익을 위한 것임을 알게 하셨다. 나는 나의 생명을 주저 없이 그분의 이름을 위해 기꺼이 드리기로 준비되어 있다. 그리고 만약 주님이 원하시면 죽기까지 그분을 위해 쓰이기를 원한다.

나는 하나님께 많이 빚진 자이다. 그분은 나에게 많은 은혜를 주셨기 때문이다. 그러므로 나는 많은 사람들이 하나님 안에서 새롭게 태어나고 확신하도록 해야 한다. 그리고 주님께서 땅 끝에서부터 돌아오게 할 신앙인들을 위해 어디서든지 성직자들을 임명해야 한다.

주님이 이전에 그의 예언자들을 통해 다음과 같이 약속하셨다. “이방인들이 땅 끝에서부터 돌아오게 하기 위해 말씀하셨다. ‘우리 조상들이 스스로를 위해 섬겼던 우상들이 얼마나 잘못되고 아무런 유익이 없다는 것을’ 그리고 다시 말씀하시기를 나는 이방인들 가운데 당신들이 땅 끝까지 구원을 이루도록 빛과 같이 있기를 원한다.”

그리고 나는 거기서 결코 속이지 않고 확실하신 그분이 복음 안에서 약속하셨던 것처럼 그들이 동쪽과 서쪽에서 나아오게 될 것이고 아브라함, 이삭, 그리고 야곱과 함께 앉게 될 것이라는 그 약속을 기다리기 원한다—마치 우리가 신앙들이 온 세상에서부터 나아오게 될 것을 믿는 것처럼.

이 이유 때문에 우리는 잘, 그리고 성실하게 끝내야 한다. 주님이 이

전에 권하시고 가르치시고 말씀하신 것처럼 "나를 따라오라. 나는 너희를 사람 낚는 어부가 되게 할 것이다". 그리고 그분은 예언자들을 통해 다시 말씀하셨다. "하나님께서 말씀하시되 보라, 내가 많은 물고기들과 사냥꾼들을 보내 줄 것이다." 등등. 그러므로 여기에 그물을 펴기 위한 많은 수와 하나님을 위해 잡아야 할 군중들이 필요한 것이다. 그리고 거기에 필요한 사람들에게 권하고 세례를 베풀어야 할 성직자들이 있어야 한다. 주님이 복음서에서 다음과 같이 진술하시고, 권하고, 가르치시는 것처럼 말이다. "그러므로 너희는 가서 모든 족속에게 아버지와 아들과 성령의 이름으로 세례를 베풀고 내가 너희에게 가르친 모든 것을 그들에게 가르치라. 보라, 내가 세상 끝 날까지 너희와 항상 함께할 것이다." 그리고 그분은 다시 말씀하셨다. "그러므로 전 세상에 가서 모든 피조물들에게 복음을 전파하라. 믿고 세례받은 자들을 구원할 것이다. 그러나 믿지 않는 자들은 심판을 받게 될 것이다." 그리고 다시 말씀하시기를 "천국의 복음은 온 족속을 위해 전 세계에 전파될 것이다. 그때 세상은 끝날 것이다."

그리고 주님은 또한 예언자들을 통해 알리시며 말씀하셨다. "마지막 때가 지나가게 될 것이다. 그때 나의 영을 모든 육체 가운데 부어 줄 것이다. 그리고 너희 아들과 딸이 예언을 하게 될 것이며, 노인들이 꿈을 꾸게 될 것이다. 나의 종들과 내가 만든 모든 것 위에 나의 영의 날에 부어질 것이며 그들이 예언을 하게 될 것이다."

그리고 호세아를 통해 말씀하셨다. "나는 내 백성이 아닌 자를 불러서 내 백성이라 할 것이다. 그리고 자비를 받았던 자들에게 자비를 얻지 않게 할 것이다. 그리고 너희들은 나의 백성이 아니라고 말했던 자리에서 그들은 살아 계신 하나님의 자녀라 불리게 될 것이다."

그러므로 이러한 일들이 아일랜드에서 어떻게 일어났는가? 하나님에 대한 지식이 결코 없었고 지금까지 항상 우상과 불순한 것을 숭배했던 저들이 지금 주님의 백성이 되었고, 하나님의 자녀라 일컬음을 받게 되었고, 아일랜드 왕의 아들과 딸들이 그리스도의 수녀와 수도사들로 보였다.

며칠 후 세례를 받은 귀족 출신의 아름답고 성숙한 아일랜드의 여인들 가운데 몇 명이 특별한 이유 때문에 우리에게 찾아왔다. 그녀는 하나님의 메신저로부터 메시지를 받았다고 말하면서 그가 자신들에게 그리스도의 수녀가 되기를 권하며 하나님 가까이로 데려갔다고 했다. 하나님께 감사한다. 이 일 후 6일째 되는 날 그녀는 그리스도의 모든 수녀들이 해야 하는 것을 가장 훌륭하고 열정적으로 선택했다.

그러나 그들의 아버지들이 그들을 허락하지 않았다. 그래서 그녀들은 그들의 부모들로부터 심한 박해와 비난을 종종 받았다. 그러나 그들의 숫자는 점점 늘어 갔다. 우리와 같이 되기 위해 거듭난 사람들이 얼마나 많은지 나는 알지 못한다. 단지 금욕을 실천하기 위한 자들과 과부들이 얼마나 많았는지 말할 수 없을 정도다.

그러나 노예 가운데 사는 여인들의 고통이 가장 컸다. 항상 그들은 공포와 협박을 참아야 했다. 그러나 주님은 은혜를 그분의 처녀들에게 주었다. 그들이 그녀들을 위해 그렇게 하지 못하도록 했지만 그녀들은 용감하게 주님을 따랐다.

이런 이유로 나조차도 그들을 떠나 영국으로 가기를 원했다. 그리고 나의 조국과 부모님을 보기 위해, 형제들을 방문하기 위한 골(Gaul)로의 여행과 주님의 종들의 얼굴들을 보기를 얼마나 원했던가! 하나님은 내가 이 일을 간절히 원하는 것을 알고 계셨다. 그러나 나는 성령의 매인 바 되어 있었다. 만약 이 일을 하면 내가 분명 죄를 짓게 될 것이라고 말씀하셨다. 나는 처음 시작한 그 열정을 잃어버릴까 염려하였다. 그래서 나는 그렇게 하지 않았다. 하지만 나를 이곳까지 인도하신 주님, 그리스도께서 나의 삶의 안식을 위해 그들과 함께 머물러 주셨다. 만약 주님이 원하시면 내가 주님 앞에서 죄를 짓지 않도록 모든 악한 길에서 벗어나도록 인도하실 것이다.

이것은 내가 해야만 하는 것이라고 생각한다. 나는 죽음의 육체 가운데 있는 동안에는 나 자신을 신뢰하지 않는다. 왜냐하면 나의 주님 그리스도를 위해 나의 생명 다할 때까지 헌신하기로 결정한 진실한 종교의 순수성과 신앙으로부터 벗어나도록 나를 끊임없이 변질시키는 것이 강하기 때문이다. 적대적인 육체는 죽을 때까지 자신의 금지된 욕망의 만족으로 우리를 끌고 있다. 그리고 나는 부분적으로 다른 신앙인들처럼 완전한 삶을 살 수 없다는 것을 안다. 그러나 나는 주님께 부끄럽지 않다는 것을 인정한다. 왜냐하면 나는 거짓말하지 않기 때문이다. 나의 청년 때 그분을 알기 위해 왔고 하나님의 사랑과 그분에 대한 경외함이 나를 성숙시켰고, 지금까지 나는 이 신앙을 지키며 하나님의 은혜에 감사하고 있다.

그리고 멸시하고 경멸한 저들에게 나는 침묵하지도 않을 것이고 주님이 창조 전부터 모든 것을 아시는 것같이 저들이 지나온 수년 동안 나에게 보여 주신 표징과 기적들을 감추지도 않을 것이다.

그러므로 나는 나의 부주의와 어리석음을 용서하시고 그의 큰 진노를 한 번도 나에게 행하시지 않으시고, 또한 그분의 동역자로 부르시고, 성령이 제안한 것같이 나에게 보여 준 것을 천천히 있게 하신 하나님께 끊임없이 감사를 드린다. 그리고 주님은 나에게 헤아릴 수 없는 자비를 베푸셨다. 왜냐하면 나는 준비했지만 아직 그 환경에서 무엇을 해야 하는지 알지 못하는 것을 그분은 아셨기 때문이다. 많은 사람들이 나의 선교에서 이것을 막기 위해 애를 썼다. "왜 이 사람이 하나님을 알지 못하는 적들의 위험 가운데로 자신을 던졌는가?" 이것은 적들 때문이 아니다. 이것은 이 일을 위해 내 스스로의 소박함 때문에 그들에게 나타나지 않았던 것이다. 그리고 그때 나에게 베풀어 주신 은혜를 즉시 깨닫지 못했다. 지금 나는 그 전에 그렇게 해야만 했던 것을 이해한다.

지금 나는 너의 신앙을 확신하고 강하게 하기 위해 여전히 말하고, 때문에 나를 믿었던 종들과 형제들에게 간단히 설명하려고 한다. 너 역시 더 큰 것을 위해 노력하고 더 잘하기를 애써라! 이것은 나의 영광이 될 것이고 현명한 아들을 위한 그의 아버지의 영광이 될 것이다.

하나님이 하신 것이지만 너희도 알고 있듯이, 내가 진실한 신앙과 열정으로 청년 때부터 너희 가운데 살았다. 내가 너희 가운데 사는 동안 이방인같이 취급당했지만, 나는 너희들에게 신앙인으로 있었고 계속 그렇게 해 왔다. 내가 너희 가운데 어느 누구도 압도하지 않았다는 것과 그렇게 하기 위해 생각하지도 않았다는 것을 하나님은 아신다. 단지 하나님과 그분의 교회를 구하기 위해, 그리고 그들과 우리 모두에게 저항하기 위해 증가되는 박해의 두려움 때문에, 그리고 주님의 이름이 나 때문에 비난받는 두려움 때문에 그렇게 한 것이다. 이를 위해 기록되기를 주님의 이름을 망령되이 행하는 자들에게 화가 있을 것이다.

비록 내가 모든 면에서 무례하다고 해도 나 자신과 나의 크리스천 형제들, 그리스도의 수녀들, 그리고 성소를 장식하고 나에게 선물들을 주기로 약속한 경건한 여인들의 안전을 지키려고 노력했다. 나는 그것들을 다시 그들에게 되돌려 주었지만 그들은 나의 행위에 대해서 불쾌해했다. 그러나 이것은 영원한 성공의 소망을 위한 것이었다—이것은 모든 면에서 나 자신을 주의 있게 보호하기 위한 것이다. 그래서 그들이 불신의 핑계 아래 나와 목회 활동을 책잡지 못하도록 하기 위함이다. 그래서 나는 가장 작은 문제에서도 이방인들이 중상하거나 모독하는 기회를 주지 않고 싶다.

내가 수천 명의 사람들에게 세례를 베풀었을 때 나는 양심의 가책이 될 정도로 그들 중에 어떤 것을 기대했겠는가? 나에게 말해라. 그러면 나는 당신들에게 다시 되돌려 줄 것이다. 혹은 주님께서 무가치한 사람을 통해 어디서든지 성직자로 안수하고 내가 목회자라는 칭호를 수여할 때, 만약 내가 나의 신발의 가격만큼이라도 그들에게 요구했다면 나에게 말해라. 그러면 내가 다시 당신들에게 되돌려 줄 것이다.

반대로, 나는 그들이 나에게 준 돈은 너희들을 위해 쓴다. 그리고 나는 너희들과 많은 위험 가운데서 너희를 구하기 위해 갈 것이다. 아무리 먼 지역이라도, 아니 거기에 아무도 살지 않는 곳이라도 그리고 그곳에 세례받을 자나, 성직자로 안수받을 자나, 사람들을 결단하게 하기 위한 자들이 없는 지역이라도 나는 갈 것이다. 주님의 은혜를 가지고 나는 너희들의 구원을 위해 기꺼이 그리고 사랑으로 모든 것을 할 것이다.

내가 왕들에게 선물을 주곤 했을 때 나는 함께 여행한 그들의 아들들의 모든 경비를 지불했었다. 심지어는 그들이 나와 나의 동료들에게 폭력을 가하거나 그리고 나를 죽이려고 열망하는 그날조차도. 그러나 아직 나의 때가 오지 않았다. 그리고 그들이 우리와 함께 있던 모든 것을 탈취하고 나를 철장 안에 가두었다. 14일째 되는 날 주님은 하나님과 전에 보았던 친구들로 인해 나를 그들의 손에서 풀어 주셨고 우리에게 속했던 것들을 다시 되돌려 받게 하셨다.

내가 자주 갔던 모든 지역에서 정의를 실행하던 자들을 위해 얼마나 지불했는지 너희는 알 것이다. 나는 15명의 가격보다 조금 적게 저들 가운데 분배했다고 생각한다. 그래서 너희는 나를 반갑게 대할 수 있는 것이고 나 또한 하나님 안에서 너희들을 반갑게 대할 수 있는 것이다. 나는 그것 때문에 미안해하지는 않지만 나에게는 충분하지 않다. 그래서 나는 여전히 보낼 것이고 더 보낼 것이다. 하나님은 나중에 내가 너희의 영혼을 위해 섬길 수 있기 위해 얻을 힘이시다.

또한 내가 거짓말하지 않도록 그리고 아첨이나 탐욕을 위해서 너희들에게 쓰지 않도록, 너희로부터 명예를 얻기 위함도 아니기 위해 나의 영혼의 증인을 위해 하나님께 기도한다. 풍부는 아직 보이지 않는 영광이나 마음에 근심하게 한다. 그분이 약속하신 것을 믿어라. 그분은 결코 거짓말하지 않으신다.

나는 주님 안에서 나의 불행조차도 찬양한다. 그리고 나는 그분이 이러한 것을 나에게 준 것조차도 감사한다. 풍부와 기쁨보다도 가난과 불행이 나에게 더 많이 온 것이 나의 결정 때문이 아니라는 것을 잘 알고 있다. 우리 주님 그리스도를 위해 역시 가난도 우리의 구원을 위해 있었다. 나는 불행하고 불쌍한 자였고 만약 내가 원했다고 하더라도 나에겐 물질이 없었다. 포로였던 나는 자살을 기도했고 사기와 거짓 혹은 포로에서 자유하기 위해 내가 할 수 있는 모든 것을 기대했다. 그러나 나는 하늘의 약속 때문에 아무것도 할 수 없었다. 나는 어디서든지 통치하시고 계시는 전능하신 하나님의 손안에 나 스스로가 붙잡혀 있었다. 예언자가 말했던 것같이 "하나님께 너의 생각을 집중해라. 그러면 그분이 너를 보호하시리라".

지금 나의 영혼을 내가 믿고 있는 하나님께 위탁한다. 그래서 나는 나의 모든 비참한 상황에서 그분의 대사가 되고자 한다. 그러나 하나님은 사람을 받지 않으시고 이 일을 위해 비록 그분의 가장 작은 자이지만 그분의 동역자 중 하나가 되기 위해 나를 선택하셨다.

그러므로 그분이 나에게 하신 모든 것을 그분께 드리기를 원한다. 그분이 나에게 주시지 않으시면 나는 아무것도 할 수 없는 것같이 내가 주님께 무엇을 말할 수 있겠으며 무엇을 약속할 수 있겠는가? 단지 "순수한 마음을 구합니다. 위대하고 큰일을 위해서 나는 준비되길 원합니다. 그래서 당신을 사랑하신 자들에게 주신 것같이 당신의 성찬을 마실 수 있도록 나에게 주소서."라고 구할 뿐이다.

하나님께서 세상 최종 지점에서라도 그분이 선택한 백성을 잃어야 하는 일이 나에게 일어나기를 결코 허락하지 않으신다. 그래서 나는 하나님을 위해 내 생명 끝 날까지 그분의 신앙의 증인이 되기 위해 인내를 주시도록 하나님께 기도한다.

그리고 내가 사랑하는 나의 하나님을 위해 어떤 선한 일을 할 수 있다면 내가 당신의 이름을 위해 추방된 자들과 포로 된 자들과 함께 피를 흘리기를 원하고 심지어 죽음을 부인해야만 할지라도 혹은 나의 몸이 뾰족한 모서리에 의해, 사냥개들에 의해, 야생 짐승들에 의해 사지가 갈기갈기 찢어질지라도, 혹은 공중의 새들에 의해 쪼인다고 하더라도 나는 그분께 구한다. 나는 나의 영혼이 내 육체와 함께 들림 받는 일이 나에게 확실하게 일어날 것을 확신한다. 왜냐하면 태양의 밝은 빛 가운데, 즉 살아 계신 하나님의 아들이신 우리의 구원자 그리스도의 영광 가운데 의심 없이 우리가 들림을 받게 될 것이기 때문이다. 그래서 그리스도와 함께 상속자가 될 것이고, 그분의 모양대로 변화될 것이고, 그분을 위해, 그리고 그분에 의해, 그분 안에서 우리는 다스리게 될 것이다.

우리가 보는 태양이 매일 우리를 위해 떠오른다. 왜냐하면 그분이 그렇게 명령하셨기 때문이다. 그러나 그것이 결코 통치할 수도 없고 그것의 화려함이 영원할 수도 없다. 그것을 숭배한 비천한 자들은 불행하게도 저주를 받게 될 것이다. 진실한 태양이신 그리스도께 예배하고 믿는 우리들은 그렇게 되지 않을 것이다. 그리스도는 결코 우리를 멸하지 않을 것이며 그분의 의지대로 행하는 그 또한 그렇게 하지 않을 것이다. 그러나 그리스도께서 영원히 사시는 것처럼 그 또한 영원히 살 것이다. 전능하신 아버지 하나님과 성령님과 그리스도는 그 전부터 그리고 지금, 그리고 영원토록 다스릴 것이다. 아멘.

내가 앞에서 고백한 말을 거듭 주지해라. 나는 하나님과 거룩한 천사들 앞에서 진실과 기쁜 마음으로 전했다. 내가 어렵게 탈출했던 지역의 사람으로 되돌아와야만 했던 이유는 복음과 그분의 약속 외에는 결코 어떤 다른 이유가 없다.

나는 하나님을 믿고 경외하는 자들과 죄인이요, 배우지 못한 패트릭이 아일랜드에서 작성한 이 글을 받거나 보는 모든 이를 위해 기도할 것이다. 만약 내가 앞에서 하나님의 뜻을 조금이나마 보여 주었다면 내가 무지하다고 아무도 말하지 못할 것이다. 그러나 이것은 너희들의 결론이길 원하고 완전한 진리와 같이 신앙이 되길 원한다. 이것은 하나님의 선물이다. 이것은 내가 죽기 전의 나의 고백이다.

코로티쿠스에게 쓴 편지(Letter to Coroticus)

아일랜드에 사는 배우지 못한 죄인, 패트릭 나 자신을 주교로 선언했습니다. 장담할 수 있는 것은 나는 하나님으로부터 받았다는 것입니다.

패트릭 공원에 세워진 십자가에 달린 예수

또한 나는 하나님의 사랑을 위해서 이방인 망명자로서 야만인 사이에서 살고 있습니다. 그분이 이런 사실의 증인이십니다. 나의 입으로 단호하고 냉혹한 발언을 하기 원하지는 않습니다. 그러나 하나님을 향한 열정에 힘입어 말합니다. 그리고 그리스도의 진리가 나의 이웃들과 자녀들을 향한 사랑으로부터 나의 조국과 부모와 나의 생명을 죽을 때까지 포기하도록 강요하고 있습니다. 만약 내가 가치 있어지려면, 비록 멸시받더라도 하나님을 위해 이교도들을 가르치며 사는 것입니다.

코로티쿠스의 병사들에게 주고, 전해지고, 보내기 위해서 나의 손으로 직접 이 글을 썼습니다. 나는 나의 동료 시민들이나 거룩한 로마의 동료 시민들에게 이 말을 하는 것이 아니라 사탄의 자녀들에게 말하는 것입니다. 왜냐하면 그들이 악한 일을 했기 때문입니다. 배교했던 픽트인들(Picts)이나 스코틀랜드의 협력자들은 우리의 적들처럼 죽음에 거하고 있습니다. 그들은 예수님 안에서 확정되고 하나님께 속한 기독교인들의 무죄의 피를 내면서 피에 젖어 있습니다.

그들은 하얀 옷을 입고 기름 부음과 새롭게 세례받은 후 다음 날(죽음을 당했다)—위에서 언급된 사람들이 칼로 학살당할 때까지도 그들의 이마엔 향기가 남아 있었습니다—그들이 포로로 잡은 세례받은 자들 중 몇 명과 약탈해 간 물품 중 일부를 돌려받도록 부탁하면서 함께하고 있는 교역자들과 어린 시절부터 내가 가르친 거룩한 장로와 함께 이 편지를 보냅니다. 그들은 그들에게 조롱만 했었습니다.

따라서 나는 누구를 위해 더 애도해야 할지 모르겠습니다. 살해된 자들인지, 그들에게 잡힌 자들인지, 아니면 사탄의 올가미에 걸려 있는 자들인지. 그들은 그들과 함께 영원한 형벌인 지옥에서 노예가 될 것입니다. 죄를 지은 자는 노예가 되고 악마의 아들이라 불리게 될 것입니다. 그런 이유로 나는 대사로서 하나님을 경외하는 모든 자들에게 그들이 나와 나의 주 하나님의 적인 것을 알리고자 합니다. 존속살인범, 형제살인범, 빵 먹듯이 주님의 사람을 먹는 게걸스러운 늑대들, 있는 그대로 말했습니다. 오 주님, 최근 당신이 친절하고 놀랍게도 아일랜드에 심었고, 그 자체가 하나님의 은혜로 설립되었던 당신의 법을 악인들이 파괴했습니다.

나는 거짓 주장을 하지 않습니다. 나는 박해 가운데서도 지구의 끝날까지 복음을 전파하기 위해 부름받고 태어난 자들과 함께 사역하고, 심지어는 땅에서 메면 하늘에서도 메이는 가장 신령하고 탁월한 힘을 주시면서 당신이 선택하신 성직자들과 하나님을 존경하지도 않는 코로티쿠스의 폭정을 통해 그들의 질투가 있다고 해도 사역을 했습니다.

이런 이유로 나는 여러분에게 거룩하고 겸손한 마음으로 간청합니다. 그들이 하나님께 눈물과 속죄로 그것을 배상하거나 세례받은 하나님의 종과 예수님이 위하여 못 박혀 돌아가신 시종들을 풀어 줄 때까지 호의를 허용하지 마시고, 먹을 것과 마실 것을 나누지도 말며, 구호품도 허락하지 말아 달라고 부탁합니다.

가장 높으신 분은 악인의 선물을 못마땅해 하십니다. …… 가난한 자의 희생품을 준 그는 그의 아버지 앞에서 아들을 희생하셨습니다. 옳지 않은 방법으로 부를 모은 자를 위해 기록하기를 "그는 토해 낼 것이다. 죽음의 천사가 그를 끌고 가며, 용의 분노에 의해 고통을 받을 것이며, 독사의 혀가 그를 죽이고, 꺼지지 않는 불이 그를 집어삼킬 것이다. 그리고 또한 자기 것이 아닌 것으로 자신을 채우고자 하는 자는 화가 있을 것이다. 그리고 천하를 얻고도 자신의 영혼을 잃어버리면 무슨 이익이 있겠는가?"

그러한 탐욕에 대항하는 모든 법도를 모으기 위해 앞에서 모든 것을 자세히 토론하는 것은 너무 지루한 것입니다. 탐욕은 치명적인 죄악입니다. 다른 사람의 물건을 탐하지 말아야 합니다. 살인해서도 안 됩니다. 살인자는 그리스도와 함께할 수 없습니다. 형제를 미워하는 자마다 살인한 자가 되는 것입니다. 그리고 형제를 사랑하지 않는 자는 사망 아래 거하게 될 것입니다. 우리의 지극히 작은 고백을 통하여 지구 끝자락에서 그분이 값을 지불하여 산 하나님의 아들들의 피로 물든 손을 가진 자가 얼마나 더 많은 죄인이겠습니까!

내가 하나님 없이 혹은 육신에 의해 아일랜드로 왔습니까? 누가 나를 강요하였습니까? 나는 아무 친척도 보지 않도록 성령에 매여 있었습니다. 나의 아버지의 집 하인과 하녀들과 함께 쫓김을 당하게 하고 나를 포로로 만든 사람들에게 긍휼한 마음을 가질 수 있는 것이 자의에 의한 것이라 생각합니까? 나는 육체의 몸으로 태어났습니다. 나는 참사회 의원의 아들입니다. 하지만 나는 다른 사람의 이익을 위해 내 고귀한 지위를 팔았습니다. 이것에 대해 나는 부끄러워하지도 않았고 미안해하지도 않았습니다. 그래서 나는 우리 주님 그리스도 예수 안에 있는 말할 수 없는 영원한 영광의 삶을 위해서 이방인을 섬기는 그리스도의 종이 되었습니다.

그리고 내게 속한 사람들이 나를 모른다면, 선지자는 자신의 나라에서 존경을 받지 못할 것입니다. 아마도 우리가 같은 무리가 아니고 같은 아버지로서 하나님을 보지 않는다면, 이에 대해 다음과 같이 기록하고 있습니다. “나와 함께하지 않는 자는 나를 반대하는 자이다. 그리고 그런 자들은 나와 함께하지도 않을 것이고 흩어질 것이다. 하나는 파괴되고 다른 하나는 세우는 것은 옳지 않다. 나는 나의 것을 찾는 것이 아니다.”

하나님이 마지막 날에 오신다고 예언하신 그의 사냥꾼들이나 어부 중 한 사람이 된 것은 나의 의지가 아니라 하나님이 내 마음에 주신 열정입니다. 주님, 나는 증오합니다. 무엇을 해야 하겠습니까? 저는 많은 경멸을 당했습니다. 보십시오! 저 주변에 어린 양들이 악한 마음을 가진 코로티쿠스의 명령에 의해, 강도들에 의해 잘게 찢어지고 쫓겨나고 있습니다. 하나님의 사랑에서 멀리 벗어난 사람들이 그리스도인들을 픽스(Picts)와 스콧(Scots)에게 넘기고 있습니다. 게걸스러운 늑대들이 아일랜드에서 귀한 양육으로 귀하게 성장하고 있던 하나님의 무리를 잡아먹었습니다. 왕의 아들들과 딸들은 수도사와 그리스도의 여사제가 되었습니다. 나는 그들의 수를 헤아릴 수 없습니다. 나쁜 자들도 그렇게 하는 것을 좋아하지 않기 때문에 아마도 지옥에서도 좋아하지 않을 것입니다.

어떤 성인들이 그런 자들과 식탁 교제하며 즐기는 것을 몸서리치지 않겠습니까? 그들은 약탈로 살고 그들의 집을 그리스도인의 시체로 채웠습니다. 그들은 그들의 친구와 아들에게 주는 음식이 마치 이브가 그녀의 남편에게 모르고 준 죽음 같은 독약이라는 사실을 모릅니다. 그래서 그들은 악한 일만 하고 있습니다. 그들의 일들이 영원한 죽음의 형벌입니다.

이것은 골(Gaul)의 로마 크리스천의 문화입니다. 그들은 능력 있고 경건한 사람들을 팔린 수천의 세례받은 포로들과 함께 프랭크(Franks)와 다른 이교들에게 보냅니다. 당신은 하나님의 지식이 없는 이방족속에게 그들을 팔고 죽이는 것을 선호하고 있습니다. 당신은 매춘에 빠진 것처럼 그리스도의 사람들을 배반했습니다. 당신과 같은 생각을 가지고 있는 자나 칭찬의 말만 하는 사람들이 하나님 안에서 어떤 희망을 가지고 있습니까? 성경은 이에 대해 말합니다. “악한 일을 행하는 사람뿐만 아니라 악한 일에 동의한 사람들까지 심판받게 될 것이다.”

나는 무엇이라고 말해야 할지 모르겠습니다. 게다가 이미 검이 닿은 하나님에게서 떠나간 아들들에 대해서 무엇이라고 말해야 할지 더더군다나 모르겠습니다. 성경은 이에 대해 말씀하고 있습니다. “슬퍼하는 자와 함께 슬퍼하라.” 그리고 다시 말씀하시기를 “한 지체가 슬퍼하거든, 모든 지체가 함께 슬퍼하라”. 그러므로 교회는 칼이 아직 닿지 않았지만 죄가 지독하고 뻔뻔하게 만연하고 먼 곳으로 이적당한 아들들과 딸들을 위해 신음하고 한탄해야 합니다. 거기에 악한 배교자 픽스에 의해 자유의 몸으로 태어난 자들이 팔렸고 그리스도인들이 노예가 되었습니다.

그러므로 나는 슬픔과 비탄의 소리를 외칩니다. 오! 당신은 공정하신 분이십니다. 내가 그리스도 안에서 낳은 셀 수 없는 사랑받은 형제들과 아들을 위해 내가 무엇을 할 수 있습니까? 나는 하나님이나 사람을 돕는 자로서 아무런 가치가 없는 자입니다. 악인의 사악이 우리 가운데 만연합니다. 우리 또한 이방인들이었습니다. 아마도 그들은 우리가 한 분을 영접했고, 같은 침례를 받았고, 아버지로서 같은 하나님을 믿고 있다는 것을 믿지 않을 것입니다. 그들에게는 우리가 아일랜드 사람이라는 것이 수치입니다. 기록한 대로 한 하나님을 믿고 있지 않습니까? 너희는, 너희 모두는 그의 이웃을 저버렸습니까?

그러므로 나는 당신을 위해서 슬퍼합니다, 친애하는 당신을 위해 슬퍼합니다. 하지만 다시 내 안에서 기뻐합니다. 나의 여정이 헛되지 않았고 나의 수고가 수포로 돌아가지 않았기 때문입니다. 그리고 만약 이 말 못할 끔찍한 범죄가 일어났다 해도, 하나님께 감사합니다. 당신은 세상을 떠나 세례받은 신앙인으로서 천국에 갔기 때문입니다. 나는 당신을 봅니다. 당신은 더 이상 밤이나 슬픔이나 죽음이 없는 여정을 시작했습니다. 그리고 당신은 고삐 풀린 송아지처럼 뛰고, 악한 자를 짓밟습니다. 그리고 그들은 당신의 발아래에 있을 것입니다.

그런 다음, 당신은 사도와 선지자, 그리고 순교자와 함께 다스릴 것입니다. 당신은 영원한 천국을 소유하게 될 것이고 주님이 선포하신 것처럼 될 것입니다. "그들은 동쪽과 서쪽에서 나아올 것이고 천국에서 아브라함과 이삭과 야곱과 함께 앉을 것이다. 거기는 개가 없고, 마법사, 살인자, 거짓말쟁이, 위증자는 영원의 불구덩이에 있게 될 것이다."

아무 이유 없이 사도가 다음과 같이 말하지 않을 것입니다. 죄인이나 하나님의 율법을 위반하는 자가 자신을 발견하는 곳에서 간신히 구원의 역사가 일어날 것입니다.

그럼 코로티쿠스가 하나님의 반역자들과 함께 그리스도를 배반하는 곳에서 그들은 잠시 후면 지나갈 속세의 왕국을 위해 상으로써 세례받은 여자들을 살포하는 자를 볼 것입니다. 구름이나 연기가 바람에 의해 사라지듯이, 사악한 자들도 하나님 면전에서 사라질 것입니다. 그러나 정의로운 자들은 그리스도와 함께 불변함을 기뻐할 것입니다. 그들은 온 민족을 판단할 것이며, 악한 왕들을 영원히 제어할 것입니다. 아멘.

어리석었던 내가 하나님과 그 천사들 앞에 증언합니다. 이것은 라틴어로 진술한 내 말이 아니라 한 번도 거짓말하지 않은 하나님과 사도, 선지자의 말입니다. 하나님이 말씀하셨습니다. "믿는 자는 구원을 얻고, 믿지 않는 자는 심판을 받게 될 것이다."

내가 진정으로 부탁드립니다. 이 편지의 전달자로서 하나님의 종이 되기를 원하는 자들은 어느 누구에게든지 숨기거나 더해서는 안 됩니다. 더 나아가 모든 사람에게, 그리고 코로티쿠스 앞에서도 읽어 주기 바랍니다. 하나님께서 하나님을 위한 감각이 다시 회복되도록 그들에게 영감을 주시기를 원합니다. 후에 그들의 극악스러운 행위—주의 형제들의 살인자—를 회개하고 포로로 잡은 세례받은 여인들을 풀어 주고 영원한 하나님 안에 거하게 되기를 원합니다. 아버지와 아들과 성령으로 평화가 함께하길 바랍니다. 아멘.[1)]

---

1) 고백문은 J. M. Holmes가 쓴 책 *the Real Saint Patreck*, Irish Hill Publication, 2006, pp. 61-84, "the confession of St. Patrick"에서 번역되었다.

11

콜럼바 수도원의 규칙 소개

노정언/장로
(시드니 제일교회)

콜럼바의 전기는 아이오나 공동체 제9대 원장인 아담난(Adamnan)과 비드(Bede)에 의해 전해지고 있다. 그는 560년경 고국 아일랜드를 떠나 '그리스도를 위한 포로'가 되어 일생을 선교사가 되기로 결심하고, 12명의 동료와 스코틀랜드의 아이오나 섬에 도착하게 된다.

달리이다의 왕 코날(Conall)의 허락을 받아 지금 현재 복원된 아이오나 섬에 수도원을 짓고 기도, 금식, 연구, 저술 등 34년간 쉬지 않고 복음 사역을 감당했다. 선교하면서 그가 남긴 수십 편의 기도와 기도시는 켈틱 교회의 영성을 담고 있으며, 그는 진정한 스코틀랜드의 영적 아버지며 교부였다. 그의 영성에는 자연을 사랑하고 돌보며 또 자연을 통한 하나님의 계시를 찬양하는 시편적인 영성을 지니고 있다.

콜럼바의 규칙들은 로마교회의 청빈 수도원의 창립자 성 베네딕트의 규칙에 의해 대체될 때까지 서부 유럽의 많은 수도원들에서 사용되어 왔다. 콜럼바는 매우 엄격한 생활 습성과 성격의 소유자였다. 서기 597년

6월 9일, 콜럼바는 저녁미사가 끝나는 시간에 시편을 암송하며 평소에 말씀을 전하던 제단에서 많은 수도사들의 기도와 축복 가운데 소천하였다. 이상택 교수는 위대한 주님의 사도였던 콜럼바의 사상을 다음과 같이 요약했다. "주 너의 하나님을 예배하라. 이웃 사람과 하나님이 창조하신 자연의 모든 것을 사랑하라. 그리고 복음을 온 세상에 전하라."

성자 콜럼바

다음과 같은 규칙들이 후세에 전해졌는데 이 규칙들은 초기 아일랜드 수도원의 영성에 지대한 영향을 미쳤다.

콜럼바 수도원 규칙

- 그대의 양심이 무리들과 함께할 준비가 돼 있지 않거든, 도시 근처의 한적한 곳에 혼자 떨어져 있으라.
- 그리스도와 예언자들을 생각하며 항상 몸과 마음을 비우고 있으라.
- 의복이나 음식물, 혹은 음료수를 조금 적게 혹은 많게 배분을 할 경우, 연장자에게 그 권한을 주어 실시하게 하고, 신앙적으로 형제들 간에 시험에 들지 않도록 하게 하라.
- 문을 한 개만 열고 닫으며 모이기에 힘쓰라.
- 전능하신 하나님과 말씀에 입각하여 제전에 참석하며, 주님의 말씀을 강조하여 설교하는 사제가 될 것이며,
- 세속적인 언어로 주님과 대화하려는 자들과 구제받으려고 속삭이는 자들, 친구와 원수 사이에서 괴롭힘을 받는 자들에게 주님의

축복을 받을 수 있게 해 줄 것이며,

- 사리를 분별하고, 믿음 위에서 거짓말을 금하며, 적당한 노동을 하며, 항상 준비되어 있는 주님의 종이 되어야 한다.
- 매사에 순종하는 마음을 품어라.
- 그리스도의 제자 직분을 온전히 받들기 위해 피를 흘려 목숨을 드리는 적색 순교,
- 그리스도가 인류를 온전히 포용하기 위해 자신의 신성을 버린 것과 같이 수도사가 그리스도를 따르기 위해 자기가 사랑하는 전토를 버리는 백색 순교의 마음을 가져라.
- 고난받는 자를 위하여 기도를 게을리하지 말라.
- 주님의 백성으로 죽은 영혼들을 위하여 찬송하라.
- 영혼들을 찬미하고 일어나서 찬양하라.
- 타인을 위해 금식하고 철야하는 기도를 게을리하지 말라.
- 하루 동안에 기도하며, 노동하며, 독서하는 습관을 기르라.
- 하루의 일과를 세 부분으로 나누면, 주님의 처소에서 주님이 원하시는 사역을 감당하고, 형제들과 노동을 나누며, 이웃들에게 말씀을 가르치며, 봉제일도 서로 돕고, 주님 보시기에 헛된 시간이 없도록 시간 관리를 하라.
- 매사를 정해진 시간 계획대로 행하라.
- 모든 일에 자선을 행하라.
- 배고플 때까지 음식을 먹지 말라.
- 졸음이 올 때까지 잠을 자지 말라.
- 공적인 일 외에 말을 삼가라.
- 먹을 것, 입을 것이 늘어날 때 먼저 가난하고, 이 물질을 필요로 하는 이웃들을 섬겨라.
- 하나님의 사랑으로 불쌍한 이웃을 먼저 섬기라.

- 네 이웃을 네 몸과 같이 사랑하라.
- 언제든지 하나님의 말씀을 상고하라.
- 눈물이 나올 때까지 기도하라.
- 눈물이 날 때까지 일하라.
- 노동을 하거나 기도할 때 온몸이 땀에 흠뻑 젖을 때까지 하라.[2)]

아이오나 수도원 예배실

2) From A. Whaddan and W. Stubbus, *Council and Ecclesiastical Documents Relating to Great Britan Ireland* Ⅱ(Oxford : Oxford University Press, 1873), pp. 119-121.

켈틱 기독교와 현대교회

CELTIC Christianity
and Modern Church

초판인쇄 2013년 10월 18일
초판발행 2013년 10월 28일

편 집 인 이상택
발 행 인 채형욱
발 행 소 한국장로교출판사
주 소 110-470 / 서울특별시 종로구 연지동 135 한국교회100주년기념관 별관
전 화 (02) 741-4381 / 팩스 (02) 741-7886
영 업 국 (031) 944-4340 / 팩스 (031) 944-2623
등 록 No.1-84(1951. 8. 3.)

ISBN 978-89-398-3682-2 / Printed in Korea

값 14,000원

※ 이 출판물은 저작권법에 의해 보호를 받는 저작물이므로 무단전재와 무단복제를 할 수 없습니다.